ANÁLISE DIDÁTICA DAS DEMONSTRAÇÕES CONTÁBEIS

O GEN | Grupo Editorial Nacional – maior plataforma editorial brasileira no segmento científico, técnico e profissional – publica conteúdos nas áreas de ciências sociais aplicadas, exatas, humanas, jurídicas e da saúde, além de prover serviços direcionados à educação continuada e à preparação para concursos.

As editoras que integram o GEN, das mais respeitadas no mercado editorial, construíram catálogos inigualáveis, com obras decisivas para a formação acadêmica e o aperfeiçoamento de várias gerações de profissionais e estudantes, tendo se tornado sinônimo de qualidade e seriedade.

A missão do GEN e dos núcleos de conteúdo que o compõem é prover a melhor informação científica e distribuí-la de maneira flexível e conveniente, a preços justos, gerando benefícios e servindo a autores, docentes, livreiros, funcionários, colaboradores e acionistas.

Nosso comportamento ético incondicional e nossa responsabilidade social e ambiental são reforçados pela natureza educacional de nossa atividade e dão sustentabilidade ao crescimento contínuo e à rentabilidade do grupo.

ELISEU **MARTINS**
GILBERTO JOSÉ **MIRANDA**
JOSEDILTON **DINIZ**

ANÁLISE DIDÁTICA DAS DEMONSTRAÇÕES CONTÁBEIS

4ª EDIÇÃO

gen | atlas

- Os autores deste livro e a editora empenharam seus melhores esforços para assegurar que as informações e os procedimentos apresentados no texto estejam em acordo com os padrões aceitos à época da publicação, *e todos os dados foram atualizados pelos autores até a data de fechamento do livro*. Entretanto, tendo em conta a evolução das ciências, as atualizações legislativas, as mudanças regulamentares governamentais e o constante fluxo de novas informações sobre os temas que constam do livro, recomendamos enfaticamente que os leitores consultem sempre outras fontes fidedignas, de modo a se certificarem de que as informações contidas no texto estão corretas e de que não houve alterações nas recomendações ou na legislação regulamentadora.

- Data do fechamento do livro: 14/06/2024

- Os autores e a editora se empenharam para citar adequadamente e dar o devido crédito a todos os detentores de direitos autorais de qualquer material utilizado neste livro, dispondo-se a possíveis acertos posteriores caso, inadvertida e involuntariamente, a identificação de algum deles tenha sido omitida.

- **Atendimento ao cliente: (11) 5080-0751 | faleconosco@grupogen.com.br**

- Direitos exclusivos para a língua portuguesa
  Copyright © 2024 by
  Editora Atlas Ltda.
  Uma editora integrante do GEN | Grupo Editorial Nacional
  Travessa do Ouvidor, 11
  Rio de Janeiro – RJ – 20040-040
  www.grupogen.com.br

- Reservados todos os direitos. É proibida a duplicação ou reprodução deste volume, no todo ou em parte, em quaisquer formas ou por quaisquer meios (eletrônico, mecânico, gravação, fotocópia, distribuição pela Internet ou outros), sem permissão, por escrito, da Editora Atlas Ltda.

- Capa: Manu | OFÁ Design

- Imagem de capa: ©iStockphoto | Igor Kutyaev

- Editoração eletrônica: Padovan Serviços Gráficos e Editoriais

- Ficha catalográfica

CIP-BRASIL. CATALOGAÇÃO NA PUBLICAÇÃO
SINDICATO NACIONAL DOS EDITORES DE LIVROS, RJ

M342a
4. ed.

Martins, Eliseu
    Análise didática das demonstrações contábeis / Eliseu Martins, Gilberto José Miranda, Josedilton Alves Diniz. - 4. ed. - São Paulo : Atlas, 2024.

    Inclui bibliografia e índice
    ISBN 978-65-5977-639-9

    1. Contabilidade. 2. Balanço (Contabilidade). I. Miranda, Gilberto José. II. Diniz, Josedilton Alves. III. Título.

24-91913	CDD-657.3
	CDU-657.3

Meri Gleice Rodrigues de Souza - Bibliotecária - CRB-7/6439

SOBRE OS AUTORES

Eliseu Martins é professor emérito das Faculdades de Economia, Administração e Contabilidade da Universidade de São Paulo (*campi* São Paulo e Ribeirão Preto), cofundador da FIPECAFI (Fundação Instituto de Pesquisas Contábeis, Atuariais e Financeiras), parecerista na área contábil, ex-diretor da CVM (Comissão de Valores Mobiliários – duas gestões) e ex-diretor do Banco Central. Autor/coautor/organizador de diversos livros publicados pelo GEN | Atlas, entre os quais: *Análise avançada das demonstrações contábeis, Manual de contabilidade societária, Contabilidade de custos, Métodos de custeio comparados, Teoria da contabilidade: uma nova abordagem, Contabilidade introdutória* e *Avaliação de empresas: da mensuração contábil à econômica.*

Gilberto José Miranda é doutor em Controladoria e Contabilidade pela FEA/USP, mestre em Administração, especialista em Docência na Educação Superior, especialista em Controladoria e Contabilidade e graduado em Ciências Contábeis pela Universidade Federal de Uberlândia (UFU). Atualmente, é professor do Programa de Pós-Graduação *Stricto Sensu* em Ciências Contábeis da UFU. É coautor dos livros *Análise avançada das demonstrações contábeis, Revolucionando a sala de aula, Revolucionando a docência universitária* e *Revolucionando o desempenho acadêmico*, todos publicados pelo GEN | Atlas.

Josedilton Alves Diniz é doutor em Ciências Contábeis pela Faculdade de Economia, Administração e Contabilidade da Universidade de São Paulo (FEA/USP), área de concentração em Controladoria e Contabilidade. Mestre em Contabilidade pelo Programa Multi-Institucional e Inter-Regional de Pós-Graduação em Ciências Contábeis da UnB/UFPB/UFRN. Especialista em Auditoria Contábil pela Universidade Potiguar (UnP). Graduado em Ciências Contábeis e Engenharia Civil pela Universidade Federal da Paraíba (UFPB). Atualmente, é auditor de Contas Públicas do Tribunal de Contas do Estado da Paraíba e professor da UFPB. Coautor dos livros *Análise avançada das demonstrações contábeis* e *Contabilidade pública* e colaborador do livro *Análise multivariada para os cursos de administração, ciências contábeis e economia,* todos publicados pelo GEN | Atlas.

RECURSOS DIDÁTICOS

Para facilitar o aprendizado, este livro conta com o seguinte recurso didático:

QR Codes com *links* diversos para conteúdos adicionais.

Para acessá-los, é necessário posicionar a câmera do *smartphone* ou *tablet* sobre o código.

APRESENTAÇÃO

O livro *Análise didática das demonstrações contábeis* teve seu lançamento em 2014, uma resposta à solicitação do GEN | Atlas, surgida após a publicação da obra *Análise avançada das demonstrações contábeis*, em 2012. Naquele momento, identificou-se uma lacuna no mercado, carecendo de uma obra que proporcionasse, de maneira leve e didática, mas sem comprometer a densidade conceitual, contribuições significativas para a formação de alunos e de profissionais no campo de negócios, e que servisse de preâmbulo àquele outro livro, mais denso, crítico e aprofundado.

Desde sua primeira edição, o livro distinguiu-se pela fusão entre seu caráter didático e a profundidade conceitual, marcando sua identidade. A inclusão de testes, estudos de casos, matérias publicadas, sugestões de metodologias ativas e outros elementos pedagógicos enriquecem a experiência do leitor.

A partir da segunda edição, em 2018, o livro inovou ao abordar a construção do relatório de análise das demonstrações contábeis, uma parte vital do conhecimento contábil que destaca informações cruciais para a tomada de decisões. Dada a natureza não estruturada e de difícil automatização dessa atividade, o ensino torna-se fundamental na formação de futuros profissionais.

Na terceira edição, lançada em 2020 durante a pandemia de Covid-19, o livro passou por atualizações normativas e incorporou recursos audiovisuais para atender às demandas das aulas remotas e do ensino a distância, conferindo um dinamismo renovado tanto à versão impressa quanto à digital.

Com esta quarta edição, celebramos os 10 anos de sua existência, apresentando melhorias substanciais aos leitores. O livro, agora maduro e sintonizado com as últimas tendências, mantém sua densidade e criticidade conceitual, atualizando-se conforme as normas contábeis mais recentes. O caráter didático permanece como um atributo inabalável, agora alinhado às mudanças tecnológicas, tanto no uso da obra quanto na prática da análise das demonstrações contábeis. Os leitores têm acesso livre a diversas videoaulas, palestras e materiais digitais destes autores e de outros renomados nacionalmente.

Um diferencial crucial é a ênfase no olhar mais aguçado para o ambiente externo, complementando as conclusões extraídas das demonstrações contábeis. Introduz-se uma abordagem de escaneamento do ambiente externo por meio das variáveis PESTAL (Políticas, Econômicas, Sociais, Tecnológicas, Ambientais e Legais), apoiadas por indicadores como lucro por ação, preço sobre lucro, valor de mercado sobre PL, dividendo por ação, rendimentos de dividendos e dividendo distribuído, atendendo, assim, a uma demanda expressa pelos usuários.

Desejamos ao leitor amigo sucesso no uso do livro!

Os autores

SUMÁRIO

1	**Introdução**	**1**
1.1	O que é a Contabilidade?	1
1.2	O que faz o analista das demonstrações contábeis?	3
1.3	Quais os atributos necessários à análise das demonstrações contábeis?	5
	Exercícios	7
	Atividades sugeridas ao professor	7
2	**Estrutura das Demonstrações Contábeis**	**9**
2.1	Estrutura Conceitual Básica	10
2.2	Características qualitativas da informação contábil-financeira útil	12
	2.2.1 Características qualitativas fundamentais: relevância e representação fidedigna	13
	2.2.2 Características qualitativas de melhorias	15
	Exercícios	17
	Testes de concursos, exames e processos seletivos	18
2.3	Balanço Patrimonial	21
	2.3.1 Ativo	22
	2.3.1.1 Ativo Circulante	22
	2.3.1.2 Ativo Não Circulante	23
	2.3.2 Passivo	24
	2.3.2.1 Passivo Circulante	25
	2.3.2.2 Passivo Não Circulante	26
	2.3.3 Patrimônio Líquido	26
	Exercício	27
	Testes de concursos, exames e processos seletivos	28
2.4	Demonstração do Resultado do Exercício (DRE)	32
	Exercício	36
	Testes de concursos, exames e processos seletivos	36

2.5	Demonstração do Resultado Abrangente (DRA)	39
	Exercício	40
	Testes de concursos, exames e processos seletivos	41
2.6	Demonstração das Mutações do Patrimônio Líquido (DMPL)	42
	Exercícios	44
	Testes de concursos, exames e processos seletivo	46
2.7	Demonstração dos Fluxos de Caixa (DFC)	48
	Exercícios	52
	Testes de concursos, exames e processos seletivos	54
2.8	Demonstração do Valor Adicionado (DVA)	58
	Exercícios	61
	Testes de concursos, exames e processos seletivos	63
2.9	Notas Explicativas	66
	Testes de concursos, exames e processos seletivos	68

3	**Método de Análise das Demonstrações Contábeis**	**71**
3.1	O método proposto	72
3.2	Observação	73
3.3	Exame	76
3.4	Interpretação	80
3.5	Tecnologias que suportam o processo de análise	88
	Exercícios	89

4	**Análise Horizontal e Análise Vertical**	**91**
4.1	Análise horizontal	91
4.2	Análise vertical	97
	Interpretando as análises horizontal e vertical da Cia. Grega	101
	Exercícios	103
	Testes de concursos, exames e processos seletivos	110
	Atividade sugerida ao professor	111

5	**Índices de Liquidez**	**113**
5.1	Índice de Liquidez Corrente	115
5.2	Índice de Liquidez Seca	116
5.3	Índice de Liquidez Imediata	116
5.4	Índice de Liquidez Geral	117
	Interpretando os índices de liquidez da Cia. Grega	119
	Exercícios	120
	Testes de concursos, exames e processos seletivos	123
	Atividades sugeridas ao professor	126

6	**Índices de Estrutura Patrimonial**	**127**
6.1	Endividamento	131
6.2	Composição do Endividamento	132
6.3	Imobilização do Patrimônio Líquido	132

6.4	Imobilização de Recursos Não Correntes	133
	Interpretando os índices de estrutura patrimonial da Cia. Grega	136
	Exercícios	136
	Testes de concursos, exames e processos seletivos	139

7 Administração do Capital de Giro ... **143**

7.1	Capital Circulante Líquido	144
7.2	Necessidade de Capital de Giro (NCG)	145
7.3	Saldo em Tesouraria	146
7.4	Analisando CCL, NCG e ST	147
	Interpretando o CCL e a NCG da Cia. Grega	153
	Exercícios	154
	Testes de concursos, exames e processos seletivos	155

8 Índices de Atividade ... **159**

8.1	Ciclo Operacional	159
8.2	Prazo Médio de Estocagem (PME)	162
8.3	Prazo Médio de Fabricação (PMF)	162
8.4	Prazo Médio de Vendas (PMV)	163
8.5	Prazo Médio de Cobrança (PMC)	163
8.6	Prazo Médio de Pagamento a Fornecedores (PMPF)	164
	Interpretando os prazos médios da Cia. Grega	169
	Exercícios	170
	Testes de concursos, exames e processos seletivos	175

9 Índices de Rentabilidade ... **179**

9.1	Retorno sobre o Investimento	180
9.2	Giro do Ativo	185
9.3	Margem Operacional	186
9.4	Decomposição do ROI	187
9.5	Retorno sobre o Patrimônio Líquido	190
9.6	Alavancagem Financeira	191
9.7	EBITDA	194
9.8	*Economic Value Added* (EVA)	197
	Interpretando os índices de rentabilidade da Cia. Grega	199
	Exercícios	200
	Testes de concursos, exames e processos seletivos	204
	Atividade sugerida ao professor	208

10 Geração de Valor ... **211**

10.1	Índices baseados em ações	212
10.1.1	Lucro por Ação (LPA)	212
10.1.2	Preço sobre Lucro (P/L)	213
10.1.3	Valor de Mercado sobre PL	213

10.1.4	Dividendos por Ação (DPA)	214
10.1.5	Rendimentos de Dividendos ou de Lucros Distribuídos	214
10.1.6	Dividendo Distribuído	215
10.1.7	Geração de Valor ao Acionista ou Sócio (GVA)	215
10.2	Gestão Baseada em Valor (GBV)	216
10.2.1	Maximização do valor como meta financeira	216
10.2.2	O papel do administrador na Gestão Baseada em Valor	217
10.2.3	*Value drivers*	217
10.2.4	Avaliação de estratégias	221
10.3	Mensurando o valor da empresa	222
10.3.1	Mensurando o valor global – Um exemplo	224
10.3.2	O fluxo de caixa das operações	225
10.3.3	O custo do capital	226
10.3.4	O prazo de projeção	228
10.3.5	Valor da empresa	230
	Atividade sugerida ao professor	231

11 Relatório de Análise **233**

11.1	Estrutura do Relatório	234
11.1.1	Sumário	235
11.1.2	Resumo Executivo	235
11.1.3	Introdução	235
11.1.4	Desenvolvimento	236
11.1.5	Conclusão	237
11.1.6	Apêndices	237
11.2	Estudo de Caso	238
	Atividade sugerida ao professor: construindo o relatório de análise	255

Gabarito dos testes de concursos, exames e processos seletivos **271**

Referências **273**

Índice alfabético **275**

1

INTRODUÇÃO

Neste capítulo, serão discutidos conceitos importantes que possibilitarão ao leitor compreender o que é a Contabilidade, entender o que faz o profissional analista das demonstrações contábeis, reconhecer os principais usuários da informação contábil e suas necessidades informacionais e saber quais os atributos necessários a quem pretende realizar análise de demonstrações contábeis.

1.1   O QUE É A CONTABILIDADE?

Para compreender os objetivos da análise de demonstrações contábeis é necessário ter em mente o que é a Contabilidade e, principalmente, suas limitações. Para tanto, dois aspectos devem ser considerados: primeiro, a Contabilidade deve ser compreendida como modelo de representação da situação econômico-financeira de uma entidade; segundo, a existência de grande diversidade de usuários da informação contábil.

Martins, Diniz e Miranda (2020, p. 56) entendem que "a Contabilidade é um **Modelo** que procura representar o que vem ocorrendo com a empresa, mas modelo, por definição, é uma aproximação [**simplificação**] **da realidade, nunca a própria realidade**. Sempre mostrará algo de maneira mais simplificada do que de fato é, e estarão sempre faltando informações para se entender de forma completa o que está ocorrendo". Em outras palavras, o que as demonstrações contábeis informam são partes da verdade acerca da realidade econômico-financeira da entidade. Apenas o que foi captado por meio das regras contábeis vigentes em dada época. São representações que procuram retratar a realidade, mas são sempre limitadas.

Figura 1.1 Modelo: uma simplificação da realidade.

Assista ao vídeo
"O que é contabilidade: alguns conceitos",
por Prof. Gilberto Miranda.

Mas a quem se destina a informação contábil? No princípio, a contabilidade se destinava ao dono do patrimônio que desejava medir e controlar as variações ocorridas na sua riqueza, ou seja, a contabilidade nasceu por uma necessidade gerencial. Naquela época, a informação contábil teria um objetivo claro: atender às necessidades informacionais do proprietário do patrimônio. Mas, com o passar do tempo, novos usuários foram surgindo. Martins, Diniz e Miranda (2020) destacam que já em 1673 é instituído o início do Código Comercial Francês com a *Lei L'Ordonnance*, estabelecendo um processo de normatização contábil de cima para baixo, subordinando a Contabilidade aos interesses dos **credores** (banqueiros). Naquela época, na Inglaterra, a boa contabilidade era a que produzia boas informações para os gestores das empresas. E esses balanços é que deveriam ser levados aos credores e **investidores** (iniciando-se o mercado acionário). Mais recentemente, já no século passado, os Estados nacionais começaram a tributar sobre os lucros contábeis, tornando-se o **fisco** um grande interessado nas informações contábeis. Além desses, inúmeros outros *stakeholders* demandam atualmente informações contábeis: acionistas, governo, empregados, sindicatos, fornecedores, clientes, concorrentes etc.

Assista ao vídeo
O Impacto das Normas Contábeis na Internacionalização das Empresas e o CPC,
por Eliseu Martins.

Como se vê, não é uma tarefa fácil cumprir os objetivos da Contabilidade. Isto é, desejar que um **modelo** retrate a realidade econômico-financeira de uma entidade para vários usuários, os quais têm objetivos díspares em termos de informações. Além disso, por ser um modelo, as informações geradas pelos profissionais da contabilidade nem sempre são idênticas, posto que por mais normatizados que sejam os procedimentos utilizados na elaboração das demonstrações contábeis, sempre vai existir a possibilidade de escolhas diferentes, e, por consequência, a simplificação da realidade econômico-financeira pode ser apresentada de formas distintas.

Aliás, o papel crucial do contador é o registro das operações. Ele capta, organiza e compila dados contábeis. "Sua matéria-prima são fatos de significado econômico-financeiro expressos em moeda. Seu produto final são as demonstrações financeiras" (MATARAZZO, 2010, p. 5). Já os analistas partem das informações disponíveis nas demonstrações contábeis para chegar a informações que suportem a tomada de decisões. Ou seja, eles fazem o caminho inverso para chegar aos fatos econômico-financeiros relevantes à vida da empresa. Nota-se que não é muito simples o papel do analista das demonstrações contábeis! Aliás, o que faz esse profissional?

1.2 O QUE FAZ O ANALISTA DAS DEMONSTRAÇÕES CONTÁBEIS?

Diante do que foi dito, o analista das demonstrações contábeis é um verdadeiro detetive! Ele emprega suas habilidades para tirar conclusões sobre a realidade econômico-financeira da entidade, as quais vão subsidiar o processo decisório dos usuários na tomada de decisões. Em termos práticos, os profissionais que se dedicam à análise das demonstrações contábeis geralmente atuam no setor de crédito de instituições financeiras, na área de investimentos de corretoras, entre outros.

Muito bem... mas qual o objetivo da análise das demonstrações contábeis? De modo amplo, é extrair informações das demonstrações contábeis para tomada de decisões. Mas a definição de quais informações a serem extraídas depende de qual usuário irá utilizá-las. Como se sabe, são muitos os usuários da Contabilidade: credores, acionistas (institucionais, como os fundos de investimentos, especuladores de mercado, poupadores etc.), Fisco, sindicatos, clientes, concorrentes, entre outros, conforme demonstra a Figura 1.3.

Figura 1.2 Analista das demonstrações contábeis: um detetive.

O objetivo da análise depende do usuário, porque cada usuário demanda um tipo específico de informação. Os **investidores** estão interessados em informações sobre o risco inerente ao investimento, o retorno que ele produz e a capacidade de pagamento de dividendos; alguns com visão de curto prazo e outros a longo prazo. Os **credores por empréstimos**, os **fornecedores e outros credores comerciais**, por exemplo, estão interessados em informações sobre a capacidade da entidade em cumprir suas obrigações nos prazos estabelecidos, enquanto **sindicados** e **empregados** querem saber sobre a estabilidade e lucratividade de seus empregadores, sobre a capacidade de pagamento dos salários, benefícios de aposentadoria e oportunidades de emprego. Já os **clientes** se preocupam com a capacidade operacional da empresa de fornecimento de matéria-prima ou insumos; os **fornecedores** se preocupam com seus créditos, enquanto o **Governo e suas agências** estão interessados em informações sobre as atividades empresariais, para que possam estabelecer políticas fiscais, destinação de recursos etc. O **público** de maneira geral pode estar interessado em informações sobre a evolução do desempenho da entidade na sua cidade, na sua região, os desenvolvimentos recentes, entre outras coisas.

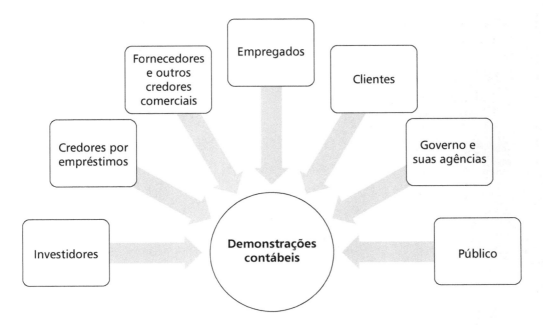

Figura 1.3 Usuários das demonstrações contábeis divulgadas.

Você poderia questionar: mas... foi sempre assim? Não, a análise de demonstrações contábeis voltada a essa ampla gama de usuários é algo recente em termos históricos. Entretanto, Iudícibus (2009) entende que a análise de demonstrações para auxiliar o gestor deva ser tão antiga quanto a própria Contabilidade, mas os banqueiros teriam sido os responsáveis pela sua vulgarização por meio de índices mais recentemente. Desde o final do século XIX, "é prática relativamente comum o banqueiro analisar o relacionamento entre os valores a receber e os valores a pagar de cada empreendimento a fim de determinar com mais base o risco envolvido em conceder empréstimos à entidade".

Na atualidade, os usuários das informações contábeis são inúmeros, conforme destaca a Figura 1.3. Essa diversidade de usuário pode ser explicada levando em consideração a capacidade de a Contabilidade abstrair um conjunto de dados econômico-financeiros e mediante um modelo estabelecido emitir as informações sobre as variações ocorridas no patrimônio. Com isso, a Contabilidade pode ser entendida como a linguagem dos negócios. Por ser fomentadora dessas informações, há um interesse mútuo de outras áreas em atuar conjuntamente com a contabilidade para alcançar objetivos específicos, como já se vislumbra em áreas como a ambiental, de sustentabilidade, macroeconômica no equilíbrio de contas entre as nações, entre outras. Essa amplitude demanda cada vez mais competência do analista que irá analisar as demonstrações contábeis desses empreendimentos. Assim, surge inevitavelmente a pergunta:

1.3 QUAIS OS ATRIBUTOS NECESSÁRIOS À ANÁLISE DAS DEMONSTRAÇÕES CONTÁBEIS?

Antes de responder à pergunta, vamos sintetizar o que foi dito anteriormente... a análise das demonstrações contábeis tem o objetivo de gerar informações úteis à tomada de decisões dos diversos usuários das informações contábeis, a fim de verificar se a empresa merece crédito, se é solvente, se é rentável, entre outras razões, conforme ilustra a Figura 1.4.

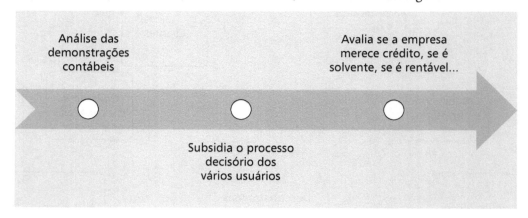

Figura 1.4 Objetivos da análise das demonstrações contábeis.

Nesse sentido, Martins, Diniz e Miranda (2020) entendem que as habilidades do analista devem compreender: i) **conhecimento do negócio**, ou seja, o ramo de atividade, o setor, as pessoas envolvidas, os julgamentos utilizados etc.; e ii) **conhecimento do modelo contábil**, ou seja, as particularidades contábeis para aquele tipo de empresa especificamente. Por exemplo, os mecanismos de análise das demonstrações contábeis de um banco não são os mesmos de uma siderúrgica. Assim, o contador que irá analisar as demonstrações de um banco deve conhecer mais profundamente o negócio "instituições financeiras" e os aspectos contábeis atinentes, enquanto o analista que examinará as demonstrações de uma siderúrgica deve conhecer tal ramo de atividade e as peculiaridades contábeis desse tipo de indústria. O que não significa que uma mesma pessoa não possa conhecer as duas áreas.

Outros aspectos fundamentais na análise das demonstrações contábeis são: **qualidade** e **quantidade** de informações disponíveis. A quantidade de informações disponibilizadas é importante, pois quem está fora da empresa só poderá conhecer determinados aspectos do empreendimento se as informações forem divulgadas. Mais importante ainda é que as informações constantes nas demonstrações analisadas sejam confiáveis e acuradas, caso contrário as conclusões não serão confiáveis. Nesse sentido, o Relatório da Auditoria se constitui em parâmetro essencial. Para Martins, Diniz e Miranda (2020), é exatamente pelo Relatório da Auditoria que se inicia um processo de análise das demonstrações contábeis. São apresentadas várias possibilidades de ocorrências no parecer da auditoria, as quais devem ser conhecidas pelo analista das demonstrações contábeis.

Assista ao vídeo
Futuro da Contabilidade,
por Eliseu Martins.

 Exercícios

1. Existem diferenças entre as nomenclaturas Análise de Balanços, Análise das Demonstrações Contábeis, Análise das Demonstrações Financeiras e Análise Financeira?
2. Você acredita que as demonstrações contábeis divulgadas por força de lei são suficientes para atender às necessidades informacionais de todos os usuários da informação contábil? Justifique sua resposta.
3. Os valores expressos nas demonstrações contábeis retratam a realidade econômica das empresas? Justifique sua resposta.
4. Qual a relevância de indicadores setoriais no processo de análise das demonstrações contábeis?
5. Para você (estudante), qual poderia ser a utilidade de analisar os demonstrativos contábeis de uma empresa?
6. Por que a análise das demonstrações contábeis deveria ser precedida da leitura atenta do relatório (parecer) da auditoria?
7. Cite três limitações das demonstrações contábeis para o processo decisório.

 Atividades sugeridas ao professor

1) Para trabalhar as questões apresentadas antes, sugere-se, inicialmente, que a classe seja dividida em grupos (de 3 a 5 pessoas) para discutirem as questões. Posteriormente, deve ser organizado um círculo para que os grupos apresentem suas conclusões e debatam sobre as possíveis divergências. Finalmente, cada grupo deve escolher um tópico sobre o qual elaborará um texto de, aproximadamente, uma página para ser entregue.

2) Avaliação Diagnóstica:

a) Sugere-se que logo no início das aulas seja feita uma avaliação diagnóstica. Esse tipo de avaliação não vale nota, mas tem o propósito de verificar o nível de conhecimento que os alunos apresentam sobre o assunto que será estudado. A partir dos resultados apresentados, o professor poderá direcionar as atividades de acordo com o perfil da turma.

b) Para tanto, a turma deve ser dividida em grupos (de 3 a 5 pessoas). Cada grupo recebe um conjunto de demonstrações contábeis (pode ser de empresas reais ou fictícias, como as Cias. Grega, Medusa e Zeus apresentadas adiante), acompanhadas de uma questão: i) "Vocês comprariam ações dessa empresa?" ou ii) "Vocês emprestariam dinheiro a esta empresa? Com base nas demonstrações contábeis, fundamentem suas respostas".

c) O professor analisa as respostas para descobrir os pontos fortes e pontos fracos da turma. Ao final do semestre, os textos são devolvidos aos alunos para que possam rever suas respostas e acrescentar o que aprenderam durante o semestre. Eles terão a oportunidade de avaliar o quanto evoluíram, ou não!

3) Estudo de Caso:

Com a finalidade de aproximar os alunos das práticas vigentes no meio empresarial, sugere-se um trabalho de análise de demonstrações contábeis de uma empresa real, que tenha demonstrações contábeis publicadas. Essa atividade deve ser desenvolvida ao longo do período; à medida que os conceitos forem sendo trabalhados em sala de aula, os alunos irão aplicando às demonstrações em análise.

Inicialmente, os alunos devem ser divididos em grupos. Cada grupo deve escolher uma empresa para analisar as demonstrações contábeis. Existem várias fontes, como: Jornal *Valor Econômico*, Comissão de Valores Mobiliários, BM&FBovespa, *sites* das próprias empresas, entre outras.

Por ser uma atividade longa, é importante que o professor acompanhe de perto as atividades, que poderão ser divididas em três fases, conforme o método de análise das demonstrações contábeis apresentado no Capítulo 3:

I. **Observação**: os alunos devem fazer uma análise preliminar com base na leitura das diversas peças contábeis publicadas e informações sobre o setor no qual a empresa está inserida. Como resultado, devem fazer um relatório para ser entregue;

II. **Exame**: nesse momento, os alunos devem sumarizar as informações contábeis, preparando as demonstrações contábeis para uso dos indicadores. Como resultado, os alunos devem entregar as demonstrações contábeis sumarizadas e os índices calculados;

III. **Interpretação**: na última etapa, os alunos devem entregar o relatório final de análise com a interpretação dos índices, bem como apresentar os resultados apurados para toda a classe. Esses resultados devem ser debatidos pela classe e o professor. Se o professor achar conveniente, pode dividir esta etapa em duas partes para acompanhar de perto o desenvolvimento do trabalho.

2

ESTRUTURA DAS DEMONSTRAÇÕES CONTÁBEIS

Para realizar a análise de balanço, é essencial possuir conhecimentos em contabilidade, compreendendo como ela opera em seus processos de reconhecimento, mensuração e divulgação. Embora este livro não tenha como objetivo explorar profundamente todos os conceitos e a estrutura das demonstrações contábeis de todos os tipos de empresas, serão apresentados neste capítulo os conceitos fundamentais da Estrutura Conceitual Básica da Contabilidade voltados à análise das demonstrações contábeis – CPC 00 (R2) – seguidos das estruturas das demonstrações contábeis das empresas comerciais, industriais e de serviços, principalmente, que têm publicação exigida pela Lei das Sociedades por Ações às Companhias Abertas, com comentários sobre as demais:

- Balanço Patrimonial.
- Demonstração dos Resultados.
- Demonstração dos Resultados Abrangentes.
- Demonstração das Mutações do Patrimônio Líquido.
- Demonstração dos Fluxos de Caixa.
- Demonstração do Valor Adicionado.

A Demonstração do Valor Adicionado não é obrigatória para as companhias fechadas, as sociedades limitadas e outras. Já a companhia fechada com patrimônio líquido, na data do balanço, inferior a R$ 2.000.000,00 (dois milhões de reais) não será obrigada à elaboração e publicação da Demonstração dos Fluxos de Caixa.

É importante mencionar que as demonstrações contábeis aqui listadas são relatórios padronizados que têm o objetivo de "[...] fornecer informações financeiras sobre a entidade que reporta que sejam úteis para investidores, credores por empréstimos e outros credores, existentes e potenciais, na tomada de decisões referente à oferta de recursos à entidade" (CPC 00 R2). Cabe destacar que esses usuários têm demandas específicas de informação, mas não podem exigir que as entidades que reportam forneçam informações direcionadas a essas demandas. Os relatórios financeiros devem ser preparados para fins gerais, e as demandas específicas devem ser atendidas por meio de outros canais, como os relacionamentos entre empresas e usuários.

Também é relevante dizer que o poder informativo das demonstrações contábeis é potencializado quando analisadas em conjunto. Pois, de acordo com o CPC 00 versão original, item 20: "as partes componentes das demonstrações contábeis se inter-relacionam porque refletem diferentes aspectos das mesmas transações ou outros eventos. Embora cada demonstração apresente informações que são diferentes das outras, nenhuma provavelmente se presta a um único propósito, nem fornece todas as informações necessárias para necessidades específicas dos usuários".

As demonstrações contábeis também objetivam apresentar os resultados da atuação da administração, em face de seus deveres e responsabilidades na gestão diligente dos recursos que lhe foram confiados. Para satisfazer a esse objetivo, as demonstrações contábeis proporcionam informação da entidade acerca dos seguintes elementos:

a) ativos;

b) passivos;

c) patrimônio líquido;

d) receitas e despesas, incluindo ganhos e perdas;

e) alterações no capital próprio mediante integralizações dos proprietários e distribuições a eles; e

f) fluxos de caixa.

Essas informações, juntamente com outros dados constantes das notas explicativas, ajudam os usuários das demonstrações contábeis a entender a posição patrimonial e financeira da entidade, a compreender o seu desempenho e a prever os seus futuros fluxos de caixa e, em particular, a época e o grau de certeza de sua geração.

2.1 ESTRUTURA CONCEITUAL BÁSICA

A contabilidade, de uma maneira bem prática, pode ser entendida como um modelo, e como tal busca representar simplificadamente a realidade econômica e financeira das entidades. É notório, como já se enfatizou anteriormente, que cada entidade ou segmento econômico tem características peculiares e precisa adotar maneiras próprias de representar a realidade por força das relações econômico-financeiras que lhe são próprias. Embora existam vários modelos definidos para cada atividade ou segmento econômico, existe uma Estrutura Conceitual que norteia todo o processo contábil de reconhecimento, mensuração e evidenciação das demonstrações contábeis das entidades. Essa estrutura funciona como uma constituição de um país (focada na Contabilidade), na medida em que norteia todo o processo de normatização. Assim, devido ao seu caráter generalista, a Estrutura Conceitual não é um Pronunciamento Técnico propriamente dito e, portanto, não define normas ou procedimentos para nenhuma questão particular sobre aspectos de mensuração ou divulgação.

A Estrutura Conceitual foi desenvolvida de modo a ser aplicável a uma gama de modelos contábeis e conceitos de capital e sua manutenção. Tem por finalidade dar suporte ao estabelecimento de normas contábeis e promover a padronização das regulamentações pertinentes à apresentação das demonstrações, provendo, assim, uma base para a redução do número de tratamentos contábeis alternativos permitidos pelos pronunciamentos, interpretações e orientações.

Naturalmente, a dinâmica econômica e o desenvolvimento da tecnologia de informações têm levado a Contabilidade a se ajustar a cada nova situação que se apresenta. Assim a Estrutura Conceitual nunca estará finalizada, sempre deverá ser sensível à dinâmica econômica. O atual Pronunciamento Conceitual Básico (R2), aprovado pelo Comitê de Procedimentos Contábeis, revisou a Estrutura Conceitual definida pelo CPC anterior, de 2011. Essa revisão trouxe várias mudanças na redação e também alterações relevantes, como definições mais rigorosas, explícito tratamento, agora, da prudência e da essência sobre a forma, foco mais forte em credores e investidores como principais usuários da informação contábil. Para descrever esses ajustamentos conceituais, são reproduzidas algumas das partes da Estrutura Conceitual do CPC (2019).

A grande preocupação da Estrutura Conceitual é com a elaboração e divulgação das demonstrações contábeis. Para tanto, ela aborda os conceitos que subsidiam a elaboração e a apresentação dessas demonstrações aos usuários externos. As demonstrações contábeis, formuladas dentro do que prescreve essa Estrutura Conceitual, objetivam fornecer informações financeiras sobre a entidade que reporta que sejam úteis para investidores, credores por empréstimos e outros credores, existentes e potenciais, na tomada de decisões referentes à oferta de recursos à entidade. Os documentos dessa natureza talvez cometam um erro: esquecem-se sempre de mencionar os usuários internos da entidade, ou seja, seus gestores. Mas eles são, na verdade, os primeiros usuários das informações contábeis e, por consequência, são também objeto de atenção da Contabilidade; aliás, deveriam, sempre, ser os primeiros usuários a serem olhados por ela.

As demonstrações contábeis são elaboradas e apresentadas para usuários externos em geral, tendo em vista suas finalidades distintas e necessidades diversas. Governos, órgãos reguladores ou autoridades tributárias, por exemplo, podem determinar especificamente exigências para atender a seus próprios interesses. Essas exigências, no entanto, não devem afetar as demonstrações contábeis elaboradas segundo a Estrutura Conceitual (CPC, 2019).

Para alcançar seus objetivos, as demonstrações financeiras são elaboradas com base na contabilização pelo Regime de Competência. Segundo esse regime, os efeitos das transações e outros eventos são reconhecidos quando ocorrem (e não quando caixa ou outros recursos financeiros são recebidos ou pagos) e são lançados nos registros contábeis e reportados nas demonstrações contábeis dos períodos a que se referem. As demonstrações contábeis preparadas pelo Regime de Competência informam aos usuários não somente sobre transações passadas envolvendo o pagamento e o recebimento de caixa ou outros recursos financeiros, mas também sobre obrigações de pagamentos no futuro e sobre recursos que serão recebidos no futuro, desde que pagamentos e recebimentos sejam derivados de fatos já ocorridos. Dessa maneira, apresentam informações sobre transações passadas e outros eventos que sejam as mais úteis aos usuários na tomada de decisões econômicas. O Regime de Competência pressupõe a confrontação entre receitas e despesas.

Outro aspecto digno de destaque é que as demonstrações contábeis são normalmente preparadas no pressuposto de que a entidade continuará em operação no futuro previsível. Dessa maneira, presume-se que a entidade não tem a intenção nem a necessidade de entrar em liquidação, nem reduzir materialmente a escala das suas operações; se tal intenção ou necessidade existir, as demonstrações contábeis terão que ser preparadas numa base diferente e, nesse caso, tal base deverá ser divulgada.

2.2 CARACTERÍSTICAS QUALITATIVAS DA INFORMAÇÃO CONTÁBIL-FINANCEIRA ÚTIL

Para ser útil, a informação financeira deve ser relevante e representar fidedignamente àquilo que pretende representar. A utilidade da informação financeira é aumentada se esta for comparável, verificável, tempestiva e compreensível. Tais atributos têm a seguinte configuração:

a) características qualitativas **fundamentais** (Relevância e Representação Fidedigna), as mais críticas; e

b) características qualitativas **de melhoria** (Comparabilidade, Capacidade de Verificação, Tempestividade e Compreensibilidade), menos críticas, mas ainda assim altamente desejáveis.

Esses termos são definidos, conforme ilustrado na Figura 2.1.

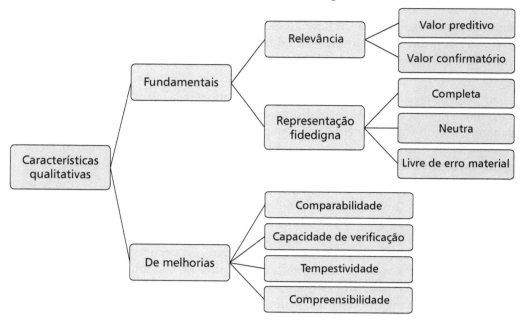

Figura 2.1 Características qualitativas da informação contábil.

2.2.1 Características qualitativas fundamentais: relevância e representação fidedigna

A informação financeira é **relevante** quando é capaz de influenciar as decisões tomadas pelos usuários das demonstrações financeiras, ajudando-os a avaliar o impacto de eventos passados, presentes ou futuros, ou ainda, confirmando ou corrigindo as suas avaliações anteriores. Informações sobre a posição patrimonial e financeira e sobre o desempenho passado são frequentemente utilizadas como base para projetar a posição e o desempenho futuros da entidade. Assim como outros assuntos nos quais os usuários estejam diretamente interessados, tais como pagamento de dividendos e salários, alterações no preço das ações e a capacidade que a entidade tenha de atender seus compromissos à medida que se tornem devidos.

Assista ao vídeo
Representação Fidedigna,
por Eliseu Martins.

A Estrutura Conceitual reconhece que a informação financeira é capaz de fazer a diferença nas decisões se tiver "valor preditivo", "valor confirmatório" ou ambos. A informação contábil tem valor preditivo quando ela pode ser utilizada pelo usuário como uma ferramenta capaz de predizer futuros resultados. A informação contábil-financeira não precisa ser uma predição ou uma projeção para que possua valor preditivo. De modo geral, quando a informação tem valor preditivo, o usuário é capaz de fazer suas próprias predições. Já a informação contábil tem valor confirmatório quando propicia uma retroalimentação (*feedback*) sobre as avaliações anteriores (confirmando, ou indicando alterações).

A materialidade é um dos aspectos da Relevância. O Financial Accounting Standards Board (FASB) define materialidade como:

> A magnitude de uma omissão ou incorreção em informações contábeis que, à luz das circunstâncias, faz com que seja provável que o julgamento por uma pessoa razoável, e que confia nessas informações, seja modificado ou influenciado pela omissão ou informação incorreta.

Pelo que se percebe dessa definição, a materialidade não existe simplesmente em função de valores monetários específicos nas demonstrações financeiras de uma entidade. Além de aspectos quantitativos, deve-se também buscar a dimensão qualitativa da materialidade, com vista a validar possíveis distorções nas demonstrações financeiras. Segundo afirmam Gramling, Rittenberg e Johnstone (2012, p. 58), é importante nas decisões sobre materialidade observar qualquer diretriz para identificação da materialidade e ter em mente que ela é apenas um ponto de partida que é ajustado por outras informações relevantes. Por exemplo, se uma empresa tiver um empréstimo com uma cláusula restritiva que exige um índice de liquidez corrente igual a 2, qualquer valor monetário que contribua para esse índice cair abaixo desse valor é considerado material.

Nesse sentido, o CPC 00 (R2) afirma que a informação é material se a sua omissão ou sua divulgação distorcida (*misstating*) puder influenciar decisões que os usuários tomam com base na informação contábil-financeira acerca de entidade específica que reporta a informação. Em outras palavras, a materialidade é um aspecto de Relevância específico da entidade baseado na natureza ou na magnitude, ou em ambos, dos itens para os quais a informação está relacionada no contexto do relatório contábil-financeiro de uma entidade em particular. Consequentemente, não se pode especificar um limite quantitativo uniforme para materialidade ou predeterminar o que seria julgado material para uma situação particular.

Os relatórios contábil-financeiros representam fenômenos econômicos em palavras e números. Para ser útil, a informação contábil-financeira não tem só que representar um fenômeno relevante, mas tem também que **representar com fidedignidade** tal fenômeno. A maioria das informações contábeis está sujeita a algum risco de ser menos do que uma representação fiel daquilo que se propõe a retratar. Isso pode decorrer de dificuldades inerentes à identificação das transações ou outros eventos a serem avaliados ou à identificação e aplicação de técnicas de mensuração e apresentação que possam transmitir, adequadamente, informações que correspondam a tais transações e eventos. Em certos casos, a mensuração dos efeitos financeiros dos itens pode ser tão incerta que não é apropriado o seu reconhecimento nas demonstrações contábeis; por exemplo, embora muitas entidades gerem, internamente, ágio decorrente de expectativa de rentabilidade futura ao longo do tempo (*goodwill*), é usualmente difícil identificar ou mensurar esse ágio com confiabilidade. Em outros casos, entretanto, pode ser relevante reconhecer itens e divulgar o risco de erro envolvendo o seu reconhecimento e mensuração.

Muitas vezes, as bases de mensuração de ativos não são as mesmas, e se faz necessário, para informar melhor ao usuário, qualificar as bases de mensuração em níveis de representação. Por exemplo, o CPC 46 hierarquiza as técnicas de avaliação utilizadas na mensuração do valor justo em três níveis. A hierarquia de valor justo dá a mais alta prioridade a preços cotados (não ajustados) em mercados ativos para ativos ou passivos idênticos (informações de Nível 1) e a mais baixa prioridade a modelos baseados em dados não observáveis (informações de Nível 3). Dessa maneira, o usuário da informação tem a capacidade de fazer seus julgamentos conhecendo os níveis pelos quais os ativos e passivos foram avaliados.

Além desses aspectos levantados, para que exista uma representação fidedigna, a informação precisa ser completa, neutra e livre de erro. A completude da realidade econômica deve incluir toda a informação necessária para que o usuário compreenda o fenômeno que está sendo retratado, incluindo todas as descrições e explicações necessárias. Por exemplo, um retrato completo de um grupo de ativos incluiria, no mínimo, a descrição da natureza dos ativos que compõem o grupo, o retrato numérico de todos os ativos que compõem o grupo, e a descrição acerca do que o retrato numérico representa (por exemplo, custo histórico original, custo histórico ajustado ou valor justo). Em determinadas ocasiões, a informação deve vir acompanhada de explicações acerca de fatos significativos sobre a qualidade e a natureza desses itens, fatos e circunstâncias que podem afetar a qualidade e a natureza deles, e os processos utilizados para determinar os números retratados.

A Representação Fidedigna pressupõe também que a informação que está sendo fornecida deve ser desprovida de preconceitos. Informação financeira não deve influenciar a

Cap. 2 ■ ESTRUTURA DAS DEMONSTRAÇÕES CONTÁBEIS **15**

tomada de decisões para alcançar um resultado predeterminado. Assim, um retrato neutro não deve ser distorcido com contornos que possa receber dando a ele maior ou menor peso, ênfase maior ou menor, ou qualquer outro tipo de manipulação que aumente a probabilidade de a informação contábil-financeira ser recebida pelos seus usuários de modo favorável ou desfavorável. Essa Neutralidade se aplica às normas de contabilidade que devem ser estabelecidas com objetivos sociais gerais e objetivos específicos, porém tendo em mente que não se deve tentar alcançar determinados resultados sociais ou favorecer determinados grupos ou empresas.

O CPC 00 (R2) destaca a necessidade de prudência ao exercer a neutralidade, ou seja, cautela no exercício de julgamentos sob condições de incerteza. Assim, é de se esperar que os ativos e as receitas não estejam superavaliados, por outro lado, os passivos e as despesas não se apresentem subavaliados. Com isso, são mitigadas as distorções de avaliação e representação dos elementos das demonstrações contábeis, principalmente nos impactos futuros da representação fiel dos dados financeiros e econômicos.

A incerteza faz parte de nosso cotidiano quando medimos muitos itens das informações financeiras. As estimativas são comuns na atividade contábil, logo não seria comum esperar que todas as medições estivessem livres de erros. No entanto, a informação deve estar livre de erro material, para ser útil.

Essa conceituação sobrepõe-se ao antigo **conservadorismo**, ainda forte em alguns países não saxônicos, onde a prática é a de sempre escolher o maior valor para o passivo e o menor para o ativo, desconsiderando as expectativas e probabilidades de suas efetivações futuras.

2.2.2 Características qualitativas de melhorias

A **comparabilidade** é a característica qualitativa que permite que os usuários identifiquem e compreendam similaridades e diferenças entre itens de uma mesma entidade ou entre diferentes entidades. Diferentemente de outras características qualitativas, a comparabilidade não está relacionada com um único item. A comparação requer no mínimo dois itens.

Os usuários devem poder comparar as demonstrações contábeis de uma entidade ao longo do tempo, a fim de identificar tendências na sua posição patrimonial e financeira e no seu desempenho. Consequentemente, a mensuração e apresentação dos efeitos financeiros de transações semelhantes e outros eventos devem ser feitas de modo consistente pela entidade, ao longo dos diversos períodos, e também por entidades diferentes.

No entanto, é importante destacar que comparabilidade não é uniformidade. Para haver comparabilidade, "coisas similares devem parecer similares e coisas diferentes devem parecer diferentes", conforme o CPC 00 (R2). A uniformidade é um caminho para maior comparabilidade, mas não basta que o formato da informação seja o mesmo, a essência também deve ser.

Uma importante implicação da característica qualitativa da comparabilidade é que os usuários devem ser informados das práticas contábeis seguidas da elaboração das demonstrações contábeis, de quaisquer mudanças nessas práticas e também o efeito de tais mudanças. Isso ocorre tendo em vista que os usuários desejam comparar a posição patrimonial e financeira, o desempenho e as mutações na posição financeira ao longo do tempo, sendo, então, importante que as demonstrações contábeis apresentem as correspondentes informações de períodos anteriores. Como exemplo, têm-se as práticas que impactam a comparabilidade nas bases permitidas para mensuração das propriedades para investimentos, que pode ser pelo custo ou valor justo. Portanto, duas entidades distintas podem avaliar o mesmo elemento patrimonial, com as mesmas características, porém com valores distintos.

Qualquer norma nova comumente obriga ao refazimento da demonstração do exercício anterior para efeito de comparabilidade. Com isso, pode não haver comparabilidade da atual com a de dois ou mais anos antes. Às vezes, acontece algo mais complicado: a norma permite que a mudança se aplique só daqui em diante, sem se refazer a demonstração do ano anterior, ou permite que a empresa escolha entre as duas alternativas. Quando uma empresa adota as normas internacionais pela primeira vez (poderia estar adotando outras regras), há permissão para que determinados pontos não se apliquem ao passado, e outros são obrigatórios. Ou, ainda, pode haver a data de vigência para entrada obrigatória de uma norma, mas ser permitido que quem quiser aplique-a antecipadamente. E ainda existe a situação (CPC 23 – Políticas Contábeis, Mudança de Estimativa e Ativos Contingentes) que permite que a empresa voluntariamente mude de certas práticas contábeis, ou, então, a norma exige a retificação de erros, quando se reapresentam o balanço, a demonstração do resultado, a dos fluxos de caixa e das mutações patrimoniais do ano anterior, e mais o balanço de abertura do exercício anterior. Ou seja, é preciso muito cuidado do analista nessas situações para que a falta de comparabilidade não venha enviesar suas conclusões, principalmente quando compara mais do que dois exercícios sociais. É fundamental ler a nota explicativa sobre mudanças de práticas contábeis.

Já a **capacidade de verificação** ajuda a assegurar aos usuários que a informação representa fidedignamente o fenômeno econômico que se propõe representar. A capacidade de verificação significa que diferentes observadores, cônscios e independentes, podem chegar a um consenso, embora não cheguem necessariamente a um completo acordo quanto ao retrato de uma realidade econômica em particular ser uma representação fidedigna. Informação quantificável não necessita ser um único ponto estimado para ser verificável. Uma faixa de possíveis montantes com suas probabilidades respectivas pode também ser verificável.

A verificação pode ser direta ou indireta. Verificação direta significa examinar um montante ou outra representação por meio de observação direta, por exemplo, por meio da contagem de caixa. Verificação indireta significa checar os dados de entrada do modelo, fórmula ou outra técnica e recalcular os resultados obtidos por meio da aplicação da mesma metodologia. Um exemplo é a verificação do valor contábil dos estoques mediante a checagem dos dados de entrada (quantidades e custos) e o recálculo do saldo final dos estoques utilizando a mesma premissa adotada no fluxo do custo (por exemplo, utilizando o método PEPS).

Quando são feitas previsões ou estimativas de informações futuras (*forward-looking information*), o processo de capacidade de verificação torna-se dificultoso ao averiguar até que o período futuro seja totalmente alcançado. Porém, a entidade que divulga a informação deve fornecer subsídios para que o usuário possa interagir com informação ou definir suas trilhas decisórias a partir da divulgação das premissas subjacentes, dos métodos de obtenção da informação e outros fatores e circunstâncias que suportam a informação.

A **tempestividade** é uma característica da informação contábil que preconiza que as informações devem estar disponíveis para os tomadores de decisão a tempo de poder influenciá-los em suas decisões. Em geral, a informação mais antiga é a que tem menos utilidade. Contudo, certa informação pode ter o seu atributo tempestividade prolongado após o encerramento de um período contábil em decorrência de alguns usuários, por exemplo, necessitarem identificar e avaliar tendências.

Uma qualidade essencial das informações apresentadas nas demonstrações contábeis é que elas sejam prontamente entendidas pelos usuários. É a característica da **compreensibilidade**. Para isso, ela deve ser apresentada com clareza e concisão. Nesse sentido é necessária a presunção de que os usuários tenham um conhecimento razoável dos negócios, atividades econômicas e do modelo contábil, bem como disposição para revisar e analisar as informações diligentemente, até porque os relatórios contábil-financeiros são elaborados para usuários com tais conhecimentos. Por vezes, mesmo os usuários bem informados e diligentes podem sentir dificuldade de entender determinados aspectos da demonstração. Nesse caso, é altamente recomendado procurarem ajuda de consultores para compreensão da informação sobre um fenômeno econômico complexo.

Assista ao vídeo
Características qualitativas da informação contábil,
por Prof. Quintino.

Todavia, não é permitido que informações a respeito de assuntos complexos deixem, sobre qualquer hipótese, de constar nas demonstrações, inclusive sob o pretexto de que seria difícil para certos usuários as entenderem.

Custo como restrição na elaboração e divulgação da informação contábil

O custo de gerar a informação é uma restrição sempre presente na entidade no processo de elaboração e na divulgação de relatório contábil-financeiro. O processo de elaboração e divulgação de relatório contábil-financeiro impõe custos, sendo importante que ditos custos sejam justificados pelos benefícios gerados pela divulgação da informação. Existem variados tipos de custos e benefícios a considerar.

 ### Exercícios

1. Por que a Estrutura Conceitual é importante para os usuários das demonstrações contábeis?
2. Identifique os atributos das informações contábeis abaixo descritos. Coloque entre parênteses os números correspondentes:

    (1) Compreensibilidade

    (2) Relevância

    (3) Comparabilidade

(4) Representação Fidedigna
(5) Capacidade de Verificação
(6) Tempestividade

( ) Em geral, a informação mais antiga é a que tem menos utilidade.

( ) Refere-se ao entendimento da informação pelo usuário.

( ) Diferentes observadores, cônscios e independentes, podem chegar a um consenso quanto ao retrato de uma realidade econômica.

( ) Está relacionado com dificuldades inerentes à identificação e aplicação de técnicas de mensuração e apresentação que possam transmitir, adequadamente, informações que correspondam a tais transações e eventos.

( ) Pode ser relevante reconhecer itens e divulgar o risco de erro envolvendo o seu reconhecimento e mensuração.

( ) Os usuários devem poder comparar as demonstrações contábeis de uma entidade ao longo do tempo.

( ) Os usuários devem ser informados das práticas contábeis seguidas na elaboração das demonstrações contábeis.

( ) São informações que podem influenciar as decisões econômicas dos usuários.

( ) As informações contábeis devem ser prontamente entendidas pelos usuários que tenham um conhecimento razoável do negócio e da contabilidade.

( ) Mesmo informações sobre assuntos complexos não devem ser excluídas em hipótese alguma das demonstrações contábeis, em virtude de sua complexidade.

Testes de concursos, exames e processos seletivos

1. **Exame de Suficiência (CFC)** – Em relação às características qualitativas das informações contábeis, assinale a opção INCORRETA.

   (A) A mensuração e a apresentação dos efeitos financeiros de transações semelhantes e outros eventos devem ser feitas de modo consistente pela entidade, e mudanças em políticas contábeis somente são admitidas quando requeridas pela introdução de normas contábeis aperfeiçoadas.

   (B) As informações são relevantes quando podem influenciar as decisões econômicas dos usuários, ajudando-os a avaliar o impacto de eventos passados, presentes ou futuros ou confirmando ou corrigindo as suas avaliações anteriores.

   (C) Para ser confiável, a informação contida nas demonstrações contábeis deve ser neutra, isto é, imparcial. As demonstrações contábeis não são neutras se, pela escolha ou apresentação da informação, elas induzirem a tomada de decisão ou julgamento específico, visando atingir um resultado ou desfecho predeterminado.

(D) Uma qualidade essencial das informações apresentadas nas demonstrações contábeis é que elas sejam compreendidas pelos usuários. Para tanto, presume-se que os usuários tenham um conhecimento razoável dos negócios, atividades econômicas e contabilidade e a disposição de estudar as informações com razoável diligência.

2. **Contador AL/MA (FGV)** – De acordo com a NBC TG – Estrutura Conceitual para Relatório Financeiro, os investidores, credores por empréstimos e outros credores, existentes e potenciais, representam os principais usuários aos quais se destinam os relatórios financeiros para fins gerais. De acordo com a norma, a administração da entidade que reporta não é considerada usuário primário, uma vez que

    (A) Pode obter internamente as informações financeiras de que precisa.

    (B) É a responsável direta pela elaboração desses relatórios financeiros.

    (C) Tem necessidades de informação diferentes e possivelmente conflitantes em relação aos demais usuários.

    (D) Sua necessidade é mais restrita e específica, enquanto os relatórios financeiros são mais abrangentes.

    (E) Trabalha com representações exatas, enquanto os relatórios financeiros baseiam-se em estimativas, julgamentos e modelos.

3. **Contador Petrobras (Cesgranrio)** – O Pronunciamento Conceitual Básico – Estrutura Conceitual, emitido pelo Comitê de Pronunciamentos Contábeis (CPC), estabelece as características qualitativas dessas mesmas demonstrações. A característica qualitativa que diz respeito à influência das informações nas decisões econômicas dos usuários, ajudando-os a avaliar os impactos de eventos passados, presentes e futuros, é a

    (A) comparabilidade.

    (B) competência.

    (C) compreensibilidade.

    (D) confiabilidade.

    (E) relevância.

4. **Bacharel em Ciências Contábeis CFC (Consuplan)** – Segundo a Norma Brasileira de Contabilidade – NBC TG – Estrutura Conceitual, as características qualitativas de informações financeiras úteis se aplicam a informações financeiras fornecidas nas demonstrações contábeis, bem como a informações financeiras fornecidas de outras formas. Nesse sentido, se as informações financeiras devem ser úteis, elas devem apresentar características qualitativas fundamentais além daquelas de melhoria, que visam aumentar sua utilidade. Classifique as características qualitativas da informação contábil apresentadas a seguir em Fundamental (F) e de Melhoria (M).

( ) Capacidade de Verificação.

( ) Comparabilidade.

( ) Compreensibilidade.

( ) Relevância.

( ) Representação fidedigna.

( ) Tempestividade.

A sequência está correta em

(A) F, F, M, M, F, M.

(B) F, M, F, F, M, F.

(C) M, M, F, M, F, F.

(D) M, M, M, F, F, M.

(E) M, M, F, F, F, M.

5. **Contador BANPARÁ (Fadesp)** – Uma indústria de móveis localizada na BR 316, em Ananindeua (Pará), reduziu sua escala de operações, pois há possibilidade de entrar em liquidação. Diante desse panorama, elaborou suas demonstrações contábeis em base diferente da que costumava elaborar quando não existia tal panorama. O procedimento adotado pela indústria de móveis está de acordo com o pressuposto básico da contabilidade denominado:

(A) regime de competência.

(B) relevância.

(C) continuidade.

(D) compreensibilidade.

(E) materialidade.

6. **Teste ANPAD – Conhecimentos Específicos** – O regime em que todos os custos e receitas incorridos, mesmo que pagos ou recebidos em diferentes períodos, são atribuídos àqueles em que efetivamente ocorrer o fato gerador da receita ou da despesa é o de:

(A) Caixa.

(B) Competência.

(C) Econômico efetivo.

(D) Custo real ou efetivo.

7. **Teste ANPAD – Conhecimentos Específicos** – No mês de setembro de 20X3, uma empresa comprou a prazo material de expediente, no valor de R$ 30.000,00. Os pagamentos das faturas ocorreram em 30 de outubro, 30 de novembro e 30 de dezembro de 20X3. Houve utilização do material em dezembro de 20X3 que totalizou R$ 20.000,00. Em conformidade com o Princípio de Competência, o valor a ser apropriado como despesa, em 20X3, será de:

(A) R$ 20.000,00, em dezembro de 20X3.

(B) R$ 20.000,00, em novembro de 20X3.

(C) R$ 20.000,00, em outubro de 20X3.

(D) R$ 10.000,00, em outubro de 20X3.

(E) R$ 30.000,00, em setembro de 20X3.

8. **Exame de Suficiência (CFC)** – A NBC TG – Estrutura Conceitual estabelece os conceitos que fundamentam a preparação e a apresentação de demonstrações contábeis destinadas a usuários externos.

Portanto, NÃO é finalidade dessa NBC TG:

(A) apoiar os usuários das demonstrações contábeis na interpretação de informações nelas contidas, preparadas em conformidade com as normas.

(B) auxiliar os auditores independentes a formar sua opinião sobre a conformidade das demonstrações contábeis com as normas.

(C) dar suporte aos responsáveis pela elaboração das demonstrações contábeis na aplicação das normas e no tratamento de assuntos que ainda não tiverem sido objeto de normas.

(D) definir normas ou procedimentos para qualquer questão particular sobre aspectos de mensuração, divulgação ou de publicidade.

2.3 BALANÇO PATRIMONIAL

O Balanço Patrimonial é uma das demonstrações contábeis mais importantes aos processos de tomada de decisão por parte dos usuários das informações oriundas da contabilidade. A maioria dos índices vistos nos capítulos posteriores utiliza grupos patrimoniais do Balanço. Os elementos do Balanço permitem que sejam tiradas conclusões a respeito da solvência, liquidez, endividamento, estrutura patrimonial e rentabilidade, entre outros aspectos.

A centralidade do Balanço no processo de análise das demonstrações contábeis reside no fato de apresentar a situação patrimonial e financeira de uma entidade em determinado momento. Por isso é tido como o ponto de partida no processo de análise. O Quadro 2.1 apresenta os grupos componentes do Balanço Patrimonial.

Quadro 2.1 Grupos componentes do Balanço Patrimonial

BALANÇO PATRIMONIAL	
ATIVO	**PASSIVO**
Ativo Circulante	**Passivo Circulante**
Caixa e Equivalentes de Caixa	

(continua)

(continuação)

Contas a Receber	**Passivo Não Circulante**
Estoques	
Ativos Especiais e Despesas Antecipadas	**PATRIMÔNIO LÍQUIDO**
	Capital Social
Ativo Não Circulante	Reservas de Capital
Ativo Realizável a Longo Prazo	Ajustes de Avaliação Patrimonial
Investimentos	Reservas de Lucros
Imobilizado	Ações em Tesouraria
Intangível	Lucros/Prejuízos Acumulados

2.3.1   Ativo

O Ativo é composto pelas contas representativas de bens, direitos e outros recursos da organização que gerem ou ajudem a gerar caixa. Pode ser conceituado como recurso controlado pela entidade como resultado de eventos passados e do qual se espera que resultem futuros benefícios econômicos para a entidade (normalmente na forma de caixa).

Um Ativo é reconhecido no Balanço Patrimonial quando for provável que benefícios econômicos futuros dele provenientes fluirão para a entidade e seu custo ou valor puder ser determinado em bases confiáveis. Um Ativo não é reconhecido no Balanço Patrimonial quando desembolsos tiverem sido incorridos ou comprometidos, dos quais seja improvável a geração de benefícios econômicos para a entidade após o período contábil corrente. Em vez disso, tal transação é reconhecida como despesa na demonstração do resultado.

As contas do Ativo são dispostas em ordem decrescente de grau de liquidez, ou seja, de acordo com a velocidade em que podem ser convertidas em caixa. A Lei n. 11.638/2007 estabelece a disposição do Ativo em dois grandes grupos: Ativo Circulante e Não Circulante.

2.3.1.1   Ativo Circulante

No Ativo Circulante são classificados os itens de maior liquidez, ou seja, aqueles realizáveis (por venda, recebimento ou consumo) no curto prazo, isto é, menos de um ano para as empresas que têm ciclos operacionais iguais ou inferiores a um ano. Ciclo operacional é o tempo gasto por uma entidade desde a aquisição de matérias-primas (na atividade industrial) ou mercadorias (na atividade comercial) até o recebimento da venda. O Ativo Circulante é composto pelos itens:

a) **Disponível (caixa e equivalentes de caixa):**[1] composto pelas contas de maior grau de liquidez, a começar pelo próprio caixa, cheques recebidos e ainda em poder da entidade, saldo de depósitos bancários à vista e aplicações de liquidez imediata.

b) **Contas a Receber:** são os valores a receber da entidade no curto prazo. São as contas relativas a vendas ou prestação de serviços a prazo a clientes, deduzidas das provisões de perdas com créditos de liquidação duvidosa. Também fazem parte desse grupo outros valores a receber no curto prazo decorrentes de transações da entidade (dividendos, adiantamentos, juros a receber etc.).

c) **Estoques:** são os diversos inventários da empresa (mercadorias a serem revendidas, produtos acabados, matéria-prima e outros materiais estocados). A base elementar de atribuição de valor aos estoques é o custo de aquisição ou de produção. No entanto, se o valor realizável líquido for menor, deve-se constituir provisão para perda. Pois, de acordo com o "CPC 16 – Estoques", os estoques devem estar registrados pelo valor de custo ou valor realizável líquido, dos dois o menor.

d) **Ativos Especiais e Despesas Antecipadas:** ativos especiais são bens que a empresa pode comercializar sem perder a posse e propriedade dos mesmos (por exemplo, filmes, bancos de dados, *softwares* etc.). Já as despesas antecipadas são aquelas já contratadas, mas ainda não consumidas. Geralmente tais despesas são consumidas no próximo exercício (por exemplo, seguros antecipados, assinaturas de jornais e revistas pagas antecipadamente, entre outros).

2.3.1.2 Ativo Não Circulante

Neste grupo estão os ativos de menor liquidez, os quais serão realizáveis (ao transformarem-se em dinheiro) no longo prazo. De acordo com a Lei n. 11.638/2007, o grupo Não Circulante contempla os subgrupos: Realizável a Longo Prazo, Investimentos, Imobilizado e Intangível. Dispostos em ordem decrescente de liquidez, esses itens apresentam baixa liquidez ou liquidez mínima, no caso daqueles que não se destinam à venda (Assaf Neto, 2023).

a) **Ativo Realizável a Longo Prazo:** esse grupo contempla itens semelhantes aos do Ativo Circulante, porém realizáveis no longo prazo, ou seja, em exercícios seguintes. Contempla também valores relativos a vendas, empréstimos ou adiantamentos concedidos às sociedades coligadas ou controladas, a diretores, acionistas etc., estes últimos mesmo que sejam realizáveis no curto prazo.

b) **Investimentos:** a característica principal dos itens componentes desse grupo é que eles não se destinam à atividade operacional da empresa. São as participações em outras entidades (que não se destinam à venda), obras de arte, terrenos para investimentos,

---

[1] Equivalentes de caixa são aplicações financeiras de curto prazo, de alta liquidez, prontamente conversíveis em caixa e que estão sujeitas a um insignificante risco de mudança de valor.

imóveis alugados (para auferir renda) e outros ativos adquiridos com finalidades especulativas. As participações acionárias podem ser avaliadas pelo valor justo ou pela equivalência patrimonial, conforme o caso.[2] Resumidamente: investimentos em controladas, coligadas e *joint ventures* são avaliados pelo custo original mais variações do Patrimônio Líquido da investida (equivalência patrimonial), e investimentos especulativos ficam pelo valor justo (basicamente valor de mercado se este estiver disponível) ou, em raras situações, pelo custo.

c) **Imobilizado**: esse grupo compreende todos os direitos e ativos corpóreos de permanência duradoura destinados ao funcionamento normal da sociedade e de seu empreendimento. Os componentes desse grupo têm duas características básicas: i) serem mantidos para uso na produção ou fornecimento de mercadorias ou serviços, ou para outros fins administrativos; e que ii) se espera utilizar por mais de um ano. São exemplos: prédios, máquinas, veículos, móveis, ferramentas etc. Esses valores são deduzidos da depreciação (ou amortização ou exaustão), que ocorre em função do consumo do potencial de benefícios futuros dos respectivos bens. Além disso, estão sujeitos aos testes de recuperabilidade, ou seja, se não forem evidenciadas garantias de recuperabilidade do valor registrado, deve-se reconhecer a perda.[3]

d) **Intangível**: este grupo compõe-se dos direitos que tenham por objeto bens incorpóreos destinados à manutenção da companhia ou exercidos com essa finalidade. São exemplos: direitos autorais, patentes, marcas, receitas, fundo de comércio adquirido no balanço consolidado (ágio por expectativa de rentabilidade futura ou *goodwill*), gastos com desenvolvimento de novos produtos etc. Os Ativos Intangíveis também são baixados por amortização.

e) **Situações especiais**: há ainda o caso de ativos biológicos, propriedades para investimento, direitos de uso, criptomoedas, créditos de carbono e outros que, por suas naturezas específicas, costumam constar nos grupos de Circulante ou Não Circulante com suas denominações peculiares, não se incluindo nesses grupos acima. Esses itens não estão previstos na lei, mas as normas contábeis assim exigem, e a lei obriga a CVM a adotar essas normas internacionais, mesmo que contrariando a lei brasileira ou inexistentes nela.

2.3.2 Passivo

Neste grupo estão classificadas as obrigações presentes da entidade, derivadas de eventos já ocorridos, cujas liquidações se espera que resultem em saída de recursos capazes de gerar benefícios econômicos.

Um Passivo é reconhecido no Balanço Patrimonial quando for provável que uma saída de recursos envolvendo benefícios econômicos seja exigida em liquidação de uma obrigação

---

[2] Santos *et al.* (2022) detalham os processos de avaliação desses elementos.

[3] Ver detalhes em Santos *et al.* (2022): redução ao valor recuperável (*impairment*).

presente e o valor pelo qual essa liquidação se dará possa ser determinado em bases confiáveis. Na prática, as obrigações contratuais ainda não integralmente cumpridas de forma proporcional (por exemplo, obrigações decorrentes de pedidos de compra de produtos e mercadorias, mas ainda não recebidos) não são geralmente reconhecidas como passivos nas demonstrações contábeis. Contudo, tais obrigações podem enquadrar-se na definição de passivos e, desde que sejam atendidos os critérios de reconhecimento nas circunstâncias específicas, poderão qualificar-se para reconhecimento. Nesses casos, o reconhecimento do Passivo exige o reconhecimento dos correspondentes Ativo ou Despesa.

As obrigações sujeitas a algum tipo de indexação futura devem constar pelos seus valores atualizados até a data do Balanço. Da mesma maneira, os valores captados em moeda estrangeira deverão ser convertidos em reais na data de fechamento do Balanço.

As contas do Passivo são dispostas em ordem decrescente de exigibilidade. Isto é, são apresentadas inicialmente aquelas que devem ser pagas primeiro, e por último, aquelas cujas datas de pagamentos estão mais distantes, nos grupos: Passivo Circulante e Passivo Não Circulante, respectivamente.

2.3.2.1 Passivo Circulante

No Passivo Circulante estão todas as obrigações cuja liquidação deva ser feita no prazo de um ano, ou no prazo de um ciclo operacional, se este for maior. Ciclo operacional, conforme mencionado anteriormente, é o tempo gasto por uma entidade desde a aquisição de matérias-primas (na atividade industrial) ou mercadorias (na atividade comercial) até o recebimento da venda.[4]

O Passivo Circulante é composto pelos seguintes agrupamentos de contas:

a) Fornecedores;

b) Obrigações Fiscais;

c) Outras Obrigações;

d) Imposto sobre a Renda e Contribuição Social a Pagar;

e) Empréstimos e Financiamentos;

f) Debêntures e Outros Títulos de Dívida;

g) Provisões.

---

[4] Alguns Passivos Circulantes, tais como contas comerciais a pagar e algumas apropriações por competência relativas a gastos com empregados e outros custos operacionais, são parte do capital circulante usado no ciclo operacional normal da entidade. Tais itens operacionais são classificados como Passivos Circulantes mesmo que estejam para ser liquidados em mais de 12 meses após a data do Balanço Patrimonial. O mesmo ciclo operacional normal aplica-se à classificação dos Ativos e Passivos da entidade. Quando o ciclo operacional normal da entidade não for claramente identificável, pressupõe-se que a sua duração seja de 12 meses (CPC 26, item 70).

2.3.2.2 Passivo Não Circulante

No Passivo Não Circulante estão todas as obrigações cuja liquidação deva ser feita no prazo superior a um ano, ou a um ciclo operacional, se este for maior. O Passivo Não Circulante é composto pelos seguintes agrupamentos de contas:

a) Empréstimos e Financiamentos;

b) Duplicatas Descontadas;

c) Debêntures e Outros Títulos de Dívida;

d) Retenções Contratuais;

e) IR e CS Diferidos;

f) Resgates de Partes Beneficiárias;

g) Provisão para Riscos Fiscais e Outros Passivos Contingentes;

h) Provisão para Benefícios a Empregados;

i) Programas de Recuperação Fiscal – REFIS.

Valem aqui as observações ao final da Seção 2.3.1.

2.3.3 Patrimônio Líquido

O Patrimônio Líquido é o valor residual dos ativos da entidade depois de deduzidos todos os seus passivos. Portanto, sua avaliação depende dos critérios de avaliação adotados no Ativo e no Passivo. O Patrimônio Líquido representa o total de recursos próprios da entidade, pertencentes a seus acionistas ou sócios. É composto pelas seguintes contas:

a) **Capital Social**: representa os valores investidos pelos acionistas ou sócios, acrescidos dos resultados obtidos pela entidade e não distribuídos, que tenham sido formalmente incorporados ao capital.

b) **Reservas de Capital**: são valores recebidos pela empresa que não transitaram pelo resultado como receitas ou despesas. Representam transações de capital com os sócios. Portanto, são valores que fortalecem o capital sem nenhuma contrapartida por parte da empresa, como ágio na emissão de ações e bônus de subscrição.

c) **Ajustes de Avaliação Patrimonial**: criada pela Lei n. 11.638/2007, essa conta compreende as diversas contrapartidas de aumentos ou diminuições de valor de itens do Ativo ou Passivo decorrentes de avaliações a preços de mercado, que por questões específicas não foram destinadas ao resultado. Muitos desses valores transitarão pelo resultado no futuro.

d) **Reservas de Lucros**: são valores oriundos do resultado e retidos pela empresa com finalidades específicas. A primeira delas é a **Reserva Legal** (5% sobre o Lucro Líquido para manter a integridade do capital). Mas existem outras, como: **Reservas Estatutárias** (estabelecidas pelo estatuto com finalidades específicas); **Reservas para Contingências** (para compensar no futuro, possíveis perdas ou prejuízos da empresa); **Reservas de Lucros para Expansão** (conforme aprovação em assembleia, a entidade pode reter lucros para investimentos futuros); **Reserva de Lucros a Realizar** (se refere à parcela de lucros ainda não realizados financeiramente e retidos na forma de reservas para distribuição futura aos sócios).

e) **Ações ou Cotas em Tesouraria**: são valores relativos à aquisição de ações ou cotas da própria entidade, portanto dedutíveis no Patrimônio Líquido. Em poucas situações a legislação permite à entidade adquirir suas próprias ações (basicamente: redução de capital; resgate, reembolso ou amortização de ações; e recebimento de ações a título de doação).

f) **Lucros ou Prejuízos Acumulados**: a conta lucros ou prejuízos acumulados é utilizada para receber o resultado do período obtido pela entidade. No entanto, as sociedades anônimas que tiverem resultados positivos terão que destiná-los totalmente às diversas reservas e à distribuição na forma de dividendos. No Balanço Patrimonial das sociedades por ações essa conta somente deverá aparecer quando houver resultados negativos, ou seja, Prejuízos Acumulados.

Valem aqui também os comentários inseridos no final da Seção 2.3.1, já que algumas contas exigidas pelas normas contábeis não estão previstas na lei.

Assista ao vídeo
Balanço Patrimonial – Conceitos Básicos,
por Bruno Salotti.

Assista ao vídeo
Balanço Patrimonial – Estrutura e Requisitos,
por Bruno Salotti.

 Exercício

1. Cite quatro informações que os usuários externos podem extrair do Balanço Patrimonial para decisões de investimento ou concessão de crédito.

Testes de concursos, exames e processos seletivos

1. **Contador UFF (UFF)** – A perda de valor do capital aplicado em ativos intangíveis de duração limitada, tais como os Direitos Autorais e as Patentes, denomina-se:
   (A) Exaustão.
   (B) Evicção.
   (C) Redução.
   (D) Deterioração.
   (E) Amortização.

2. **Contador CRC/RJ (Consuplan)** – Certo escritório de contabilidade adquiriu novos computadores para os seus funcionários. O escritório incorreu em R$ 2.000,00 a título de testes para verificar se os computadores estavam funcionando corretamente, avaliando se o seu desempenho técnico e físico é capaz de ser usado no fornecimento dos serviços propostos e para fins administrativos. Os gastos com os testes devem ser contabilizados nas demonstrações contábeis do escritório como:
   (A) Investimentos.
   (B) Ativo Intangível.
   (C) Ativo Imobilizado.
   (D) Despesas Operacionais.
   (E) Despesas Antecipadas.

3. **Contador Petrobras (Cesgranrio)** – Segundo a Lei n. 6.404/1976 com as alterações das Leis n. 11.638/2007 e 11.941/2009, o grupo do Ativo Não Circulante deverá conter os subgrupos do Ativo Realizável a Longo Prazo, Investimentos, Imobilizado e Intangível. No subgrupo Intangível deverão ser classificados:
   (A) os direitos que tenham por objeto bens corpóreos destinados à manutenção das atividades da companhia ou da empresa, inclusive os decorrentes de operações que transfiram à companhia os benefícios, riscos e controle desses bens.
   (B) os direitos incorpóreos realizáveis após o término do exercício seguinte, que não constituírem negócios usuais na exploração do objeto da companhia.
   (C) os direitos que tenham por objeto bens incorpóreos destinados à manutenção da companhia ou exercidos com essa finalidade, inclusive o fundo de comércio adquirido.
   (D) bens e direitos que possam gerar benefícios futuros mensuráveis através de avaliações periódicas realizadas através do método de fluxo de caixa descontado.
   (E) bens e direitos decorrentes de operações de longo prazo que precisem ser ajustados a valor presente, sempre que representarem investimento relevante.

Cap. 2 ■ ESTRUTURA DAS DEMONSTRAÇÕES CONTÁBEIS   29

4. **Contador CORE/SP (INAZ do Pará)** – Conforme os Pronunciamentos, as Interpretações e as Orientações do CPC, e conforme as Normas Internacionais de Contabilidade emitida pelo IASB, observando a legislação brasileira no que concerne ao critério de avaliação dos Ativos e do registro dos Passivos, assinale a alternativa correta.

   (A) **Contas a receber,** o valor dos títulos mais estimativas de perdas para reduzi-los ao valor provável de realização.

   (B) **Estoques,** ao custo de aquisição ou de fabricação, reduzido por estimativas de perdas para ajustá-lo ao preço de mercado, quando este for inferior. Nos produtos agrícolas e em certas *commodities,* ao valor justo.

   (C) **Intangível,** pelo custo incorrido na aquisição, deduzido do saldo da respectiva conta de amortização, quando aplicável, ajustado ao valor recuperável se este for maior.

   (D) **Ativo imobilizado,** ao valor de mercado, deduzido da depreciação pelo desgaste ou perda de utilidade ou amortização ou exaustão.

   (E) **Investimentos relevantes** em coligadas e controladas (incluindo *joint ventures*), pelo método de equivalência patrimonial, ou seja, com base no valor do Capital Social da coligada ou controlada proporcionalmente à participação acionária.

5. **Contador Prefeitura de Itatiaia/RJ (FBC)** – A redução do valor dos bens tangíveis pelo desgaste ou perda de utilidade por uso, ação da natureza ou obsolescência, denomina-se:

   (A) exaustão.

   (B) reavaliação.

   (C) depreciação.

   (D) reversão.

   (E) amortização.

6. **Contador Prefeitura de Itatiaia/RJ (FBC)** – Considerando-se a estrutura do Balanço Patrimonial, de acordo com a Lei n. 6.404, de 15 de dezembro de 1976, e alterações, é correto afirmar que:

   (A) no Ativo, são apresentadas em último lugar as contas mais rapidamente conversíveis em disponibilidades.

   (B) o Ativo compreende as aplicações de recursos, demonstrando também o valor líquido da empresa.

   (C) o Patrimônio Líquido, além do capital social, agrupa todas as exigências e obrigações da entidade.

   (D) o Passivo demonstra as obrigações de curto e longo prazos em ordem crescente de prioridade de pagamento.

   (E) no Passivo, classificam-se em primeiro lugar as contas cuja exigibilidade ocorre antes.

7. **Contador Prefeitura de Itatiaia/RJ (FBC)** – De acordo com a Lei n. 6.404/1976 e alterações, a conta denominada reserva legal constitui uma:

(A) reserva de lucros.

(B) provisão para perdas.

(C) reserva de capital.

(D) alienação de parte beneficiária.

(E) subvenção para investimentos.

8. **Contador Judiciário TJM/SP (TJM/SP) (Vunesp)** – O balanço patrimonial tem por finalidade apresentar a posição financeira e patrimonial de uma empresa em determinada data, representando, portanto, uma posição estática. No balanço, as contas serão classificadas segundo os elementos do patrimônio que as registrem, e agrupadas de modo a facilitar o conhecimento e a análise da situação financeira da empresa. Nesse sentido, o ativo

(A) compreende os recursos controlados por uma entidade e dos quais se esperam benefícios econômicos futuros.

(B) agrupa os bens e os ativos da empresa e dos sócios, dos quais se têm benefícios econômicos.

(C) representa a contrapartida das receitas geradas pela empresa.

(D) compreende os recursos controlados por uma entidade e pelos sócios e dos quais se obtêm benefícios econômicos.

(E) representa a diferença entre o passivo e patrimônio líquido, ou seja, o valor líquido da empresa.

9. **Contador Câmara de Porto Velho/RO (Ibade)** – A alternativa que apresenta um critério de avaliação de estoques, que produz uma informação contábil mais adequada, por ocasião em que o ambiente econômico esteja afetado pelo fenômeno econômico da inflação é:

(A) Último a entrar, último a sair.

(B) Médio ponderado.

(C) Primeiro a entrar, primeiro a sair.

(D) Último a entrar, primeiro a sair.

(E) Primeiro a entrar, último a sair.

10. **Contador UFGD (UFGD)** – De acordo com o CPC 25 – Provisões, Passivos Contingentes e Ativos Contingentes, será reconhecida uma provisão, para compor as demonstrações contábeis, no caso em que:

(A) a entidade possa ter uma obrigação presente, que demande uma saída de recursos, independentemente da possibilidade de uma estimativa razoável de seu valor.

(B) a entidade tenha uma obrigação presente legal, com remota probabilidade de saída de recursos que compõem os benefícios econômicos para liquidar a obrigação, e que possa ser feita uma estimativa confiável do valor da obrigação.

(C) é mais provável que exista uma obrigação presente na data do balanço, do que não, bem como existe probabilidade razoável de saída de recursos, para liquidar a obrigação, e é possível a estimativa confiável do valor da obrigação.

(D) seja provável uma saída de recursos que incorporam benefícios econômicos para liquidar a obrigação, exista a estimativa confiável do valor da obrigação e seja mais provável que não exista uma obrigação presente, do que sim, na data de encerramento do exercício.

(E) a entidade tenha uma possível obrigação que resulta de eventos passados e cuja existência será confirmada apenas pela ocorrência ou não de um ou mais eventos futuros incertos não totalmente sob controle da entidade, mas que a contabilidade tem capacidade técnica para mensuração de seu valor.

11. **Contador UFV (DVE/UFV)** – Considerando as classificações das contas do Balanço Patrimonial, conforme a Lei das Sociedades por Ações, enumere a segunda coluna de acordo com a primeira:

(1) Ativo Circulante

(2) Realizável a Longo Prazo

(3) Investimentos

(4) Imobilizado

(5) Intangível

(6) Passivo Circulante

(7) Passivo Não Circulante

(8) Patrimônio Líquido

( ) Financiamentos vencíveis em 15 meses.

( ) Imóvel comprado para uso da empresa.

( ) Duplicatas descontadas.

( ) Estoque de mercadorias para revenda.

( ) Empréstimos contraídos vencíveis em 90 dias.

( ) Reservas de contingência.

( ) Dividendos propostos.

( ) Contas a receber de diretores em 24 meses.

( ) Terrenos não de uso.

( ) Crédito de coligadas e controladas.

( ) Propriedade intelectual.

A alternativa que apresenta a sequência CORRETA é:

(A) 6 – 3 – 6 – 4 – 7 – 6 – 8 – 1 – 4 – 6 – 4

(B) 6 – 4 – 6 – 1 – 7 – 8 – 3 – 2 – 4 – 2 – 5

(C) 7 – 3 – 6 – 2 – 6 – 6 – 8 – 1 – 3 – 1 – 4

(D) 7 – 4 – 6 – 1 – 6 – 8 – 6 – 2 – 3 – 2 – 5

(E) 7 – 4 – 1 – 2 – 6 – 8 – 6 – 2 – 3 – 1 – 5

12. Inspetor Fiscal de Rendas Prefeitura de Guarulhos/SP (Vunesp) – A Cia. W apresentou os seguintes saldos em suas contas patrimoniais:

CONTA	SALDO (EM R$)
Reserva estatutária	3.500,00
Reserva legal	5.600,00
Alienação de partes beneficiárias	6.700,00
Gastos na emissão de ações	7.800,00
Capital social	100.000,00
Alienação de bônus de subscrição	7.800,00
Ajuste de avaliação patrimonial	2.345,00

Os saldos das contas Reserva de Capital e Reservas de Lucros são, em R$, respectivamente:

(A) 14.500,00 e 11.445,00.

(B) 14.500,00 e 9.100,00.

(C) 6.700,00 e 9.100,00.

(D) 7.800,00 e 11.445,00.

(E) 7.800,00 e 9.100,00.

2.4 DEMONSTRAÇÃO DO RESULTADO DO EXERCÍCIO (DRE)

Tão importante quanto o Balanço Patrimonial é a Demonstração do Resultado do Exercício ao processo decisório, dentro e fora da empresa. É nela que estão expressos os resultados apurados pela entidade, tanto a benefício do capital de terceiros quanto do capital próprio. É por meio dela que se pode avaliar tendências em termos de receitas, custos e despesas de variadas naturezas. Assim, os índices de rentabilidade e prazos médios estão pautados, em parte, nas informações apresentadas neste relatório.

A Demonstração do Resultado do Exercício apresenta de forma esquematizada os resultados auferidos pela entidade em determinado período. Em linhas gerais, o **resultado** é apurado deduzindo-se das **receitas** todas as **despesas** (inclusive, os custos, que nesse momento se transformam em despesas) que a empresa incorreu no referido período.

RECEITAS

(–) DESPESAS

(=) RESULTADO

Em termos conceituais, **receitas** são entendidas como aumentos nos benefícios econômicos durante o período contábil sob a forma de entrada de recursos ou aumento de ativos ou diminuição de passivos, que resultam em aumentos do Patrimônio Líquido e que não sejam provenientes de aporte dos proprietários da entidade.

As receitas são reconhecidas na demonstração do resultado quando resultam em aumentos nos benefícios econômicos futuros provenientes do aumento de um ativo ou da diminuição de um passivo que possam ser determinados em bases confiáveis. Isso significa, de fato, que o reconhecimento das receitas ocorre simultaneamente com o reconhecimento de aumentos de ativos ou de diminuições de passivos.

Já as **despesas** são decréscimos nos benefícios econômicos durante o período contábil sob a forma de saída de recursos ou redução de ativos ou incrementos em passivos, que resultam em decréscimos do Patrimônio Líquido e que não sejam provenientes de distribuição aos proprietários da entidade.

As despesas são reconhecidas na demonstração do resultado quando surge um decréscimo, que possa ser determinado em bases confiáveis, nos futuros benefícios econômicos provenientes da diminuição de ativos ou do aumento de passivos. Isso significa, de fato, que o reconhecimento de despesa ocorre simultaneamente com o reconhecimento do aumento do passivo ou da diminuição do ativo (por exemplo, a provisão para obrigações trabalhistas ou a depreciação de um equipamento).

As despesas são reconhecidas na demonstração do resultado com base na associação direta entre elas e os correspondentes itens de receita. Esse processo, usualmente chamado de confrontação entre despesas e receitas (Regime de Competência), envolve o reconhecimento simultâneo ou combinado das receitas e despesas que resultem diretamente das mesmas transações ou outros eventos; por exemplo, os vários componentes de despesas que integram o custo das mercadorias vendidas devem ser reconhecidos na mesma data em que a receita derivada da venda das mercadorias é reconhecida. Entretanto, a aplicação do conceito de confrontação da receita e despesa não autoriza o reconhecimento de itens no Balanço Patrimonial que não satisfaçam à definição de ativos ou passivos.

Quando se espera que os benefícios econômicos sejam gerados ao longo de vários períodos contábeis, e a confrontação com a correspondente receita somente possa ser feita de modo geral e indireto, as despesas são reconhecidas na demonstração do resultado com base em procedimentos de alocação sistemática e racional. Muitas vezes isso é necessário ao reconhecer despesas associadas com o uso ou desgaste de ativos, tais como imobilizado, ágio, marcas e patentes; em tais casos, a despesa é designada como depreciação ou amortização. Esses procedimentos de alocação destinam-se a reconhecer despesas nos períodos contábeis em que os benefícios econômicos associados a tais itens sejam consumidos ou expirem.

Uma despesa é reconhecida imediatamente na demonstração do resultado quando um gasto não produz benefícios econômicos futuros ou quando os benefícios econômicos futuros não se qualificam, ou deixam de se qualificar, para reconhecimento no Balanço Patrimonial como um ativo.

Uma despesa é também reconhecida na demonstração do resultado quando um passivo é incorrido sem o correspondente reconhecimento de um ativo, como no caso de uma obrigação decorrente de garantia de produto.

A Demonstração do Resultado do Exercício é colocada de maneira dedutiva, conforme apresenta o Quadro 2.2.

Quadro 2.2 Demonstração do Resultado do Exercício

DEMONSTRAÇÃO DO RESULTADO DO EXERCÍCIO
RECEITA LÍQUIDA
(–) Custo dos Produtos Vendidos ou Serviços Prestados
= RESULTADO BRUTO
(–) DESPESAS OPERACIONAIS
(–) Despesas de Vendas
(–) Despesas Administrativas
(+) Receitas Financeiras
(–) Despesas Financeiras
(+/–) Outras Receitas e Despesas Operacionais
= RESULTADO OPERACIONAL
(–) Provisão para IR e Contribuição Social
= RESULTADO LÍQUIDO ANTES DAS PARTICIPAÇÕES E CONTRIBUIÇÕES
(–) Participações
(–) Contribuições
= LUCRO LÍQUIDO DO EXERCÍCIO
(–) Juros sobre o Capital Próprio
= LUCRO LÍQUIDO POR AÇÃO

Nas publicações deve-se começar a Demonstração com a Receita Líquida, ficando a conciliação entre esse valor e a Receita Bruta evidenciada apenas em nota explicativa.

A Receita Bruta compreende o valor total de vendas de produtos ou serviços pela entidade durante o período. Para apuração da **Receita Líquida** são deduzidos da receita bruta os seguintes itens: (a) **Vendas Canceladas e Devoluções** de mercadorias realizadas no período; (b) **Abatimentos**, realizados geralmente por defeitos nas mercadorias ou pagamentos antecipados; e (c) **Impostos Incidentes** (ICMS, IPI, ISS, PIS, COFINS etc.), os quais são retidos pela organização e repassados à esfera pública.

Da Receita Líquida são deduzidos os Custos dos Produtos Vendidos – CPV (em empresas industriais), ou Custos das Mercadorias Vendidas – CMV (em empresas comerciais), ou Custos dos Serviços Prestados – CSP (em empresas prestadoras de serviço), para se chegar ao **Lucro Bruto**.

As **Despesas Operacionais** compreendem todos os gastos para manutenção das atividades relativas à operação (negócio) do empreendimento. São classificadas em:

- **Despesas de Vendas**: envolvem todos os gastos relativos à promoção, distribuição e venda dos produtos ou serviços da entidade.

- **Despesas Administrativas**: são gastos da entidade para manter a gestão do empreendimento; incluem: salários dos funcionários da administração, encargos sociais, honorários da diretoria, materiais de escritórios etc.

- **Receitas Financeiras**: são entradas de recursos oriundos de atividades relacionadas com a operação da empresa, como: juros de aplicações financeiras, descontos obtidos etc.

- **Despesas Financeiras:**[5] são remunerações pagas pelo uso de capitais de terceiros (juros sobre empréstimos e financiamentos, despesas de captação de recursos, comissões bancárias etc.).

- **Outras Receitas e Despesas Operacionais**: as despesas operacionais não enquadradas nos grupos anteriores devem ser lançadas neste, por exemplo, receita e despesa de equivalência patrimonial. Além disso, esse grupo também comporta outras receitas operacionais, como lucros na venda de sucatas, lucros de participação em outras sociedades etc.

Para se chegar ao **Lucro Operacional**, basta deduzir do Lucro Bruto as Despesas Operacionais. O próximo passo é deduzir a Provisão para Imposto de Renda e Contribuição Social. O cálculo desses dois tributos não é feito exatamente sobre o lucro operacional apurado pela contabilidade, e sim com base no lucro ajustado conforme determina a legislação do Imposto de Renda.

Após a dedução da Provisão para IR e Contribuição Social, tem-se o **Resultado Líquido Antes das Participações e Contribuições**. É nesse momento que são feitas as deduções relativas às diversas participações e contribuições previstas em estatutos: debêntures, participações de empregados, administradores e partes beneficiárias, contribuições para instituições ou fundos de assistência ou previdência de empregados etc.

Uma vez deduzidas as participações e contribuições, chega-se, finalmente, ao **Lucro Líquido do Exercício**, para cálculo do **Lucro Líquido por Ação (LPA)**, dividindo-se o valor apurado pela quantidade de ações em que está dividido o capital da empresa.

Atenção para a figura dos Juros sobre o Capital Próprio, porque são considerados despesas dedutíveis para fins de tributos sobre o lucro, mas não são despesas de natureza contábil. Assim, não podem constar nas demonstrações do resultado.

Assaf Neto (2023) enfatiza a importância do LPA na análise das demonstrações contábeis, principalmente para investidores. Para o autor, esse indicador mede o ganho potencial (e não o efetivo, ou seja, financeiramente realizado) de cada ação, uma vez que o lucro líquido do exercício geralmente não é totalmente distribuído.

---

[5] Para Assaf Neto (2023), as despesas financeiras provêm de decisões de passivos, portanto, não deveriam ser consideradas operacionais, como recomenda a legislação.

Assista ao vídeo
Demonstração do Resultado do Exercício (DRE) - Conceitos Básicos,
por Bruno Salotti.

Assista ao vídeo
Demonstração do Resultado do Exercício (DRE) - Estrutura e Requisitos,
por Bruno Salotti.

 Exercício

1. Cite cinco informações úteis ao processo decisório de usuários externos que podem ser extraídas da Demonstração dos Resultados.

 Testes de concursos, exames e processos seletivos

1. **Assistente Administrativo CORE/TO (Consulplan)** – Qualquer que seja o método de análise das demonstrações financeiras, deverá sempre ser considerado o aspecto mais importante dos objetivos pelos quais a análise está sendo implementada. Isto é, deverão sempre estar focadas as grandes variações e tentar explicá-las com uma análise detalhada da *performance* da empresa objeto da análise. A análise que demonstra a capacidade de geração de recursos e de maximização de resultados pela empresa denomina-se:

   (A) Fluxos de Caixa.
   (B) Liquidez de curto prazo.
   (C) Desempenho operacional.
   (D) Estrutura de capital e solvência de longo prazo.
   (E) Desempenho financeiro.

2. **Contador Petrobras (Cesgranrio)** – A Companhia Ornato Comércio e Serviços S/A apresentou as seguintes informações parciais retiradas do Livro-Razão, antes da elaboração das demonstrações contábeis.

   - Bonificações recebidas de fornecedor   R$ 1.000,00
   - Compras de mercadorias   R$ 67.000,00

▪ Devolução de vendas	R$	10.000,00
▪ Estoque final de mercadorias	R$	13.000,00
▪ Estoque inicial de mercadorias	R$	5.000,00
▪ ICMS sobre as mercadorias vendidas	R$	20.000,00
▪ ISS sobre a prestação de serviços	R$	2.000,00
▪ Receita de prestação de serviços	R$	30.000,00
▪ Venda de mercadorias	R$	120.000,00

Considerando-se exclusivamente as informações recebidas, o lucro bruto da Companhia Ornato, em reais, é de

(A) 60.000,00.

(B) 61.000,00.

(C) 62.000,00.

(D) 90.000,00.

(E) 92.000,00.

3. **Analista Administrativo UFC (Instituto AOCP)** – A Companhia do Norte contratou um seguro contra incêndio de suas instalações industriais. O valor total do seguro é de R$ 15.000,00 e a empresa pagou R$ 5.000,00 com cheque e o restante parcelou em dez parcelas mensais de R$ 1.000,00 cada. A vigência do seguro é de 12 meses a contar de 01/05/20X1.Sobre isso, assinale a alternativa correta.

(A) No ato da contratação do seguro, a Companhia deve efetuar o seguinte lançamento:

D – Despesa com seguros 15.0000

C – Seguros a pagar 10.000,00

C – Banco 5.000,00

(B) No ato do pagamento da primeira parcela do seguro, a Companhia deve efetuar o seguinte lançamento:

D – Despesa com seguros 1.000,00

C – Caixa ou banco 1.000,00

(C) No ato da apropriação do seguro a cada mês, a Companhia deve efetuar o seguinte lançamento:

D – Seguros a pagar 1.250,00

C – Despesa com seguros 1.250,00

(D) No ato do reconhecimento do seguro do último mês do seguro, a Companhia deve efetuar o seguinte lançamento:

D – Despesa com seguros 1.250,00

C – Seguros a apropriar 1.250,00

(E) No ato do pagamento da última parcela do seguro, a Companhia deve efetuar o seguinte lançamento:

D – Seguros a pagar 1.000,00

C – Seguro a apropriar 1.000,00

4. **Exame de Suficiência (CFC)** – Uma empresa comercial registra sua movimentação patrimonial pelo regime de competência com as seguintes contas:

- Despesas relativas a 12/20X3 pagas em 12/20X3 por R$ 34.000;
- Despesas relativas a 1/20X4 pagas em 12/20X3 por R$ 43.000;
- Despesas relativas a 12/20X3 pagas em 1/20X4 por R$ 26.000;
- Receitas relativas a 12/20X3 recebidas em 1/20X4 por R$ 17.000;
- Receitas relativas a 1/20X4 recebidas em 12/20X3 por R$ 53.000;
- Receitas relativas a 12/20X3 recebidas em 12/20X3 por R$ 41.000.

Para fins de análise da diretoria e com base nas informações apresentadas, os resultados do exercício desta empresa em 12/20X3, pelo regime de caixa e pelo regime de competência, são, respectivamente:

(A) Lucro de R$ 6.000 e Prejuízo de R$ 2.000;

(B) Lucro de R$ 17.000 e Prejuízo de R$ 2.000;

(C) Prejuízo de R$ 2.000 e Lucro de R$ 6.000;

(D) Prejuízo de R$ 17.000 e Lucro de R$ 2.000.

5. **Contador UEPB (UEPB/PacTcPB)** – A empresa "Não é Fácil Ltda." apresenta os seguintes saldos das contas abaixo e demais informações:

- O custo da mercadoria vendida foi calculado com base em estoque inicial no valor de R$ 120,00; as compras no valor de R$ 260,00 e as vendas em R$ 300,00. Restando em estoque para balanço o valor de R$ 150,00.
- A tributação ocorreu de modo regular, com ICMS à alíquota de 17%, PIS/Faturamento de 1% e COFINS de 3%.

Após todos esses levantamentos, faça a Demonstração do Resultado do Exercício e encontre o valor do Lucro Bruto:

(A) R$ 7,00.

(B) R$ 27,00.

(C) R$ 50,88.

(D) R$ 51,20.

(E) R$ 70,00.

Cap. 2 ■ ESTRUTURA DAS DEMONSTRAÇÕES CONTÁBEIS   **39**

6. **Exame de Suficiência (CFC)** – Uma sociedade empresária adquiriu mercadorias para revenda por R$ 5.000,00. Neste valor estão incluídos impostos recuperáveis no valor de R$ 600,00. No mesmo período, a totalidade das mercadorias adquiridas foi vendida por R$ 8.000,00. Sobre o valor da venda, incidiram impostos no montante de R$ 1.732,00, embutidos no preço de venda. A comissão devida aos vendedores, no valor de R$ 80,00, também foi registrada no período.

Na Demonstração do Resultado do Período, o Lucro Bruto é igual a:

(A) R$ 1.788,00.

(B) R$ 1.868,00.

(C) R$ 3.600,00.

(D) R$ 6.268,00.

7. **Analista Contador AOCP (Fundasus)** – Em 01/06/20X5, a empresa ABC Ltda. efetuou a assinatura de uma revista técnica especializada, por um período de dois anos, a partir dessa data. O valor da assinatura foi de R$ 6.000,00, a ser pago em 3 parcelas mensais de R$ 2.000,00 cada. Sabe-se que a empresa adota o regime de competência para efetuar os seus registros contábeis e que o seu exercício social coincide com o ano civil. Considerando essas informações, assinale a alternativa correta.

(A) O valor das despesas administrativas lançadas no exercício de 20X5 foi de R$ 6.000,00.

(B) O saldo do ativo, referente à assinatura de revistas, em 31/12/20X5, será de R$ 6.000,00.

(C) O saldo do ativo, referente à assinatura de revistas, em 31/12/20X5, será de R$ 4.250,00.

(D) O valor das despesas administrativas lançadas no exercício de 20X5 será de R$ 4.250,00.

(E) O valor das despesas administrativas lançadas no exercício de 20X5 será de R$ 2.000,00.

2.5 DEMONSTRAÇÃO DO RESULTADO ABRANGENTE (DRA)

A adoção dos padrões internacionais de contabilidade no Brasil trouxe a obrigatoriedade da divulgação da Demonstração do Resultado Abrangente. Sem dúvida nenhuma, foi um avanço o reconhecimento de variações patrimoniais que ainda não transitaram pelo resultado. No entanto, do ponto de vista da tomada de decisões, ainda é preciso amadurecer o uso da referida demonstração. Não está consolidado na literatura, por exemplo, o efeito dos resultados abrangentes nos índices de rentabilidade, embora esteja claro que os valores nela reconhecidos são uma prévia de resultados futuros.

A Demonstração do Resultado Abrangente do Exercício apresenta as receitas, despesas e outras mutações que afetam o Patrimônio Líquido que não foram reconhecidas na Demonstração do Resultado do Exercício, conforme determina o Pronunciamento CPC 26. De acordo com o referido pronunciamento, os outros resultados abrangentes compreendem:

a) Variações na reserva de reavaliação quando permitidas legalmente.

b) Ganhos e perdas atuariais em planos de pensão (benefícios a empregados).

c) Ganhos e perdas derivados de conversão de demonstrações contábeis de operações no exterior.
d) Ajuste de avaliação patrimonial relativo aos ganhos e perdas na remensuração de ativos financeiros disponíveis para venda.
e) Ajuste de avaliação patrimonial relativo à efetiva parcela de ganhos ou perdas de instrumentos de *hedge* em *hedge* de fluxo de caixa e outros.

A DRA é apresentada em um relatório próprio, tendo como valor inicial i) o lucro líquido do exercício, ii) seguido dos resultados abrangentes, iii) dos resultados abrangentes de empresas investidas reconhecidos por meio da equivalência patrimonial e iv) o resultado abrangente do período, conforme demonstra o Quadro 2.3.

Quadro 2.3 Demonstração do Resultado Abrangente

DEMONSTRAÇÃO DO RESULTADO ABRANGENTE	
Lucro Líquido do Período	**272.000**
Ajustes de Instrumentos Financeiros Disponíveis para Venda	(30.000)
Tributos sobre Ajustes de Instrumentos Financeiros	10.000
Equiv. Patr. sobre Ganhos Abrangentes de Coligadas	25.000
Ajustes de Conversão do Período	27.000
Tributos sobre Ajustes de Conversão do Período	(9.000)
Resultado Abrangente Total	**295.000**

Assista ao vídeo
Demonstração do Resultado Abrangente, por Bruno Salotti.

Exercício

1. A Demonstração do Resultado Abrangente do Exercício apresenta as receitas, despesas e outras mutações que afetam o Patrimônio Líquido e que não foram reconhecidas na

Demonstração do Resultado do Exercício, conforme determina o Pronunciamento Conceitual CPC 26. Cite três exemplos de resultados abrangentes.

 Testes de concursos, exames e processos seletivos

1. **Exame de Suficiência (CFC)** – Uma sociedade empresária apresentou os dados abaixo de um determinado período. Na Demonstração do Resultado Abrangente, elaborada a partir desses dados, o valor do Resultado Abrangente é igual a:

Despesas administrativas reconhecidas durante o período	R$ 20.000,00
Ganhos na remensuração de ativos financeiros disponíveis para venda líquidos dos tributos	R$ 30.000,00
Lucro bruto do período	R$ 240.000,00
Lucro líquido do período	R$ 270.000,00
Perdas derivadas de conversão de demonstrações contábeis de operações no exterior menos tributos sobre ajuste de conversão	R$ 170.000,00
Receita de vendas realizadas durante o período	R$ 800.000,00
Resultado do período antes das receitas e despesas financeiras	R$ 230.000,00

   (A) R$ 90.000,00.
   (B) R$ 100.000,00.
   (C) R$ 110.000,00.
   (D) R$ 130.000,00.

2. **Analista Judiciário TRT 23ª Região/MT** – De acordo com as Normas Brasileiras de Contabilidade, convergidas para o IFRS, devem ser classificados na Demonstração de Resultado como outros resultados abrangentes:

   (A) as receitas e as despesas financeiras.
   (B) os resultados (positivos ou negativos) da avaliação de investimentos pelo método da equivalência patrimonial.
   (C) as receitas e as despesas não operacionais.
   (D) os ajustes de avaliação patrimonial.
   (E) as reversões de provisões.

3. **Auditor de Controle Interno Governamental CGE/CE (CESPE)** – Considerando-se o Pronunciamento Técnico CPC 26 (R1) do Comitê de Pronunciamentos Contábeis, é correto afirmar que a Demonstração do Resultado Abrangente (DRA):

(A) pode ser incluída na demonstração das mutações do patrimônio líquido ou ser apresentada em relatório próprio.

(B) faz parte da demonstração das mutações do patrimônio líquido.

(C) pode ser apresentada como continuidade da demonstração do resultado do exercício.

(D) deve incluir a demonstração do resultado do exercício.

(E) pode fazer parte da demonstração dos lucros ou prejuízos acumulados.

2.6 DEMONSTRAÇÃO DAS MUTAÇÕES DO PATRIMÔNIO LÍQUIDO (DMPL)

A DMPL é uma demonstração de publicação obrigatória por força do Pronunciamento Técnico CPC 26 – Apresentação das Demonstrações Contábeis,[6] substituindo de forma definitiva a Demonstração dos Lucros ou Prejuízos Acumulados (DLPA), uma vez que esta demonstração está contida em uma das colunas da DMPL.

A DMPL é bastante útil, pois possibilita ao analista, ou usuário das demonstrações contábeis, conhecer toda a movimentação ocorrida nas diversas contas do Patrimônio Líquido durante o exercício. É nela que se tem uma visão global do Patrimônio Líquido e suas variações. Trata-se, portanto, de informações que complementam as demais demonstrações, notadamente o Balanço Patrimonial e Demonstração do Resultado do Exercício.

Assaf Neto (2023) classifica as movimentações que afetam o Patrimônio Líquido em três grupos:

a) **Movimentações que elevam o Patrimônio Líquido**: lucro líquido do exercício; aumento de capital por subscrição e integralização de novas ações; ágio cobrado na subscrição de ações e prêmios para debêntures etc.

b) **Movimentações que diminuem o Patrimônio Líquido**: prejuízo líquido do exercício; aquisição de ações da própria sociedade (ações em tesouraria); dividendos etc.

c) **Movimentações que não afetam o Patrimônio Líquido**: aumento de capital por incorporação de reservas; apropriação do lucro líquido da conta de lucros ou prejuízos acumulados para outras reservas; compensação de prejuízos através de reservas etc.

O Quadro 2.4 apresenta a DMPL, um modelo simplificado.[7] Estão apresentadas as diversas contas componentes do Patrimônio Líquido, sendo evidenciada na última coluna a Demonstração dos Lucros e Prejuízos Acumulados (DLPA). Para melhor entendimento de sua composição, sugerimos consultar Santos *et al.* (2022).

---

[6] Aprovado pela Deliberação CVM n. 595/2009 e tornando obrigatório para aplicação pelos demais profissionais pela Resolução CFC n. 1.185/2009, conforme Santos *et al.* (2022).

[7] O Pronunciamento Técnico CPC 26 – Apresentação das Demonstrações Contábeis – apresenta um modelo completo de DMPL e seus adendos (inclusive, com a demonstração do resultado abrangente) para demonstrações consolidadas.

Quadro 2.4 Demonstração das Mutações do Patrimônio Líquido (DMPL)

Movimentações	Capital Social Integralizado	Reservas de Capital, Opções Outorgadas e Ações em Tesouraria (1)	Reservas de Lucros (2)	Lucros ou Prejuízos Acumulados	Outros Resultados Abrangentes (3)	PL dos Sócios da Controladoria	Participação dos Não Control. no PL das Controladas	Patrimônio Líquido Consolidado
DEMONSTRAÇÕES DAS MUTAÇÕES DO PATRIMÔNIO LÍQUIDO								
Saldos iniciais	1.000.000	80.000	300.000	0	270.000	1.650.000	158.000	1.808.000
Aumento de Capital	500.00	−50.000	−100.000			350.000	32.000	382.000
Gastos com Emissão de Ações		−7.000				−7.000		−7.000
Opções Outorgadas Reconhecidas		30.000				30.000		30.000
Ações em Tesouraria Adquiridas		−20.000				−20.000		−20.000
Ações em Tesouraria Vendidas		60.000				60.000		60.000
Dividendos				−162.000		−162.000	−13.200	−175.200
Transação de Capital com Sócios						**251.000**	**18.800**	**269.800**
Lucro Líquido do Período				250.000		250.000	22.000	272.000
Ajustes de Instrumentos Financeiros					−60.000	−60.000		−60.000
Tributos sobre Ajustes de Instr. Financeiros					20.000	20.000		20.000
Equiv. Patr. sobre Ganhos Abrang. de Coligadas					24.000	24.000	6.000	30.000
Ajustes de Conversão do Período					260.000	260.000		260.000
Tributos sobre Ajustes de Conv. do Período					−90.000	−90.000		−90.000
Outros Resultados Abrangentes						154.000	6.000	160.000
Reclassif. para Resultado – Aj. Instr. Financeiros					10.600	10.600		10.600
Resultado Abrangente Total						414.600	28.000	442.600
Constituição de Reservas			140.000	−140.000				
Realização da Reserva de Reavaliação				78.800	−78.800			
Tributos sobre Real. Reserva de Reavaliação				−26.800	26.800			
Saldos Finais	**1.500.000**	**93.000**	**340.000**	**0**	**382.600**	**2.315.600**	**204.800**	**2.520.400**

Assista ao vídeo
Demonstração das Mutações do Patrimônio Líquido – Objetivos e Estrutura,
por Bruno Salotti.

 Exercícios

1. A Demonstração das Mutações do Patrimônio Líquido possibilita ao usuário das demonstrações contábeis conhecer toda a movimentação ocorrida nas diversas contas do Patrimônio Líquido (PL) durante o exercício. Sabe-se que algumas movimentações elevam o PL, outras o diminuem e há ainda aquelas que não o afetam. Cite dois lançamentos relativos a cada uma dessas possibilidades.

2. A Cia. Revisão é uma empresa destinada ao comércio de bolsas. O Balanço encerrado em 31 de dezembro de X0 tinha os seguintes saldos:

   - Adiantamento de Salários: 200
   - Aluguéis a Pagar: 250
   - Caixa: 1.050
   - Capital Social: ?
   - Clientes: 3.200
   - Contas a Pagar: 350
   - Depósitos Judiciais (LP): 4.000
   - Empréstimos no Exterior: 1.600
   - Estoques: 7.800
   - Fornecedores: 700
   - CMS a Pagar: 900
   - IR a Pagar: 600
   - IR Diferido (ativo): 750
   - PCLD: 500
   - Provisão Trabalhista: 2.000
   - Seguros Antecipados: 1.900

Durante o período de X1, a empresa realizou as seguintes operações:

1. Venda de mercadorias à vista – $ 12.000 (incluso ICMS de 18%)
2. Compra de mercadorias a prazo por $ 4.000 (incluso ICMS de 18%)
3. Venda de mercadorias a prazo por $ 20.000 (incluso ICMS de 18%)
4. Estoque final – $ 3.400
5. Os empréstimos no exterior foram contratados em dólares. Em 11/09/X1, a empresa quitou 25% do empréstimo contratado e o restante foi renegociado para ser pago em X2. Durante o ano de X1, a instituição financeira cobrou juros de US$ 50, que foram pagos pela Cia. Revisão em 31/12/X1.
6. Durante o ano, a Cia. Revisão recebeu $ 7.000 de seus clientes.
7. Em 1º/10/X1, a Cia. Revisão efetuou um desconto de duplicatas que vencem em 1º/3/X2. O total das duplicatas foi de $ 5.000 e a instituição financeira cobrou 3% ao mês (considerar juros simples), além de tarifa bancária de $ 140.
8. Durante X1, houve utilização da PCLD por conta de clientes considerados incobráveis: $ 400.
9. Em 31/12/X1, a PCLD foi complementada em $ 1.200.
10. O saldo de seguros antecipados se refere a um seguro contratado em 1º/11/X0 com vigência para um ano. Em 1º/11/X1, a empresa contratou novos seguros, no valor de $ 4.320, com vigência para dois anos.
11. Os salários mensais, no valor de $ 300, são pagos ao final de cada mês. O salário do mês de janeiro havia sido parcialmente adiantado em dezembro de X0.
12. Os depósitos judiciais são atualizados à taxa de 10% ao ano.
13. Os aluguéis mensais, no valor de $ 250, são pagos no início de cada mês subsequente.
14. A empresa incorreu, durante o ano, em despesas gerais, no valor de $ 1.400, das quais pagou apenas 80%. O restante será pago em X2.
15. As contas a pagar relativas a X0 foram integralmente pagas em X1.
16. A provisão trabalhista refere-se a processos os quais a empresa avalia que têm probabilidade possível de perda. Durante o ano, a empresa reviu suas estimativas e complementou a provisão em $ 800.
17. A empresa pagou multas fiscais durante o ano, no montante de $ 320.
18. O saldo de ICMS a pagar de X0 foi pago no início de X1. O saldo de ICMS de X1 será pago apenas em X2.
19. A empresa efetuou o pagamento de fornecedores, no valor de $ 3.200.
20. O IR e CS relativos a X0 foram quitados em X1.

Observações:
– Alíquota: IR e CS (30%)
– O saldo inicial de IR diferido refere-se à constituição da PCLD e da Provisão Trabalhista do período anterior. Considerar, no período de X1, que a utilização da

PCLD é dedutível para fins fiscais e a constituição da nova PCLD é indedutível para fins fiscais.

- Taxas de câmbio do dólar:
    - 31/12/X0 – 2,00
    - 11/09/X1 – 2,25
    - 31/12/X1 – 2,40

Pede-se:

Elaborar o Balanço Patrimonial de 31/12/X1 e a DRE e DMPL do ano de X1, considerando que o resultado do exercício será integralmente proposto aos acionistas da Cia. Revisão, após a constituição da reserva legal.

 Testes de concursos, exames e processos seletivos

1. **Contador Prefeitura de Matinhos/PR (UFPR)** – Em relação às demonstrações contábeis, considere as seguintes afirmativas:

    1) O balanço patrimonial apresenta lucros e prejuízos de exercícios futuros.
    2) A demonstração das mutações do patrimônio líquido apresenta a movimentação ocorrida no capital próprio durante o exercício social.
    3) A demonstração do fluxo do disponível apresenta a movimentação dos estoques em certo período.
    4) A demonstração do resultado do exercício apresenta as operações realizadas em certo período, destacando o resultado do período.

    Assinale a alternativa correta.

    (A) Somente a afirmativa 1 é verdadeira.
    (B) Somente as afirmativas 2 e 3 são verdadeiras.
    (C) Somente as afirmativas 2 e 4 são verdadeiras.
    (D) Somente as afirmativas 1, 2 e 4 são verdadeiras.
    (E) Somente as afirmativas 1, 3 e 4 são verdadeiras.

2. **Contador UFFS (Fepese)** – A demonstração das mutações do patrimônio líquido (DMPL) contemplará, no mínimo, os itens contidos abaixo, segregados em colunas:

    (A) Capital Social, Reservas de Capital, Ajustes de Avaliação Patrimonial, Reservas de Lucros, Resultados Acumulados, Ajustes de Exercícios Anteriores.
    (B) Patrimônio Social/Capital Social, Reservas de Capital, Ajustes de Avaliação Patrimonial e as Reservas de Lucros.

Cap. 2 ■ ESTRUTURA DAS DEMONSTRAÇÕES CONTÁBEIS **47**

(C) Patrimônio Social/Capital Social, Reservas de Capital, Ajustes de Avaliação Patrimonial, Reservas de Lucros, Ações/Cotas em Tesouraria, Ajustes de Exercícios anteriores.

(D) Patrimônio Social/Capital Social, acréscimos ocorridos no período e todos os ajustes de exercícios anteriores.

(E) Patrimônio Social/Capital Social, Reservas de Capital, Ajustes de Avaliação Patrimonial, Reservas de Lucros, Ações/Cotas em Tesouraria, Resultados Acumulados.

3. **Exame de Suficiência (CFC)** – Uma sociedade empresária, cujo Patrimônio Líquido no início do período somava R$ 100.000,00, apresentou, no ano de 20X1, as seguintes mutações em seu Patrimônio Líquido:

Lucro líquido do período	R$	20.000,00
Destinação do lucro para reservas	R$	15.000,00
Destinação do lucro para dividendos obrigatórios	R$	5.000,00
Aquisição de ações da própria companhia	R$	2.000,00
Integralização de capital em dinheiro	R$	9.000,00
Incorporação de reservas ao capital	R$	4.000,00

Em 31/12/20X1, o saldo do Patrimônio Líquido será:

(A) R$ 108.000,00.

(B) R$ 118.000,00.

(C) R$ 122.000,00.

(D) R$ 124.000,00.

4. **Exame de Suficiência (CFC)** – Durante o ano de 2010, foram registradas as seguintes movimentações no Patrimônio Líquido de uma empresa:

■ Aumento de capital em dinheiro	R$	8.000,00
■ Aumento de capital em reservas	R$	6.000,00
■ Lucro líquido do período	R$	7.000,00
■ Destinação do lucro:		
– Distribuição de dividendos	R$	4.000,00
– Reservas de lucros	R$	3.000,00

Dados esses valores, a variação líquida do Patrimônio Líquido a ser evidenciada na Demonstração das Mutações do Patrimônio Líquido corresponde a:

(A) R$ 11.000,00.

(B) R$ 12.000,00.

(C) R$ 14.000,00.

(D) R$ 17.000,00.

5. **Contador Júnior Transpetro (Cesgranrio)** – Segundo a Legislação Societária, na Demonstração de Mutações do Patrimônio Líquido, os ajustes de exercícios anteriores NÃO devem afetar:

(A) o patrimônio líquido anterior.

(B) o resultado abrangente total.

(C) o resultado normal do presente exercício.

(D) os ajustes de avaliação patrimonial.

(E) as reservas de lucros.

6. **Profissional Júnior Ciências Contábeis Liquigás (Cesgranrio)** – A NBC TG (R5), que se refere às bases para apresentação das demonstrações contábeis, trata, dentre outras, da Demonstração das Mutações do Patrimônio Líquido (DMPL), cujo objetivo primeiro é o de evidenciar as variações ocorridas com o Patrimônio Líquido da empresa. Uma das variações, evidenciadas pela DMPL, que aumenta a capacidade operacional da empresa é a:

(A) absorção do prejuízo líquido por reservas.

(B) apropriação de reservas ao capital.

(C) destinação do lucro para dividendos.

(D) incorporação do lucro líquido.

(E) reversão de reservas de lucros.

2.7 DEMONSTRAÇÃO DOS FLUXOS DE CAIXA (DFC)

Por meio da DFC, os usuários das demonstrações contábeis podem avaliar a capacidade de gerar fluxos futuros de caixa da entidade, a capacidade de saldar obrigações e pagar dividendos, a flexibilidade financeira da empresa e a taxa de conversão do lucro em caixa, entre outros aspectos.

A DFC apresenta o efeito das transações que afetam o caixa e equivalentes de caixa no período, distribuídos em três grupos: atividades operacionais, atividades de investimentos e atividades de financiamento.

- **Atividades operacionais**: são as principais atividades geradoras de receita da entidade, bem como outras atividades não enquadradas em financiamento ou investimento. Exemplos: pagamento a fornecedor, recebimento de clientes, pagamento de salários etc.

- **Atividades de investimento**: são aquelas referentes à aquisição e venda de ativos (a maioria de longo prazo) e, também, os investimentos não incluídos nos equivalentes de caixa. Exemplos: compra e venda de imobilizados, aplicações financeiras de longo prazo, compra e venda de investimento em coligadas etc.

- **Atividades de financiamento**: são aquelas que resultam em mudanças no tamanho e na composição do capital próprio e endividamento da entidade. Exemplos: empréstimos e financiamentos de longo prazo obtidos, emissão de debêntures, aumento de capital em dinheiro, distribuição de lucros etc.

A legislação permite que a DFC possa ser feita pelo método direto (a partir da movimentação do caixa e equivalentes de caixa) ou pelo método indireto (por meio da conciliação do caixa e equivalentes de caixa com o Lucro/Prejuízo do Exercício). As empresas são incentivadas a adotarem o método indireto no Brasil. O Quadro 2.5 apresenta um modelo de Fluxo de Caixa Indireto.

Quadro 2.5 Demonstração dos fluxos de caixa da Cia. Grega (método indireto)

FLUXO DE CAIXA INDIRETO		
Atividades Operacionais	<u>**Em $**</u>	<u>**Em $**</u>
Lucro líquido	19.500	
(+) Depreciação	7.500	
(–) Lucro na venda de imobilizado	<u>(15.000)</u>	
(=) Lucro ajustado	12.000	
Aumento em duplicatas a receber	(50.000)	
Aumento em PCLD	2.500	
Aumento em duplicatas descontadas	25.000	
Aumento em estoques	(15.000)	
Aumento em despesas pagas antecipadamente	(10.000)	
Aumento em fornecedores	65.000	
Redução em provisão para IR a pagar	(3.500)	
Redução em salários a pagar	<u>(35.000)</u>	
Caixa Líquido Consumido nas Atividades Operacionais		**(9.000)**
Atividades de Investimento		
Recebimento pela venda de imobilizado	75.000	
Pagamento pela compra de imobilizado	<u>(100.000)</u>	
Caixa Líquido Consumido nas Atividades de Investimento		**(25.000)**

(continua)

(continuação)

Atividades de Financiamento		
Aumento de capital	50.000	
Empréstimos de curto prazo	50.000	
Distribuição de dividendos	(7.500)	
Caixa Líquido Consumido nas Atividades de Financiamento		**92.500**
Aumento Líquido nas Disponibilidades		**58.500**
Saldo de Caixa + Equivalentes de Caixa Inicial		**28.000**
Saldo de Caixa + Equivalentes de Caixa Final		**86.500**

Como pode ser notado no Quadro 2.5, os itens registrados como despesas na DRE, mas que não representaram saídas de caixa, são acrescidos ao Lucro líquido, como as despesas de depreciação. Já os itens contabilizados no resultado, mas que não fazem parte das atividades operacionais, como o lucro na venda de imobilizados, são excluídos. Já as variações do circulante podem ser classificadas em quatro grupos:

a) Aumentos nas contas do Ativo Circulante provocam consumo de dinheiro, portanto diminuem o caixa.

b) Reduções nas contas do Ativo Circulante produzem caixa, portanto aumentam o caixa.

c) Aumentos nas contas do Passivo Circulante evitam saída de mais dinheiro, aumentando o caixa.

d) Reduções nas contas do Passivo Circulante significam que pagamentos foram realizados, portanto reduzem o caixa (uso de caixa).

Assim, para calcular as variações líquidas, basta subtrair o saldo anterior do saldo atual das contas do Circulante (Ativo e Passivo), sendo que reduções nas contas do Ativo Circulante significam geração de caixa e diminuições nas contas do Passivo Circulante significam consumo de caixa, conforme demonstra o Quadro 2.5. Mas há também despesas e receitas que afetam o Não Circulante que precisam ser ajustadas, como variações cambiais que afetam ativos ou passivos financeiros a longo prazo.

No Quadro 2.6 é apresentado o mesmo fluxo de caixa visto anteriormente, porém no método direto.

Quadro 2.6 Demonstração dos fluxos de caixa da Cia. Grega (método direto)

FLUXO DE CAIXA DIRETO		
Atividades Operacionais	<u>**Em $**</u>	<u>**Em $**</u>
Recebimento de clientes	147.500	
Recebimento de juros	1.500	
Duplicatas descontadas	25.000	
Pagamentos		
– a fornecedores	(50.000)	
– de impostos	(10.000)	
– de salários	(105.000)	
– de juros	(5.000)	
– despesas pagas antecipadamente	(13.000)	
Caixa Líquido Consumido nas Atividades Operacionais		**(9.000)**
Atividades de Investimento		
Recebimento pela venda de imobilizado	75.000	
Pagamento pela compra de imobilizado	<u>(100.000)</u>	
Caixa Líquido Consumido nas Atividades de Investimento		**(25.000)**
Atividades de Financiamento		
Aumento de capital	50.000	
Empréstimos de curto prazo	50.000	
Distribuição de dividendos	<u>(7.500)</u>	
Caixa Líquido Consumido nas Atividades de Financiamento		<u>**92.500**</u>
Aumento Líquido nas Disponibilidades		**58.500**
Saldo de Caixa + Equivalentes de Caixa Inicial		<u>**28.000**</u>
Saldo de Caixa + Equivalentes de Caixa Final		**86.500**

Em ambos os métodos pode-se conciliar os saldos finais de caixa e equivalentes de caixa apresentados ao final da DFC com os saldos das contas no Balanço Patrimonial (Caixa, Bancos, Aplicações Financeiras etc.) dos respectivos períodos.

Assista ao vídeo
Demonstração dos Fluxos de Caixa (DFC) – Conceitos Básicos, por Bruno Salotti.

Devido ao potencial informativo da DFC, índices importantes ao processo decisório podem ser extraídos. Martins, Diniz e Miranda (2020) apresentam quatro grupos: i) Quocientes de Cobertura de Caixa; ii) Quocientes de Qualidade do Resultado; iii) Quocientes de Dispêndios de Capital; e iv) Retornos do Fluxo de Caixa.

 ## Exercícios

1. Qual a utilidade das informações constantes na Demonstração dos Fluxos de Caixa para os usuários externos?
2. A Cia. Eros apresentou o Balanço Patrimonial de 31/12/X1 e X2 e a demonstração de resultados do período de X2, conforme a seguir:

BALANÇO PATRIMONIAL – CIA. EROS		
ITEM/PERÍODO	20X1	20X2
ATIVO		
Ativo Circulante	115.000	110.200
Disponível	40.500	700
Contas a Receber	31.000	48.000
(–) Provisão Créditos de Liquidação Duvidosa	2.500	4.500
Estoques	41.000	48.000
Dividendos a Receber	0	16.000
Despesas Antecipadas	5.000	2.000
Ativo Não Circulante	184.000	220.000
Ativo Realizável a LP		
Contas a Receber	0	16.000
Investimentos		
Cia. Minotauro	14.000	32.000

(continua)

(continuação)

Cia. Medusa	40.000	43.000
Imobilizado		
Máquinas	150.000	135.000
(–) Dep. Acumulada	20.000	6.000
TOTAIS	**299.000**	**330.200**

PASSIVO		
Passivo Circulante	**109.000**	**121.300**
Fornecedores	57.000	73.000
Imposto de Renda a Pagar	4.000	2.300
Salários a Pagar	9.000	11.000
Empréstimos	39.000	35.000
Passivo Não Circulante	**47.000**	**50.000**
Empréstimos	47.000	50.000
PATRIMÔNIO LÍQUIDO	**143.000**	**158.900**
Capital	89.000	101.000
Reservas de Capital	6.000	8.900
Reservas de Lucros	48.000	49.000
TOTAIS	**299.000**	**330.200**

DRE – CIA. EROS	
ITEM/PERÍODO	**31/12/20X2**
Receita Líquida	**78.500**
(–) C.P.V.	**31.000**
(=) Resultado Bruto	**47.500**
(–) Despesas Operacionais	
Desp. Administrativas	–4.800
Desp. de Salários	–11.000
Desp. Prov. Crédito Liquidação Duvidosa	–4.500
Perdas com Clientes	–1.800
Desp. Depreciação	–13.500

(continua)

(continuação)

Desp. Financeiras	−6.000
(+) Receita da Equivalência Patrimonial	7.000
(+) Receita Dividendos	16.000
(−) Prejuízo Venda Imobilizado	−3.000
Subtotal	**−21.600**
(=) Lucro Operacional	**25.900**
(−) Provisão para IR e CS	−2.300
(=) Resultado Líquido	**23.600**

Informações Adicionais:

1. O investimento na Cia. Minotauro está sendo excepcionalmente avaliado pelo método de custo e o investimento na Cia. Medusa, pelo método da equivalência patrimonial.
2. As máquinas estão sendo depreciadas linearmente a 10% a.a.
3. Em 30/6/X2, todas as máquinas foram vendidas.
4. As despesas financeiras foram pagas no período.
5. Em janeiro de X2, foram transferidos $ 4.700 de empréstimos de longo prazo para o curto prazo.
6. Em outubro de X2, foram pagos $ 8.700 dos empréstimos.
7. Houve aumento de capital em dinheiro no valor de $ 600.

Pede-se:
Elaborar a DFC (método direto e indireto) do período de 20X2.

 Testes de concursos, exames e processos seletivos

1. **Contador UFF (UFF)** – Na elaboração do Demonstrativo do Fluxo de Caixa pelo método indireto, uma variação nas duplicatas a receber, nos empréstimos obtidos e a aquisição de imobilizado, são considerados, respectivamente, atividades:

   (A) de investimento, de pagamento e de financiamento.
   (B) de financiamento, de pagamento e operacionais.
   (C) operacionais, de financiamento e de investimento.
   (D) de desconto, de financiamento e operacionais.
   (E) de compensação, de investimento e de financiamento.

Cap. 2 ■ ESTRUTURA DAS DEMONSTRAÇÕES CONTÁBEIS **55**

2. **Contador Transpetro (Cesgranrio)** – Investimentos de altíssima liquidez, que são passíveis de conversão imediata em uma quantia conhecida de dinheiro com risco insignificante de alteração de valor, sob o enfoque da elaboração da Demonstração dos Fluxos de Caixa, constituem o(s):

   (A) numerário (dinheiro) à mão.

   (B) fluxo das operações.

   (C) fluxo dos financiamentos.

   (D) fluxo dos investimentos.

   (E) equivalentes de caixa.

3. **Analista Superior II Contador Infraero (FCC)** – São dadas as seguintes informações, em R$, extraídas da escrituração contábil da Cia. ABC, que elabora a Demonstração dos Fluxos de Caixa pelo método direto:

■ Saldo da conta Duplicatas a Receber em 31/12/20X0	385.890,00
■ Saldo da conta Duplicatas a Pagar em 31/12/20X1	388.650,00
■ Vendas efetuadas pela companhia no exercício de 20X1	956.230,00
■ Compras efetuadas pela companhia no exercício de 20X1	487.340,00
■ Saldo da conta Duplicatas a Pagar em 31/12/20X0	416.220,00
■ Saldo da conta Duplicatas a Receber em 31/12/20X1	352.810,00

   O valor das vendas recebidas dos clientes no exercício de 2010 foi, em R$,

   (A) 923.150,00.

   (B) 928.660,00.

   (C) 983.800,00.

   (D) 989.310,00.

   (E) 738.000,00.

4. **Contador UEPB (UEPB/PacTcPB)** – Com relação à Demonstração dos Fluxos de Caixa, marque a alternativa INCORRETA.

   (A) Equivalentes de caixa são aplicações financeiras de curto prazo, de baixa liquidez, que são prontamente conversíveis em montante conhecido de caixa e que estão sujeitas a um significante risco de mudança de valor.

   (B) Atividades operacionais são as principais atividades geradoras de receita da entidade e outras atividades que não são de investimento e tampouco de financiamento.

   (C) Atividades de investimento são as referentes à aquisição e à venda de ativos de longo prazo e de outros investimentos, não incluídos nos equivalentes de caixa.

   (D) Atividades de financiamento são aquelas que resultam em mudanças no tamanho e na composição do capital próprio e no capital de terceiros da entidade.

(E) Os fluxos de caixa excluem movimentos entre itens que constituem caixa ou equivalentes de caixa porque esses componentes são parte da gestão de caixa da entidade e, não, parte de suas atividades operacionais, de investimento e de financiamento.

5. **Contador UEPB (UEPB/PacTcPB)** – Qual das assertivas abaixo NÃO faz parte de exemplos da Demonstração dos Fluxos de Caixa advindos das Atividades de Investimento?

(A) Adiantamentos em caixa e empréstimos feitos a terceiros (exceto aqueles adiantamentos e empréstimos feitos por instituição financeira).

(B) Caixa recebido pela emissão de debêntures, empréstimos, notas promissórias, outros títulos de dívida, hipotecas e outros empréstimos de curto e longo prazos.

(C) Recebimentos de caixa pela liquidação de adiantamentos ou amortização de empréstimos concedidos a terceiros (exceto aqueles adiantamentos e empréstimos de instituição financeira).

(D) Pagamentos em caixa por contratos futuros, a termo, de opção e *swap*, exceto quando tais contratos forem mantidos para negociação imediata ou futura, ou os pagamentos forem classificados como atividades de financiamento.

(E) Recebimentos de caixa por contratos futuros, a termo, de opção e *swap*, exceto quando tais contratos forem mantidos para negociação imediata ou venda futura, ou os recebimentos forem classificados como atividades de financiamento.

6. **Contador UFV (DVE/UFV)** – No que se refere às Demonstrações Contábeis, conforme a Lei das Sociedades por Ações, é INCORRETO afirmar:

(A) A Demonstração dos Fluxos de Caixa evidencia a movimentação ocorrida na conta caixa e equivalentes, mostrando as origens e as aplicações de caixa.

(B) A Demonstração do Valor Adicionado informa a riqueza gerada e a distribuição da riqueza pela entidade, num determinado período.

(C) A Demonstração do Resultado do Exercício apresenta as receitas recebidas e as despesas pagas no período, de forma estruturada e dedutiva.

(D) O Balanço Patrimonial apresenta a posição patrimonial e financeira de determinada empresa em um momento específico.

7. **Exame de Suficiência (CFC)** – Relacione o tipo de atividade descrita na primeira coluna com os itens constantes na segunda coluna, em seguida assinale a opção correta:

(1) Atividades Operacionais	( )	Pagamentos em caixa pelo arrendatário para redução do passivo relativo a arrendamento mercantil financeiro.
(2) Atividades de Investimentos	( )	Recebimentos de caixa resultantes da venda de intangíveis.
	( )	Pagamentos de caixa a empregados.
(3) Atividades de Financiamento	( )	Caixa recebido pela emissão de debêntures.

Cap. 2 ▪ ESTRUTURA DAS DEMONSTRAÇÕES CONTÁBEIS **57**

A sequência CORRETA é:

(A) 2, 3, 2, 1.

(B) 3, 1, 2, 2.

(C) 3, 2, 1, 3.

(D) 2, 2, 1, 3.

8. **Exame de Suficiência (CFC)** – Uma sociedade empresária apresentou o Balanço Patrimonial a seguir, ao qual foi acrescida uma coluna de variação, e também a Demonstração do Resultado do período encerrado em 31/12/20X1:

Balanço Patrimonial

	31/12/20X1	31/12/20X0	Variação
ATIVO CIRCULANTE	R$ 322.000,00	R$ 230.000,00	R$ 92.000,00
Caixa	R$ 57.500,00	R$ 23.000,00	R$ 34.500,00
Duplicatas a Receber	R$ 195.500,00	R$ 161.000,00	R$ 34.500,00
Estoques	R$ 69.000,00	R$ 46.000,00	R$ 23.000,00
ATIVO NÃO CIRCULANTE	R$ 115.000,00	–	R$ 115.000,00
Imobilizado	R$ 126.500,00	–	R$ 126.500,00
(–) Depreciação Acumulada	(R$ 11.500,00)	–	(R$ 11.500,00)
TOTAL DO ATIVO	R$ 437.000,00	R$ 230.000,00	R$ 207.000,00
PASSIVO CIRCULANTE	R$ 184.000,00	R$ 46.000,00	R$ 138.000,00
Fornecedores	R$ 142.600,00	R$ 46.000,00	R$ 96.600,00
Imposto de Renda e Contribuição Social a Pagar	R$ 41.400,00	–	R$ 41.400,00
PATRIMÔNIO LÍQUIDO	R$ 253.000,00	R$ 184.000,00	R$ 69.000,00
Capital	R$ 184.000,00	R$ 184.000,00	–
Reservas de Lucros	R$ 69.000,00	–	R$ 69.000,00
TOTAL PASSIVO + PL	R$ 437.000,00	R$ 230.000,00	R$ 207.000,00

Demonstração do Resultado

Vendas Líquidas	R$ 391.000,00
Custo da Mercadoria Vendida	(R$ 207.000,00)
Resultado Bruto	R$ 184.000,00
Despesas com Vendas	(R$ 4.600,00)
Despesas com Pessoal	(R$ 57.500,00)
Despesas com Depreciação	(R$ 11.500,00)
Resultado antes dos Tributos sobre o Lucro	R$ 110.400,00
Tributos sobre o Lucro	(R$ 41.400,00)
Resultado Líquido do Período	R$ 69.000,00

Na Demonstração dos Fluxos de Caixa elaborada a partir dos dados apresentados, as atividades operacionais geraram caixa no valor de:

(A) R$ 59.800,00.

(B) R$ 82.800,00.

(C) R$ 138.000,00.

(D) R$ 161.000,00.

2.8 DEMONSTRAÇÃO DO VALOR ADICIONADO (DVA)

A Demonstração do Valor Adicionado é outra demonstração que a Lei n. 11.638/2007 tornou obrigatória para as companhias abertas a partir de 2008. A DVA tem suas raízes nos movimentos europeus que impulsionaram a responsabilidade social no final do século XX. Seu objetivo é levar à sociedade mais ampla os valores agregados pela entidade no desenvolvimento de suas atividades. É, pois, parte essencial ao Balanço Social.

O conceito utilizado pela DVA[8] é derivado do empregado pela Economia no cálculo do Produto Interno Bruto (PIB).[9] De acordo com Simonsen (1975, p. 83),

> Denomina-se valor adicionado em determinada etapa de produção, à diferença entre o valor bruto da produção e os consumos intermediários nessa etapa. Assim o produto nacional pode ser concebido como a soma dos valores adicionados em determinado período de tempo, em todas as etapas dos processos de produção do país.

Em termos contábeis, o Pronunciamento Técnico CPC 09 – Demonstração do Valor Adicionado conceitua valor adicionado como

> [...] a riqueza criada pela empresa, de forma geral medida pela diferença entre o valor das vendas e os insumos adquiridos de terceiros. Inclui também o valor adicionado recebido em transferência, ou seja, produzidos por terceiros e transferidos à entidade.

Desse modo, a DVA evidencia o valor adicionado pela entidade, deduzindo das suas receitas os custos dos recursos obtidos de terceiros. Ou seja, ela demonstra o quanto a empresa gerou de riqueza naquele período. Demonstra também sua distribuição para empregados, governo, fornecedores de capital e proprietários.

---

[8] Santos (2007) trata em detalhes a elaboração e análise da DVA em diversos cenários.

[9] Embora não sejam iguais, pois o cálculo do PIB baseia-se na produção, enquanto a contabilidade baseia-se no regime da competência, mediante a realização da receita (SANTOS *et al.*, 2022). De qualquer modo, é um problema de distribuição temporal.

Quadro 2.7 Demonstração do Valor Adicionado (DVA)

DEMONSTRAÇÃO DO VALOR ADICIONADO	
	Em ($)
1 – RECEITA	**144.000**
1.1) Vendas de mercadorias, produtos e serviços	145.750
1.2) Outras receitas	–
1.3) Receitas relativas à construção de ativos próprios	–
1.4) Perdas estimadas em créditos de liquidação duvidosa (reversão/constituição)	(1.750)
2 – INSUMOS ADQUIRIDOS DE TERCEIROS	**69.440**
(inclui os valores dos impostos – ICMS, IPI, PIS e COFINS)	
2.1) Custos dos produtos, das mercadorias e dos serviços vendidos	69.300
2.2) Materiais, energia, serviços de terceiros e outros	140
2.3) Perda/Recuperação de valores ativos	–
2.4) Outras (especificar)	–
3 – VALOR ADICIONADO BRUTO (1 – 2)	**74.560**
4 – DEPRECIAÇÃO, AMORTIZAÇÃO E EXAUSTÃO	**6.000**
5 – VALOR ADICIONADO LÍQUIDO PRODUZIDO PELA ENTIDADE (3 – 4)	**68.560**
6 – VALOR ADICIONADO RECEBIDO EM TRANSFERÊNCIA	**1.150**
6.1) Resultado de equivalência patrimonial	900
6.2) Receitas financeiras	250
6.3) Outras	–
7 – VALOR ADICIONADO TOTAL A DISTRIBUIR (5 + 6)	**69.710**
8 – DISTRIBUIÇÃO DO VALOR ADICIONADO	
8.1) Pessoal e encargos	5.109
8.2) Impostos, taxas e contribuições	30.826
8.3) Juros e aluguéis	1.750
8.4) Juros sobre capital próprio e dividendos	15.000
8.5) Lucros retidos/prejuízo do exercício	17.025

Como pode ser observado no Quadro 2.7, o valor adicionado bruto é obtido deduzindo-se das receitas os recursos utilizados pelos fornecedores desses recursos. Já o valor adicionado líquido é apurado mediante a dedução do potencial de benefícios futuros consumidos pela entidade (depreciações, amortizações ou exaustões) para obtenção das receitas. Finalmente é considerado o valor adicionado recebido em transferência (resultado da equivalência patrimonial, receitas financeiras etc.) para apuração do valor adicionado total a ser distribuído.

Assista ao vídeo
Demonstração do Valor Adicionado,
por Prof. Quintino.

A título de curiosidade, é apresentado o Gráfico 2.1 com a distribuição do valor adicionado de uma empresa do setor tabagista.[10] Como pode ser notado, quase 4/5 de toda a riqueza gerada em 2011 destina-se ao pagamento de impostos. Esse é um caso bastante atípico em função das altas taxas de impostos a que a empresa está sujeita.

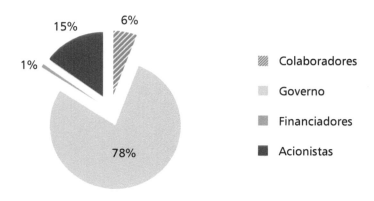

Fonte: dados coletados na Comissão de Valores Mobiliários (CVM).

Gráfico 2.1 Demonstração do Valor Adicionado.

---

[10] Atualmente, a empresa não se encontra listada na B3.

Já o setor bancário apresenta uma composição totalmente diferente. O Gráfico 2.2 apresenta a distribuição do Valor Adicionado de um banco no mesmo ano. Como pode ser percebido, os acionistas ficaram com 34% da riqueza gerada, os funcionários receberam parcela semelhante (34%) e o governo aparece em terceiro lugar com 30% do valor adicionado pela entidade.

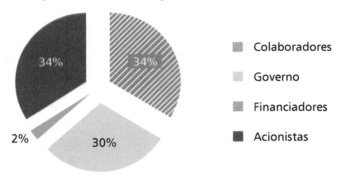

Fonte: dados coletados na Comissão de Valores Mobiliários (CVM).

Gráfico 2.2 Demonstração do Valor Adicionado do banco.

Com intuito de contribuir com os usuários das demonstrações contábeis, índices relacionados com a geração e distribuição da riqueza são estabelecidos. Sobre a geração de riqueza, são apresentados quocientes entre o valor adicionado e medidas de tamanho da entidade (receita, Ativo total ou Patrimônio Líquido). Sobre a distribuição de riqueza, em geral, dividem-se os valores distribuídos (ao governo, colaboradores, financiadores e acionistas) pelo valor adicionado, permitindo-se visualizar os percentuais da riqueza destinados a cada um desses entes.

 Exercícios

1. A DVA evidencia o valor adicionado pela entidade em um período e sua distribuição para empregados, governo, fornecedores de capital e proprietários. Em 20X1, a Cia. Uberabinha S/A não possuía atividades terceirizadas em suas atividades. Em 20X2 a empresa decidiu terceirizar os setores de limpeza, copa e jardinagem. Supondo que a empresa tenha mantido as receitas e demais despesas nos mesmos patamares de 20X1, qual será o impacto dessa terceirização no valor adicionado a distribuir em 20X2? Explique.

2. Elabore a DVA a partir das demonstrações financeiras e dos dados fornecidos da Cia. Poseidon.

BALANÇO PATRIMONIAL – CIA. POSEIDON

ITEM/PERÍODO	20X1	20X2
ATIVO		
Ativo Circulante	200.000	238.500
Disponível		
Caixa	80.000	109.500
Aplicações Financeiras	120.000	119.400
Estoques	0	9.660
Ativo Não Circulante	20.000	17.000
Imobilizado		
Móveis e Utensílios	25.000	25.000
(–) Dep. Acumulada	–5.000	–8.000
TOTAIS	220.000	255.560
PASSIVO		
Passivo Circulante	0	16.800
Imposto de Renda a Pagar		9.240
ICMS a Pagar		7.560
PATRIMÔNIO LÍQUIDO	220.000	238.760
Capital	200.000	200.000
Reservas de Capital		
Reservas de Lucros	20.000	38.760
TOTAIS	220.000	255.560

DRE – CIA. POSEIDON

ITEM/PERÍODO	31/12/20X2
Faturamento Bruto	77.000
(–) ICMS faturado	–13.860
Receita Líquida	63.140
(–) C.P.V.	–22.540
(=) **Resultado Bruto**	40.600

DRE – CIA. POSEIDON	
(–) Despesas Operacionais	
Despesas Bancárias	–2.300
Despesas com Salários	–9.000
Despesas de Depreciação	–3.000
(+) Receitas Financeiras	1.700

Subtotal	**–12.600**

(=) Lucro Operacional	**28.000**

(–) Provisão para IR e CS	–9.240

(=) Resultado Líquido	**18.760**

Operações realizadas em X2 pela Cia. Poseidon:

1. Compra à vista de mercadorias no valor total de R$ 38.500 (IPI de 10% e ICMS de 18%, ou seja, valor das compras líquidas é de R$ 28.700).
2. Venda de 70% dos estoques no valor de R$ 77.000 (ICMS de 18%, ou seja, o valor das vendas líquidas é de R$ 63.140).
3. Pagamento à vista de mão de obra no valor de R$ 9.000. Vamos considerar que, desse total, R$ 1.460 são as contribuições devidas ao INSS e R$ 7.540 são salários, 13º, férias etc.
4. Pagamento de juros (despesas bancárias) no valor de R$ 2.300.
5. Recebimento de receitas financeiras no valor de R$ 1.700.
6. Depreciação de 12% de móveis e utensílios.
7. Imposto de renda e contribuição social: 33% do lucro líquido.

Testes de concursos, exames e processos seletivos

1. **Contador Transpetro (Cesgranrio)** – A Demonstração do Valor Adicionado (DVA) é formada, basicamente, por duas partes, sendo que, na primeira parte, deve apresentar a riqueza criada pela entidade, incluindo, em seu detalhamento, a receita de vendas de mercadorias, produtos e serviços.

   As vendas de produtos pelas empresas industriais devem ser demonstradas na DVA pelo valor da(s):

(A) receita bruta ou do faturamento bruto.

(B) vendas menos o ICMS e o IPI a recuperar.

(C) vendas menos o ICMS a recuperar.

(D) vendas menos o IPI a recuperar.

(E) vendas líquidas.

2. **Exame de Suficiência (CFC)** – Uma sociedade empresária adquiriu mercadorias para revenda por R$ 5.000,00, neste valor incluído ICMS de R$ 1.000,00. No mesmo período, revendeu toda a mercadoria adquirida por R$ 9.000,00, neste valor incluído ICMS de R$ 1.800,00. A sociedade empresária registrou, no período, despesas com representação comercial no montante de R$ 1.200,00 e depreciação de veículos de R$ 200,00.

Na Demonstração do Valor Adicionado – DVA, elaborada a partir dos dados fornecidos, o valor adicionado a distribuir é igual a:

(A) R$ 1.800,00.

(B) R$ 2.600,00.

(C) R$ 3.200,00.

(D) R$ 4.000,00.

3. **Analista Superior II Contador Infraero (FCC)** – Na Demonstração do Valor Adiciona-do, pode-se afirmar que:

(A) o valor das vendas de mercadorias, produtos e serviços não inclui o valor dos tributos recuperáveis.

(B) a constituição de provisão para créditos de liquidação duvidosa deve ser somada ao valor das vendas para determinar o valor total das receitas da entidade.

(C) as receitas financeiras auferidas pela entidade integram o cálculo da riqueza criada pela própria entidade.

(D) os impostos e contribuições não cumulativos, na distribuição do valor adicionado, devem ser calculados somente pelos valores devidos na operação de venda.

(E) o resultado positivo da equivalência patrimonial integra o valor adicionado transfe-rido por terceiros para a entidade.

4. **Exame de Suficiência (CFC)** – Uma sociedade empresária apresentou os seguintes dados para a elaboração da Demonstração do Valor Adicionado:

Receita Bruta de Vendas	R$	800.000,00
(–) Tributos sobre as Vendas	R$	136.000,00
Receita Líquida	R$	664.000,00
(–) Custo das Mercadorias Vendidas	R$	498.000,00

Lucro Bruto	R$	166.000,00
Despesa com Pessoal	R$	90.000,00
Despesa com Depreciação	R$	8.000,00
Despesa de Juros sobre Empréstimos	R$	3.000,00
Resultado antes dos Tributos sobre o Lucro	R$	65.000,00
Imposto de Renda	R$	16.250,00
Contribuição Social	R$	5.850,00
Resultado do Período	R$	42.900,00

Informações adicionais:

I. O custo de aquisição da mercadoria vendida foi calculado da seguinte maneira:

Valor da Mercadoria	R$ 600.000,00
ICMS Recuperado	R$ 102.000,00
Custo Aquisição	R$ 498.000,00

II. O valor da despesa com Pessoal é composto dos seguintes gastos:

Salários, Férias e 13º Salário	R$ 65.000,00
INSS	R$ 25.000,00
Total	R$ 90.000,00

De acordo com a Demonstração do Valor Adicionado, elaborada a partir dos dados fornecidos, assinale a opção INCORRETA.

(A) O valor adicionado a distribuir é R$ 192.000,00.

(B) O valor adicionado a distribuir é R$ 294.000,00.

(C) O valor da remuneração de capital de terceiros é de R$ 3.000,00.

(D) O valor distribuído para pessoal é de R$ 65.000,00.

5. **Exame de Suficiência (CFC)** – Na Demonstração do Valor Adicionado, a despesa com aluguel, a energia elétrica consumida no período e o resultado positivo da equivalência patrimonial são evidenciados, respectivamente, como:

(A) insumos adquiridos de terceiros; insumos adquiridos de terceiros e remuneração do capital próprio.

(B) insumos adquiridos de terceiros; remuneração do capital de terceiros e valor adicionado recebido em transferência.

(C) remuneração do capital de terceiros; insumos adquiridos de terceiros e valor adicionado recebido em transferência.

(D) remuneração do capital de terceiros; remuneração do capital de terceiros e remuneração do capital próprio.

6. **Exame de Suficiência (CFC)** – Acerca do conteúdo das Demonstrações Contábeis, julgue os itens abaixo e, em seguida, assinale a opção CORRETA:

I. O Balanço Patrimonial apresenta os elementos relacionados com a mensuração da posição patrimonial e financeira: ativos, passivos e patrimônio líquido.

II. São considerados Caixa e Equivalente de Caixa o saldo em Caixa, Bancos e ainda todos os recursos em aplicação financeira independentemente do prazo de resgate.

III. A Demonstração do Valor Adicionado deve proporcionar aos usuários das demonstrações contábeis informações relativas à riqueza criada pela entidade em determinado período e à forma como tais riquezas foram distribuídas.

Estão certos os itens:

(A) I e II, apenas.

(B) I e III, apenas.

(C) I, II e III.

(D) II e III, apenas.

2.9 NOTAS EXPLICATIVAS

As Notas Explicativas são informações complementares às demonstrações contábeis previstas em lei e nos CPCs, que podem estar expressas na forma descritiva, na forma de quadros analíticos ou até mesmo abranger outras demonstrações contábeis que sejam necessárias ao completo esclarecimento da situação econômico-financeira da entidade.

O espaço mais adequado para explicação das diversas circunstâncias relevantes que afetam cada conta das demonstrações contábeis é exatamente as Notas Explicativas.

De acordo com a Lei n. 6.404/1976, as principais indicações que as Notas Explicativas devem apresentar são:

a) os principais critérios de avaliação dos elementos patrimoniais, especialmente estoques, dos cálculos de depreciação, amortização e exaustão, de constituição de provisões para encargos ou riscos, e dos ajustes para atender a perdas prováveis na realização dos elementos do ativo;

b) os investimentos relevantes em outras sociedades;

c) os ônus reais constituídos sobre elementos do ativo, as garantias prestadas a terceiros e outras responsabilidades eventuais ou contingentes;

d) as taxas de juros, as datas de vencimento e as garantias das obrigações a longo prazo;

e) o número, espécie e classes das ações do capital social;

f) as opções de compra de ações outorgadas e exercidas no exercício;

g) os ajustes de exercícios anteriores;

h) os eventos subsequentes à data de encerramento do exercício que tenham, ou possam vir a ter, efeito relevante sobre a situação financeira e os resultados futuros da companhia.

Já o Comitê de Pronunciamentos Contábeis, por meio do Pronunciamento Técnico CPC 26 (R1) – Apresentação das Demonstrações Contábeis, recomenda que Notas Explicativas às demonstrações contábeis devem:

a) apresentar informações sobre a base para a elaboração das demonstrações contábeis e das políticas contábeis específicas utilizadas;

b) divulgar informações requeridas pelos Pronunciamentos, Orientações e Interpretações que não tenham sido apresentadas nas demonstrações contábeis; e

c) prover informações adicionais que não tenham sido apresentadas nas demonstrações contábeis, mas que sejam relevantes para sua compreensão.

As Notas exigidas pelos CPCs são em quantidade muito maior que as exigidas pela Lei. Já os que seguem o Pronunciamento do CPC específico para Pequenas e Médias Empresas têm um volume bem menor dessas Notas a apresentar.

As características da informação contábil, preconizadas pela Estrutura Conceitual para Relatório Financeiro, têm especial aplicação na elaboração das notas explicativas. Fragilidades nessa elaboração podem afetar seriamente a qualidade da informação contábil e, consequentemente, o processo decisório. Alguns exemplos:

a) a falta de legibilidade, por meio da apresentação de informações complexas, compromete a compreensibilidade da informação;

b) Notas Explicativas com trechos copiados de normas prejudicam a relevância da informação divulgada;

c) a ausência de informações, ou seja, sem conformidade às normas, compromete a representação fidedigna das demonstrações contábeis;

d) Notas Explicativas muito extensas e repetitivas denotam baixa relevância nas informações divulgadas.

As Notas Explicativas devem evidenciar todas as informações que sejam relevantes, ou seja, que possam alterar decisões de investidores e credores. E só devem divulgar informações dessa natureza. Na prática, infelizmente, ainda encontramos repetições e/ou informações irrelevantes que tomam o tempo do usuário e por vezes até tiram sua atenção do que é deveras importante. Para isso, existe a Interpretação Técnica OCPC 07 (R1), que resume as normas sobre a matéria.

Como pode ser percebido, as Notas Explicativas são de fundamental importância para o analista das demonstrações contábeis. É por meio delas que o analista vai saber, inclusive, se a empresa divulgou o que é exigido pela legislação.

Acesse o material
Melhor comunicação nos relatórios financeiros,
do IFRS Foundation.

Assista ao vídeo
Notas Explicativas,
por Prof. Quintino.

 Testes de concursos, exames e processos seletivos

1. **Exame de Suficiência (CFC)** – Em relação às Notas Explicativas e às Demonstrações Contábeis, assinale a opção INCORRETA.

    (A) A entidade deve divulgar nas Notas Explicativas as fontes principais da incerteza das estimativas à data do balanço que tenham risco significativo de provocar modificação material nos valores contábeis de Ativos e Passivos durante o próximo exercício.

    (B) A entidade deve divulgar no resumo de políticas contábeis significativas as bases de mensuração utilizadas na elaboração das demonstrações contábeis e outras políticas contábeis utilizadas que sejam relevantes para a compreensão das demonstrações contábeis.

    (C) Informação adicional que não tenha sido apresentada nas demonstrações contábeis, mas que seja relevante para sua compreensão, deve ser apresentada nas Notas Explicativas.

    (D) Políticas contábeis inadequadas podem ser retificadas por meio da divulgação das políticas contábeis utilizadas ou por notas ou qualquer outra divulgação explicativa.

2. **Exame de Suficiência (CFC)** – A movimentação ocorrida nas contas de Reservas de Lucros em um determinado período é evidenciada na seguinte demonstração contábil.

    (A) Balanço Patrimonial.

    (B) Demonstração das Mutações do Patrimônio Líquido.

    (C) Demonstração dos Fluxos de Caixa.

    (D) Demonstração dos Lucros ou Prejuízos Acumulados.

Cap. 2 ■ ESTRUTURA DAS DEMONSTRAÇÕES CONTÁBEIS **69**

3. **Contador FUB (CESPE)** – Com respeito às características das demonstrações contábeis, segundo a legislação e normatização vigentes, marque a alternativa incorreta:

(A) As Notas Explicativas, por trazerem informações acessórias, em formato livre, não seguem as práticas contábeis vigentes.

(B) O nome da entidade, a data-base e a moeda utilizada são informações necessárias à correta apresentação das demonstrações contábeis.

(C) Antes de a Lei n. 11.638/2007 entrar em vigor, a demonstração de fluxo de caixa já era exigida para alguns tipos de empresa.

(D) O resultado da entidade em determinado período é apresentado na demonstração do resultado do exercício, que é uma demonstração dedutiva e dinâmica.

4. **FEA/USP** – As notas explicativas compreendem informações:

(A) Complementares às demonstrações contábeis, porém não fazendo parte das mesmas.

(B) De caráter qualitativo e, por isso, não fazem parte das demonstrações contábeis.

(C) De caráter apenas qualitativo que complementam e explicam as demonstrações contábeis.

(D) Complementares às demonstrações contábeis, representando parte integrante das mesmas.

(E) Não contidas nas demonstrações contábeis, constituindo-se num relatório contábil suplementar.

5. **FEA/USP** – As Notas Explicativas têm por finalidade/objetivo:

(A) Explicitar, quantitativa e qualitativamente, os detalhes de itens relevantes relativos às operações de uma entidade.

(B) Apresentar um resumo das principais práticas contábeis utilizadas pela entidade na elaboração das demonstrações contábeis.

(C) Evidenciar aspectos relevantes ao entendimento e análise das demonstrações contábeis que não puderem ser nelas evidenciados.

(D) Destacar e interpretar detalhes relevantes e informações adicionais sobre operações passadas, presentes e futuras, significativas nos negócios.

(E) Todas as alternativas anteriores estão corretas.

6. **Exame de Suficiência (CFC)** – Com relação ao conteúdo das Notas Explicativas, de acordo com a NBC TG 26 – Apresentação das Demonstrações Contábeis, é INCORRETO afirmar que o conjunto das Notas Explicativas apresenta:

(A) a divulgação da análise dos resultados e da posição financeira da sociedade e o parecer da diretoria.

(B) a divulgação de informações requerida pelas normas, interpretações e comunicados técnicos que não tenha sido apresentada nas demonstrações contábeis.

(C) as informações adicionais que não tenham sido apresentadas nas demonstrações contábeis, mas que sejam relevantes para sua compreensão.

(D) as informações sobre a base para elaboração das demonstrações contábeis e das políticas específicas utilizadas.

3
MÉTODO DE ANÁLISE DAS DEMONSTRAÇÕES CONTÁBEIS

As demonstrações financeiras tradicionais (Balanço Patrimonial e DRE) preparadas e divulgadas por uma empresa não têm, isoladamente, uma grande potencialidade para identificar suas forças e fraquezas. Essas demonstrações transmitem informações financeiras em termos absolutos que não são capazes de transmitir tudo o que é necessário ao analista. Além disso, nem todas as pessoas possuem o mesmo nível de conhecimento e experiência. Para obter informações relevantes sobre os pontos fracos e fortes de uma organização, a análise das demonstrações contábeis é indubitavelmente necessária, mas não suficiente, e sem um conhecimento mínimo por parte do analista, pode até levar a equívocos. Nesse sentido, pode-se dizer que a análise das demonstrações contábeis é um conjunto de esforços sistemáticos para determinar, por parte de uma pessoa preparada, o significado e o sentido das demonstrações financeiras, com vista a permitir a realização de previsão da liquidez, da solvência e da rentabilidade de uma entidade.

Espera-se que você, à luz do exposto, esteja convencido da necessidade de compreender as informações contábeis além dos números brutos divulgados nas demonstrações financeiras, posto que eles sozinhos não são muito reveladores. A análise das demonstrações contábeis requer um método específico que seja capaz de entender os fundamentos de como se faz uma análise financeira. Não é possível, por exemplo, ensinar uma criança a nadar, jogando-a na parte mais funda de uma piscina e dizer que ela tem que se virar. Pelo contrário, necessário se faz seguir todo um ritual de aprendizado. Começa-se devagar, mostrando como se segurar nas bordas da piscina, depois mergulhar a cabeça, como flutuar, como bater os pés, depois define-se um estilo de nado etc. Ou seja, você instrumentaliza a criança dando-lhe a direção e um processo gradualmente mais elaborado para que ela desenvolva as habilidades necessárias. O mesmo acontece com a análise das demonstrações contábeis, ou seja, não dá para se fazer uma análise começando pelo cálculo de vários índices, como sugerem alguns escritores da área. O processo de análise bem estruturado não permite que se faça alguma inferência, desprezando uma série de procedimentos que antecedem o cálculo dos índices, como será detalhado mais à frente.

A missão deste capítulo é apresentar um método que sistematize todo o processo de análise. O método aqui é definido como numa estratégia capaz de otimizar o seu tempo, de modo que as análises procedidas por você alcancem bons resultados e que você seja capaz de tomar ou sugerir as decisões mais acertadamente.

Seguindo o método proposto, você será capaz de identificar quatro aspectos importantes: i) que não dá para tomar decisões com base na intuição; todavia, as decisões baseadas na análise e interpretação sistemática também têm uma probabilidade, mesmo que baixíssima, de julgamento incorreto; ii) o método aqui proposto é simples e eficaz; iii) ele lhe dará um valioso senso de autoconfiança no manuseio e na compreensão da análise das demonstrações contábeis; iv) despertará um senso crítico para compreender e interpretar os números financeiros e lhe ajudará a tomar decisões racionais. Desde, é claro, que as demonstrações financeiras tenham sido elaboradas com fidedignidade.

3.1 O MÉTODO PROPOSTO

O método proposto ensina a você dar alguns passos certos, em uma ordem definida e com fim de garantir um ótimo resultado. Como dar esses passos é o que iremos a partir de agora descrever. Nós propomos três etapas cruciais a serem desenvolvidas em uma ordem específica, que denominaremos a partir do acróstico OEI, ou seja, **O**bservação, **E**xame e **I**nterpretação.

1º passo – Observação. Nessa fase, as perguntas imediatas que você deve fazer quando olha as demonstrações financeiras compreendem: o que vejo? Quais os elementos envolvidos que me chamam a atenção? Aqui você deve assumir o papel de um médico fazendo o diagnóstico inicial. Nenhum detalhe é trivial, em alguma medida qualquer um poderá lhe ser útil.

2º passo – Exame. Nessa etapa, você tentará responder ao seguinte questionamento: como posso estruturar essas informações para buscar um sentido lógico? Aqui você procurará entender os significados das contas e tentará encontrar um sentido para as demonstrações. É importante montar um entendimento acerca do modelo contábil e da essência econômica envolvida em cada item a ser investigado. Deverá ser feita uma padronização capaz de facilitar todo o processo de análise. A partir das demonstrações padronizadas você irá utilizar os instrumentos disponíveis na literatura sobre análise das demonstrações contábeis para levantar informações-chave. É nesse momento que são realizadas as análises horizontal e vertical, bem como o cálculo dos diversos índices de liquidez, estrutura patrimonial, ciclo operacional, rentabilidade etc. É como se levássemos as demonstrações contábeis a um laboratório para realizar vários exames, a fim de obter indicadores que sinalizem o estado geral da organização. Assim, após levantar os exames, precisamos de um parecer, de uma interpretação, do "médico".

3º passo – Interpretação. A pergunta a ser respondida é: o que isso significa? Aqui é a fase do processo que se destina a tirar conclusões sobre a condição financeira da empresa. Nessa etapa, começa o seu papel de detetive. A experiência revela que muitas pessoas começam a fazer análise das demonstrações contábeis calculando uma série de índices indiscriminadamente, sem realizar uma crítica aos dados e aos índices encontrados, daí a análise padecer de conteúdo para levar a decisões acertadas.

De modo geral, o método de análise das demonstrações financeiras é simples, e não é preciso utilizar muitas ferramentas. Basta saber ler e entender o modelo contábil e a essência econômica utilizada. Quando você já estiver familiarizado com as demonstrações contábeis, deverá começar a análise de balanço da seguinte forma: domingão, sentado na sala com os pés em cima do sofá e jornal nas mãos... não ouse usar uma calculadora para determinar algum índice, nessa fase ela é definitivamente inútil. Sugerimos, comece apenas observando.

Figura 3.1 Postura para fazer uma boa análise de balanços.

3.2 OBSERVAÇÃO

É de se imaginar que você já tenha uma visão geral do método proposto. Lembre-se de que o primeiro passo é a "observação". Nessa fase você pergunta e responde à seguinte questão: "o que vejo?". Como foi dito anteriormente, você tem que saber "ler". Por favor, não queremos insultar você, quando nos referimos a ler. Estamos querendo dizer que há muitas coisas que estão escritas somente nas entrelinhas, e cabe a você decifrar o código contábil. Você precisa entender o que está lá, captar o não dito. Quando for capaz de fazer esse exercício, você terá condição de analisar o desempenho financeiro daquela empresa.

Inicialmente, você precisa observar se sua matéria-prima de análise é boa, ou seja, a qualidade das informações expostas nas demonstrações. Elas são confiáveis? Elas revelam a situação econômico-financeira da empresa? Para tanto, comece pelo parecer dos auditores independentes. Analise seu teor e avalie se vale a pena prosseguir. E se a empresa apresenta demonstrações financeiras sem o parecer, em virtude da ausência de obrigatoriedade legal. Nesse caso, uma forma sugerida por Martins, Diniz e Miranda (2020) é prosseguir só se você conhecer muito bem, pessoalmente, o contador, os gestores e confiar no conhecimento técnico deles; caso contrário, o risco de se avançar com a análise e não ser bem-sucedido pode ser alto. O volume de operações não contabilizadas no Brasil por empresas não submetidas à auditoria é ainda potencialmente grande.

Em seguida, identifique o modelo contábil utilizado, pois não faz nenhum sentido você querer analisar um ramo de negócio alheio aos seus conhecimentos. Seja prudente, não se arrisque a trilhar num caminho desconhecido. Você sabe como opera uma incorporadora imobiliária? Uma cooperativa agrícola? Uma *trading company*? Uma resseguradora? Uma *private equity*? Não se aventure. Antes de iniciar a análise, procure conhecer o ramo do negócio, o setor.

Uma análise das forças ambientais pertencentes ao macroambiente, inclusive o setor, é muito importante, pois lá podem se originar ameaças e oportunidades, como alterações na legislação, alterações nas demandas de mercado, inovações tecnológicas, resseções, crises econômicas, guerras etc. De acordo com Eren (2000), a análise do macroambiente consiste nos domínios político, econômico, sociocultural, tecnológico, ecológico e fatores legais (PESTAL). A análise PESTAL é uma ferramenta bastante utilizada no campo da estratégia, que pode auxiliar o analista na observação do ambiente externo.

- **Cenário político**: para muitos agentes, o cenário político é extremamente importante, talvez o mais importante entre todos aqueles que os cercam.
- **Cenário econômico**: é importante avaliar o comportamento dos principais indicadores dessas variáveis, tais como taxas de câmbio, taxas de juros de aplicação/captação, taxas de inflação, entre outros, e os possíveis impactos no negócio em análise.
- **Cenário social**: abrange variáveis culturais e aspectos de comportamento social que podem influenciar, positiva ou negativamente, a atuação da empresa. Mudanças comportamentais, ao longo do tempo e/ou entre diferentes regiões, podem ser decisivas para se obter (ou perder) vantagem competitiva.
- **Cenário tecnologia**: o surgimento de nova tecnologia, por exemplo, acessível à empresa pode representar importante oportunidade, ao passo que essa mesma ocorrência, apenas acessível a um concorrente, pode representar grave ameaça.
- **Cenário ambiental**: aspectos relacionados com a preservação ambiental são fundamentais no processo de análise das demonstrações contábeis na atualidade. Aspectos relativos à concorrência, por sua vez, devem ser os que maior importância apresenta nas estratégias dos agentes econômicos.
- **Cenário legal**: o aumento de uma carga tributária sobre determinado produto pode representar a inviabilidade de um empreendimento, por exemplo.

Posteriormente, procure entender o modelo contábil da atividade; isso é absolutamente vital para o entendimento do que acontece com a empresa e para analisar as projeções das perspectivas futuras do negócio.

Se você não entende da legislação que regula o vínculo entre um clube de futebol e seus jogadores contratados, não domina a linguagem utilizada nesse mundo futebolístico e não conhece as normas contábeis aplicáveis a essa atividade, então não adianta querer fazer uma boa análise do balanço de um clube, mesmo que seja o seu favorito.

Se você não entende qual o negócio de uma administradora de consórcios e não conhece o básico da legislação e das normas do Banco Central sobre essa administradora, não procure tomar decisões com base no que "concluir" de seus balanços.

Se você não conhece as normas do Banco Central sobre *leasing* e o quanto elas ainda fogem das normas internacionais de contabilidade, muito cuidado, porque pode tirar conclusões errôneas! Ou não, dependendo de que análise estiver sendo feita.

Você também não pode deixar de fazer uma análise da política econômica do período em análise e o impacto que ela trouxe para a empresa ou para o setor em que ela está inserida. Por exemplo, uma empresa da linha branca ou automobilística pode ter tido grande incremento das vendas, e você pode estar interessado em comprar ações dela; mas pode ser temporário esse crescimento por conta dos incentivos fiscais dados pelo governo federal, materializados na redução da alíquota de IPI. É visível nas demonstrações contábeis o aumento nas vendas e no lucro, mas o desconhecimento pode levar a uma decisão incorreta. O programa "minha casa minha vida" afetou as vendas do setor imobiliário e da construção civil? A crise cambial afetou as vendas, as despesas financeiras? Você pode observar que esses aspectos não devem ser ignorados pelo analista das demonstrações contábeis. Eles podem esclarecer algumas quebras estruturais da empresa. Noutro exemplo: as vendas de uma dada empresa podem ter crescido 20% num quinquênio; boa informação? Digamos que você compare com a evolução do PIB e verifique que ele cresceu somente 10% nesse período; ótimo, dirá você concluindo quanto ao bom desempenho da empresa; mas, e se você descobre no dia seguinte que o setor da empresa onde ela está cresceu na realidade 35% durante o mesmo período? Você manterá a opinião de bom desempenho? Enfim, busque informações no setor de Relação com Investidores (RI) da empresa, em revistas, jornais dedicados à Economia, informações setoriais etc.

Outro ponto: identifique quais as contas ou grupo de contas que mais se destacam nas demonstrações financeiras. Seja pela magnitude do valor, pela variação de um ano para outro, pela representatividade no grupo ou subgrupo de contas. Tome notas de cada um e busque as pistas para entender o que aconteceu. Não perca tempo com valores imateriais e irrelevantes.

Tente observar se as notas explicativas são capazes de elucidar algumas anomalias ou mudança de comportamento nas contas identificadas anteriormente. Atualmente, as normas incentivam bastante os esclarecimentos adicionais em notas explicativas. E se elas não forem suficientes? Se você estiver dentro da empresa, sem problema, mas se estiver fora dela?

Leia... essa insistência pode até ser chata, mas a prática tem nos ensinado que muitos "leitores" apenas folheiam as páginas de um relatório como se tivessem com um controle remoto de uma televisão, procurando apenas o que lhe interessa. Registre, ou seja, quando algo não está claro nas notas explicativas ou em nenhuma outra peça do relatório, faça anotação, em tom de pergunta. Faça perguntas inteligentes, após esgotar todas as possibilidades de encontrar respostas nas demonstrações contábeis.

Martins, Diniz e Miranda (2020) enfatizam que quando se está analisando um balanço externo à empresa, não se encontram as mesmas informações que se teria dentro dela. O máximo que pode acontecer é você elencar inúmeras perguntas inteligentes para serem feitas se tiver oportunidade de dialogar com os gestores e/ou o contador da firma. É necessário rascunhar todas as suas dúvidas, como também as possíveis respostas para cada pergunta. Se uma resposta for dada e você não tiver pensado nela, isso significa que você precisa aprofundar suas observações. Lembre-se de que a contabilidade registra consequências, e o que estamos querendo saber é o que provocou tais consequências. E é sempre possível que tenha ocorrido mais de um fato causando a mesma consequência.

O passo da observação é o mais relevante no processo de entender as demonstrações financeiras e propor sugestões para tomada de decisão. Quando se faz uma observação bem-feita, é quase natural que você já tenha mentalizado a situação financeira da empresa. O cálculo dos índices é apenas a cereja do bolo, para confirmar os seus achados mentais. Para confirmar, de forma prática, o que foi dito, sugerimos a você ler o Capítulo 7 (Analisando demonstração sem indicadores), do nosso livro *Análise avançada das demonstrações contábeis: uma abordagem crítica*.

3.3 EXAME

Já que você conseguiu responder ao questionamento: "o que vejo?" o próximo passo é buscar estruturar as informações com objetivo de dar um sentido lógico "ao que foi visto". Só relembrando, se você foi "um observador atento", essa fase será bem tranquila e não encontrará muitos problemas.

De modo geral, as informações apresentadas nas demonstrações financeiras são relacionadas com as contas individuais ou grupo de contas. Há também contas que estão agrupadas em determinado grupo, mas a sua essência econômica indica outro tipo de agrupamento. Isso leva à falta de homogeneidade e uniformidade. A fim de facilitar a interpretação das informações, os dados devem ser rearranjados e reclassificados. Por exemplo, uma empresa pode ter valores enormes de duplicatas descontadas classificadas como retificadoras das contas a receber de clientes, e outra pode apresentá-las no passivo. Mesmo quando duas formas são aceitas tecnicamente (não é o caso deste último exemplo), não faz sentido você não homogeneizar os balanços para efetuar a análise. Isso pode ocorrer também com a mesma empresa por mudanças ao longo do tempo.

Dificuldades maiores podem acontecer, como o caso, por exemplo, de duas empresas proprietárias de *shopping centers*, uma avaliando esses imóveis ao custo menos depreciação e outra avaliando os seus imóveis pelo valor justo. E as duas formas, nesse caso, são atualmente aceitas. Como efetuar comparações? Você precisará "caçar" as informações e ajustar uma delas ao formato da outra, conforme você preferir para a análise. Mas não poderá compará-las, se usam critérios tão diferentes.

Assim, antes de utilizar qualquer técnica de análise, é necessário então preparar as demonstrações contábeis para serem analisadas. Tal preparação é feita por meio da padronização e simplificação das demonstrações. São diversas as situações que tornam necessários os ajustes às demonstrações para serem adequadamente avaliadas. Ao fazer a análise do Relatório da Auditoria, por exemplo, o analista poderá identificar a necessidade de fazer ajustes às demonstrações para melhor analisá-las, principalmente se existirem ressalvas no parecer da auditoria.

As reclassificações são, quase sempre, necessárias. Apenas os bancos, as seguradoras e algumas outras empresas de atividades com regulação especial têm maior uniformidade na nomenclatura, na classificação e na avaliação de seus elementos patrimoniais. A maior parte das empresas comerciais, industriais e de serviços tem um grau de liberdade maior e por isso exige-se, nesses casos, maior trabalho para reclassificações e, eventualmente, até remensurações.

Para Borinelli e Pimentel (2010), as participações de empregados e diretores devem ser reclassificadas. Tais participações são calculadas, geralmente, com base no lucro líquido da empresa. Sendo, portanto, evidenciadas após o "lucro antes do imposto de renda". Para os autores, considerando a obrigatoriedade de tais pagamentos em virtude de definições estatutárias ou sindicais, tais participações seriam mais bem classificadas como "despesas operacionais", ou seja, despesas administrativas, reduzindo, portanto, o lucro operacional da empresa. Mas, se você estiver interessado no potencial de geração de lucros da empresa, e sabendo que essas participações são percentuais do lucro líquido, pode querer, para alguma análise, conhecer qual o lucro antes de tais participações. Nesse caso, retire-as de sua demonstração do resultado ajustada, mas não se esqueça de restabelecer o cálculo do imposto de renda e da contribuição social sobre o lucro líquido porque estes foram, provavelmente, afetados por tais participações.

Além das reclassificações, o processo de padronização das demonstrações contábeis demanda a síntese de algumas contas no sentido de "enxugar" as demonstrações e facilitar o papel do analista, principalmente as contas que apresentam valores pouco expressivos. Para Borinelli e Pereira (2010), as contas "impostos diferidos", "impostos a compensar" e "despesas pagas antecipadamente" poderiam ser agrupadas em uma conta denominada "outros ativos circulantes", por exemplo.

Também é importante que os valores constantes nas peças contábeis sejam convertidos em uma moeda de poder aquisitivo constante, para que os efeitos inflacionários sejam expurgados e mantido o poder aquisitivo da moeda, notadamente quando se trabalha com períodos mais longos. Do contrário, as variações identificadas estarão demasiadamente influenciadas pela inflação existente nos períodos analisados e os índices apurados não refletirão a realidade econômica. Mas esse é um assunto avançado que não será discutido neste livro.

Segundo Gopal (2009), dentro desse processo destacam-se dois tipos de análise, sendo que tudo depende do local de análise e do método de análise, conforme se verifica na Figura 3.2.

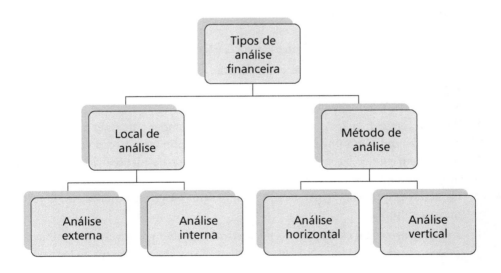

Fonte: Gopal (2009).

Figura 3.2 Tipos de análise financeira.

Quanto ao local de realização da análise, Gopal (2009) apresenta duas alternativas:

1. **Análise externa**: este tipo de análise é feito por pessoas de fora da empresa. Elas não têm acesso aos registros internos da empresa para fazer a análise. Os usuários dessa informação são os investidores, credores, agências de crédito e agências governamentais. Como eles não têm acesso aos livros contábeis, a análise fica restrita às informações divulgadas ou publicadas. Em comparação com a análise interna, a análise externa não é feita nos pormenores, portanto, apresenta algumas limitações.

2. **Análise interna**: é feita por essas pessoas que têm acesso às informações internas. Basicamente, é realizada por funcionários e executivos da empresa que têm acesso aos registros contábeis detalhados. As agências do governo também podem fazer esse tipo de análise, quando investidas de poderes para acessar os registros. Essa análise é significativamente mais precisa, posto que ela é feita com base no registro completo e com um objetivo específico. A gestão da empresa geralmente adota essa análise interna para fins gerenciais.

Quanto ao método de realização da análise, Gopal (2009) apresenta possibilidades:

1. **Análise horizontal**: quando a análise financeira é feita levando em consideração um determinado número de anos, é conhecido como análise horizontal. Tal análise define uma tendência e ajuda a observar as mudanças nas variáveis financeiras, ao longo dos anos. Para essa análise, o ano-base ou ano-padrão é escolhido como um ponto de partida. Qualquer ano pode ser tomado como o ano-base, mas, em geral, o ano de partida ou inicial é tomado como o ano-base. Com fundamento na tendência, a gestão é capaz de obter uma visão mais aquilatada das forças ou fraquezas, e como isso é capaz de adotar ações necessárias para a correção ou fazer uma previsão sobre o desempenho futuro da empresa. Uma vez que essa análise se baseia nos dados de ano para ano, em vez de um ano específico, é também denominada análise dinâmica.

   Demonstrações financeiras comparativas usam a técnica da Análise Horizontal. Com base na tendência predominante, é possível para a empresa fazer uma previsão sobre o progresso racional futuro.

2. **Análise vertical**: quando a análise é feita para entender a posição de uma conta ou grupo de contas em um determinado ano, ela é conhecida como análise vertical, ou também conhecida como análise estática. Esse tipo de análise mede certas posições de elementos patrimoniais da empresa em determinada data, sendo útil para comparar várias empresas pertencentes ao mesmo setor ou várias unidades pertencentes à mesma empresa.

3. **Análise horizontal conjugada com a vertical**: é também possível se fazer uma análise evidenciando a representatividade de uma conta ou grupo de conta ao logo dos anos, ou seja, a horizontal e vertical podem ser usadas simultaneamente. A análise vertical pode ser usada juntamente com a análise horizontal para tornar a análise mais eficaz e significativa.

Outros instrumentos importantes na etapa "Exame" são os índices. Aliás, ao longo dos anos se desenvolveu um paradigma de que a análise das demonstrações financeiras era restrita à análise de índices. De fato, ela é muito importante, mas a análise não se restringe aos índices. Bem! Nosso objetivo neste livro é lhe ajudar a fazer uma boa análise das demonstrações contábeis, e sem sombra de dúvidas, o bom uso dos índices pode tornar mais efetiva a análise. Neste tópico, abordaremos alguns aspectos teóricos dos índices. Nos próximos capítulos entraremos nos detalhes que envolvem as características do desempenho financeiro de uma empresa: liquidez, rentabilidade e solvência.

Os índices são importantes, pois ajudam a entender a saúde financeira e a tendência de um negócio. O desempenho passado da empresa fornece pistas relevantes acerca do desempenho financeiro futuro. Eles revelam sintomas de possíveis "doenças" na empresa. Análise de índices é o processo que determina a relação numérica entre contas ou grupos de contas dos dados das demonstrações financeiras, ou seja, um índice é simplesmente uma relação entre dois números. Os índices ajudam a compreender de forma mais simples certas relações nas demonstrações contábeis. Por exemplo, comparar o lucro líquido com as receitas líquidas, para ver quanto está ficando de cada real obtido dessas receitas; ou então comparar os estoques com a conta de fornecedores para ver se estes estão financiando, em princípio, todos esses estoques ou não etc.

Para se fazer uma boa análise, não é necessária grande quantidade de índices. A quantidade não é o que vai definir a qualidade da análise. Se alguém precisar de mais de meia dúzia de indicadores para fazer uma boa análise, segundo Martins, Diniz e Miranda (2020), é porque alguma coisa está errada. Quanto mais indicadores você utilizar, maior poderá ser o risco de perder o conjunto de vista e de se fixar em detalhes sem tanta importância. Embora seja comum vermos alguns textos que se preocupam muito mais com uma quantidade infindável de "índices" do que com a análise crítica da capacidade de cada um deles.

Os índices contábeis podem ser expressos de várias maneiras, tais como:

a) Razão pura, ou seja, uma proporção de Ativo Circulante para o Passivo Circulante é de 2:1.

b) Multiplicador, como quando se diz que os Ativos Circulantes são duas vezes os Passivos Circulantes.

c) Percentagem, quando dizemos que os Ativos Circulantes são 200% do valor do Passivo Circulante.

Cada método de expressão tem uma vantagem distinta sobre o outro. O analista irá selecionar o método que melhor se ajusta à conveniência e ao propósito da investigação. Há certos índices contábeis que podem ser mais bem expressos como uma razão pura, por exemplo, índice de endividamento, índice de liquidez corrente etc. Alguns outros índices podem ser mais bem expressos como um multiplicador único, por exemplo, giro dos estoques, taxa de rotatividade de clientes e fornecedores, enquanto outros podem ser mais vantajosos se expressos em percentagem, por exemplo, retorno sobre as vendas, representatividade do custo da mercadoria vendida no volume de vendas. Esses índices são expressos de modo que o primeiro aparece como o numerador e o segundo como o denominador.

3.4 INTERPRETAÇÃO

Se você cumpriu as fases anteriores, observou e examinou as demonstrações contábeis na sua inteireza, você está apto a responder à pergunta: "o que isso significa?" ou "o que isso quer dizer?". Por exemplo, um questionamento muito comum nos analistas iniciantes: por que o lucro caiu, uma vez que ocorreu um aumento significativo no valor das vendas? Veja que poderiam existir várias respostas para essa pergunta. Apenas para ilustrar hipoteticamente... Se você fez uma boa leitura das demonstrações, é possível afirmar que o principal problema foi o aumento acentuado no CMV, por quê? A empresa poderia ter comprado a prazo e mais caro, poderia ter baixado a margem bruta das vendas (vendido mais barato), daí o aumento das vendas; o observador atento terá essas respostas e outras na ponta da língua. Essas respostas, você pode encontrar na própria DRE e no Balanço Patrimonial. Não precisa fazer contas com uma calculadora para chegar a elas. Fique tranquilo, vamos lhe orientar mais à frente como colocar as "demonstrações para conversarem" e chegar a conclusões racionais.

O que quer dizer interpretação? Nada mais é do que buscar significado para os "Exames". Parece uma resposta tautológica? O ponto aqui é o que quer dizer significado? Tentaremos dar essa resposta sob a ótica de um professor daltônico, ou seja, ele não consegue distinguir a cor verde da cor vermelha. Suponha que você tenha mostrado ao professor uma Ferrari e dito: "gosto muito dessa Ferrari verde". Estão os dois olhando para o mesmo carro, mas a cor que você vê é diferente da que o professor observa. Isso corriqueiramente ocorre com a interpretação das informações contábeis. Duas pessoas leem as mesmas demonstrações e chegam a duas interpretações inteiramente diferentes, ou seja, os significados não se coadunam. Nada contra elas serem opostas. Mas, poderiam as duas estar corretas? Não. Se a lógica e os procedimentos aqui destacados forem seguidos, não há como serem tão diferentes. São aceitáveis apenas pequenas nuanças, mas não a ponto de caminharem em sentidos opostos.

Como a interpretação se relaciona com a "Observação" e "Exame"? Nessas duas fases você estabeleceu a fundação (observação) e montou a estrutura (exame) do edifício do entendimento das demonstrações financeiras. É claro que quanto mais substancial for a edificação, ou seja, a fundação e a estrutura, mais estável e fortalecido será o edifício (interpretação).

Alguma unidade de medida é necessária para avaliar a condição financeira ou o desempenho de uma empresa. O processo de compreensão das informações contábeis utiliza com frequência uma razão, ou índice, que liga duas partes de informação financeira ou operacional. Interpretar corretamente um índice dá ao analista uma compreensão da situação financeira e desempenho da empresa, que pode não ser facilmente perceptível a partir das formas tradicionais de comunicação (demonstrações financeiras).

A interpretação mediante análise de índice, sem sombra de dúvidas, é uma das técnicas mais proeminentes na compreensão das informações contábeis. Isso se deve ao poder de síntese que tem um índice financeiro. Nesse ínterim, a importância da análise de índice reside na interpretação correta dos componentes que fazem parte do cálculo dos índices. A etapa de cálculo, após realizados os devidos ajustes, é uma tarefa relativamente simples e é um trabalho "braçal". Porém, a interpretação do índice é o passo final e o processo requer habilidade, pois exige inteligência, conhecimento e perícia. A seguir estão as várias maneiras de interpretar índices contábeis.

1. **Um único índice:** um índice tomado isoladamente pode não transmitir um significado muito acurado. Se este é expresso com relação ao outro aspecto, pode ser mais útil. Por exemplo, o índice de liquidez corrente menor que um pode revelar, isoladamente, a posição de falta de liquidez da empresa, ou seja, os Ativos Circulantes não são suficientes para pagar os Passivos Circulantes; mas, sem investigar outros aspectos, tais como rentabilidade e solvência, prazos médios de pagamento e de recebimento e outros, torna-se difícil inferir sobre a exata situação financeira do negócio ou sua continuidade.

2. **Grupos de índice:** quando a interpretação é feita tomando com base em um grupo de índices, verifica-se que há uma melhor compreensão acerca do negócio e sua eficiência. A título de exemplo, além do cálculo do índice de liquidez corrente, ou seja, Ativo Circulante sobre o Passivo Circulante, se for analisado o índice de liquidez seca e imediata, então é possível perceber que eles lançam luz sobre uma melhor compreensão do negócio, no que diz respeito à eficácia da política de liquidez.

3. **Comparação histórica e sazonalidade:** qualquer cálculo de índice é baseado em informações históricas, que pode ter qualquer influência nos resultados futuros. Por exemplo, o índice de rentabilidade de uma empresa de enfeites de Natal pode parecer horrível durante os primeiros dois terços de um ano, levando-o a assumir um padrão contínuo de perdas. A situação se inverte apenas no último quadrimestre, momento em que o volume de vendas tem seu nível mais alto, melhorando substancialmente os índices de rentabilidade. Assim, a análise de um índice sem um referencial de tendência não é muito útil para interpretar a situação financeira da empresa.

Mesmo sem sazonalidade, as informações obtidas na fase de "observação" ajudarão a interpretar os índices. Por exemplo, se o índice de liquidez corrente (AC/PC) cai 2 (2:1) para 1 (1:1) de um balanço para o outro, isso pode significar que a empresa está rapidamente usando seus Ativos Circulantes para pagar seus passivos, o que é um sinal preliminar de iliquidez. No entanto, a relação pode também ser completamente enganosa, porque a empresa simplesmente pode ter escolhido usar grande parte de seus Ativos Circulantes para pagar uma dívida de longo prazo (muito onerosa) antes de sua data de pagamento, ou pode ser mesmo uma situação crítica, pois uma parte significativa das dívidas de longo prazo pode ter passado para o Passivo Circulante. Então, para a interpretação correta é necessário um conhecimento completo das operações financeiras da empresa (o que nem sempre é fácil de encontrar), ou uma visão mais abrangente de outros índices, tais como o de endividamento e rentabilidade.

Segundo o método de interpretação, a relação do período atual é comparada com outros anos ou outros períodos. A comparação de índices de mais de um período de tempo dá uma melhor indicação e define uma tendência que reflete melhor o desempenho e a posição do negócio. No entanto, deve ser tomado cuidado para assegurar que não há alteração na política econômica e normas contábeis durante o período de comparação.

4. **Comparação de índices entre e dentro da empresa**: é de fundamental importância fazer uma interpretação tendo algum parâmetro de comparação. Por exemplo, o índice de liquidez de uma empresa é 2. Isso é bom ou ruim? A rentabilidade do Patrimônio Líquido igual a 5%. O que dizer? Se for de um supermercado está dentro da média do setor, mas se for de um banco, paciência, a média histórica no Brasil gira em torno de 15%. Por outro lado, se a meta da empresa era obter uma rentabilidade de 10%, ela foi frustrada. Então, se faz necessário comparar com outras empresas, com a própria empresa em outros anos e/ou com as metas fixadas pela empresa.

5. **Comparação com outras empresas**: por este método, os índices de uma empresa são comparados com índices de outras empresas pertencentes ao mesmo setor. É comum usar as médias do setor publicadas por organizações especializadas. São avaliações como a Maiores & Melhores da Revista *Exame* elaborada pela Fipecafi, Moody, e Standard & Poor's, ou com base de dados como Economática ou Instituto Assaf. Mas esse método pode revelar-se ineficaz quando as empresas usam políticas contábeis e procedimentos diferentes, fique atento! Comparações entre empresas são úteis na determinação da posição competitiva de uma empresa, desde que feitas cuidadosamente. Quando se trabalha com conjunto de empresas de mesmo segmento, pode-se conseguir estabelecer os índices denominados padrões para esses segmentos.

6. **Comparação com a própria empresa**: esta base compara um item ou índice financeiro dentro de uma empresa no ano em curso com o mesmo item ou índice em um ou mais anos anteriores. Esse tipo de comparação é útil na detecção de mudanças nas relações financeiras e tendências significativas.

Às vezes os índices podem ser calculados com base em estimativas de demonstrações financeiras. Os índices reais são comparados com esses índices. A variação nos índices pode indicar o sucesso ou o fracasso do negócio.

Em suma, é importante lembrar que um índice simples em si mesmo não pode ser uma parte particularmente significativa de informação. Muitas vezes, mostrar uma tendência de índices históricos vai indicar mais do que um índice isoladamente. Os índices financeiros comparados com os de outros períodos instrumentalizam o analista a indicar se houve uma melhoria ou deterioração da condição financeira ao longo do tempo, por exemplo. Além disso, a liquidez, a rentabilidade, ou o desempenho da empresa em relação ao desempenho passado é compreendido facilmente. Por exemplo, calculando o índice de liquidez dos últimos cinco anos, isto é, a relação entre Ativo Circulante para o Passivo Circulante, você pode comparar a capacidade da empresa para pagar suas contas e determinar se a situação está melhorando ou piorando. Mas é importante lembrar que a crítica é sempre importante. Por exemplo, um índice de liquidez que cai pode simplesmente mostrar que a empresa está trabalhando com prazos de recebimento menores porque as vendas vão muitíssimo bem, e esse excedente de caixa está sendo imobilizado para crescimento futuro; logo, é um bom sinal.

Por fim, você deve ter notado que o processo de compreensão das demonstrações financeiras não se restringe apenas a uma técnica, por exemplo, análise de índices. Nós demonstramos que esse processo começa com uma boa leitura dos relatórios, compreensão das atividades da empresa, apreensão da política econômica, entendimento das políticas operacionais da empresa, do modelo contábil utilizado, da compreensão dos itens que compõem os índices financeiros e de sua interpretação, que pode ser feita a partir de várias formas e fontes de comparação. Se você foi capaz de entender a nossa preocupação com esse processo, naturalmente não terá dificuldades de acompanhar o restante deste livro, bem como tem uma boa noção de como se faz uma análise das demonstrações contábeis.

Exercitando a observação

Com a finalidade de praticar os conceitos estudados foi criada a Cia. Grega.[1] Inicialmente, será dado o primeiro passo, isto é, a observação. Os outros passos, ou seja, o exame e interpretação das demonstrações contábeis da empresa serão realizados nos capítulos que se seguem. Nos Quadros 3.1 e 3.2 apresentamos as demonstrações financeiras da nossa companhia.

Quadro 3.1 Balanço Patrimonial da Cia. Grega

BALANÇO PATRIMONIAL			
ITEM/PERÍODO	**1**	**2**	**3**
ATIVO			
Ativo Circulante	**3.396,00**	**3.615,00**	**4.341,00**
Caixa e equivalentes de caixa	303,00	436,00	588,00
Aplicações Financeiras	763,00	765,00	1.157,00
Contas a Receber	1.445,00	1.603,00	1.624,00
Estoque Matéria-prima	200,00	180,00	210,00
Estoque Produtos em Elaboração	12,00	14,00	13,00
Estoque Produtos Acabados	480,00	350,00	490,00
Impostos a Recuperar	190,00	260,00	253,00
Despesas Antecipadas	3,00	7,00	6,00
Ativo Não Circulante	**1.778,00**	**1.711,00**	**1.716,00**
Ativo Realizável a Longo Prazo	187,00	210,00	226,00
Investimentos	156,00	118,00	106,00
Imobilizado	918,00	831,00	860,00
Intangível	517,00	552,00	524,00
TOTAIS	**5.174,00**	**5.326,00**	**6.057,00**

(continua)

---

[1] A Cia. Grega é uma empresa hipotética criada para aplicação dos conceitos aqui discutidos. Esses dados serão utilizados ao longo de todo o texto. Ao final de cada capítulo colocaremos as conclusões apuradas após a análise das demonstrações contábeis, de modo que ao final do livro teremos subsídios suficientes para traçarmos algumas conclusões sobre a realidade econômico-financeira da Cia. Grega. Neste capítulo, incluiremos algumas informações sobre o primeiro passo "Observação". Nos capítulos posteriores apresentaremos os conceitos relacionados com a análise das demonstrações contábeis e sua aplicação na Cia. Grega.

(continuação)

PASSIVO			
Passivo Circulante	**1.026,00**	**1.260,00**	**1.522,00**
Obrigações Sociais e Trabalhistas	178,00	195,00	217,00
Fornecedores	269,00	320,00	372,00
Contas a Pagar	128,00	227,00	157,00
Empréstimos	451,00	518,00	776,00
Passivo Não Circulante	**1.349,00**	**945,00**	**853,00**
Financiamentos	1.349,00	945,00	853,00
PATRIMÔNIO LÍQUIDO	**2.799,00**	**3.121,00**	**3.682,00**
Capital	1.740,00	1.884,00	1.943,00
Reservas de Capital	271,00	250,00	251,00
Reservas de Lucros	788,00	987,00	1.488,00
TOTAIS	**5.174,00**	**5.326,00**	**6.057,00**

Quadro 3.2 Demonstração de resultados da Cia. Grega

DEMONSTRAÇÃO DOS RESULTADOS			
ITEM/PERÍODO	**1**	**2**	**3**
Receita Líquida	3.092,00	5.202,00	6.044,00
Custo dos Produtos Vendidos	(1.846,00)	(3.214,00)	(3.664,00)
Resultado Bruto	**1.246,00**	**1.988,00**	**2.380,00**
Despesas Operacionais			
Despesas com Vendas	(651,00)	(1.172,00)	(1.306,00)
Despesas Administrativas	(198,00)	(319,00)	(336,00)
Outras Receitas Operacionais	15,00	209,00	73,00
Outras Despesas Operacionais	(24,00)	(60,00)	(59,00)
Resultado da Equivalência Patrimonial	4,00	(16,00)	(5,00)
Subtotal	**(854,00)**	**(1.358,00)**	**(1.633,00)**

(continua)

(continuação)

Resultado Operacional	392,00	630,00	747,00

Resultado Financeiro			
Receitas Financeiras	357,00	317,00	262,00
Despesas Financeiras	(325,00)	(330,00)	(220,00)
Subtotal	32,00	(13,00)	42,00

Resultado antes dos Tributos	424,00	617,00	789,00

Provisão para IR e CS (35%)	(17,00)	(16,00)	(36,00)

Resultado Líquido	407,00	601,00	753,00

Informações extraídas das notas explicativas da Cia. Grega

A Cia. Grega é uma indústria que atua no ramo de calçados sintéticos, tem 1.100 funcionários e está situada no estado de São Paulo. A seguir estão descritos trechos das Notas Explicativas às demonstrações contábeis:

1) As vendas a prazo totalizam:

Período 1:	3.092,00
Período 2:	5.202,00
Período 3:	6.044,00

2) As compras a prazo totalizam:

Período 1:	1.458,60
Período 2:	1.716,00
Período 3:	2.804,00

3) O consumo de matéria-prima da empresa foi de:

Período 1:	1.475,60
Período 2:	1.736,00
Período 3:	2.774,00

4) Os custos de produção da empresa totalizaram:

Período 1:	1.624,48
Período 2:	2.828,32
Período 3:	3.224,32

5) A alíquota de IR e CS da entidade é de: 35%

6) As despesas de depreciação da entidade totalizaram:

Período 1:	91,80
Período 2:	83,10
Período 3:	86,00

7) O custo de oportunidade dos sócios é de: 10%

Caracterizando a Cia. Grega

A Cia. Grega é uma indústria que atua no ramo de calçados sintéticos desde 1980, tem 1.100 funcionários e está situada no estado de São Paulo, na cidade de Birigui. Em anos anteriores os índices de liquidez, rentabilidade e solvência da empresa vêm acompanhando a média do setor no qual está inserida.

A indústria de calçados se constitui em importante setor nacional, ocupando uma posição relevante na balança comercial. O Brasil é o terceiro produtor mundial, com resultados de exportação acima de um bilhão de dólares por ano. Nos últimos anos, a valorização da moeda brasileira e a concorrência de países asiáticos, somados à crise internacional, vêm prejudicando os resultados brasileiros no mercado internacional, embora a indústria continue crescendo.

No estado de São Paulo, onde se localiza a Cia. Grega, existem três regiões que se destacam na produção de calçados: i) o polo coureiro-calçadista de Franca – que é o maior produtor de calçados do Estado, especialmente calçados de couro masculino; ii) a cidade de Birigui, especializada na produção de calçados infantis, notadamente calçados sintéticos, como é o caso da Cia. Grega; iii) a cidade de Jaú, especializada na produção de calçados femininos de couro.

No entanto, a indústria de calçados brasileira vem passando por transformações. A Região Nordeste também se destaca na produção e exportação de calçados sintéticos, principalmente o estado do Ceará. De modo que os calçados sintéticos, especialmente os de menor valor, têm sido os responsáveis pelo crescimento nas exportações brasileiras nos últimos anos.

Identificando o modelo contábil

A empresa não se diferencia contabilmente da maioria das empresas industriais. Nela, diferentemente das empresas comerciais, temos um desdobramento dos estoques (matéria-prima, produto em elaboração, produtos acabados). É natural nesse segmento que os imobilizados sejam parte significante dos Ativos Não Circulantes. A conta CPV agrega todos os custos envolvidos no processo produtivos, sejam eles fixos ou variáveis. Ademais, o modelo não se diferencia das empresas industriais.

A caracterização do setor, de acordo com abordagem PESTAL, traz informações relevantes para as seguintes dimensões:

- **Cenário político:** políticas governamentais em relação às exportações e importações podem impactar significativamente o setor calçadista, que muitas vezes depende do comércio internacional. Do mesmo modo, as regulações trabalhistas podem afetar os custos de produção e a gestão de recursos humanos nas empresas do setor.

- **Cenário econômico:** o desempenho econômico do país afeta diretamente o poder de compra dos consumidores, influenciando a demanda por calçados. Flutuações cambiais podem interferir nos custos de importação de matérias-primas e exportação de produtos acabados.

- **Cenário social:** mudanças nos padrões de consumo e preferências dos consumidores podem impactar o *design* e o estilo de calçados procurados. A estrutura demográfica, como idade e distribuição geográfica da população, também pode influenciar a demanda por diferentes tipos de calçados.

- **Cenário tecnologia:** a adoção de novas tecnologias na fabricação de calçados pode melhorar a eficiência e reduzir os custos de produção. Já o crescimento do comércio eletrônico pode afetar os canais de distribuição e exigir adaptações nas estratégias de marketing e vendas.

- **Cenário ambiental:** a conscientização ambiental pode influenciar as decisões dos consumidores, levando as empresas a adotarem práticas mais sustentáveis na produção de calçados. Do mesmo modo, mudanças nas leis relacionadas ao meio ambiente podem afetar as práticas de fabricação e gestão de resíduos.

- **Cenário legal:** normas legais que regem a segurança e qualidade dos produtos são críticas para o setor calçadista. Mudanças nos acordos comerciais podem impactar as condições de exportação e importação de calçados.

Após trazer essas informações do macroambiente, devo me questionar sobre o que vejo olhando para as demonstrações contábeis.

Essa fase consiste em olhar as demonstrações e identificar os aspectos que mais chamam a atenção. Muitos questionamentos surgirão, porém, as respostas para grande parte deles poderão ser obtidas observando as demonstrações em conjunto. Já quando não for possível, anote esses questionamentos para tentar responder com ajuda dos responsáveis pelas informações dentro da empresa.

Atendo-se agora à Cia. Grega, é possível identificar que a conta mais expressiva do Balanço Patrimonial é "contas a receber", há um aumento nas aplicações financeiras, a política de estoques é estável e a empresa não tem investido em imobilizado nos últimos três anos. Isso é bom ou ruim? É possível que ela esteja fazendo *leasing*, mas as pouquíssimas notas explicativas nada dizem. Já nos passivos, os empréstimos e financiamentos se destacam mais. Os financiamentos de longo prazo vêm diminuindo. Será por amortização ou transferência do longo para curto prazo? Analisando os empréstimos de curto prazo, admitindo-se que os de longo prazo estejam sendo transferidos para curto à medida que o prazo de vencimento se aproxima, quanto de caixa está sendo consumido no pagamento de empréstimos afinal de contas? Os Ativos Circulantes aumentaram mais do que os Passivos Circulantes, melhorando a folga financeira de curto prazo. Juntando essa informação com o decréscimo das dívidas de longo prazo, se vê a melhoria na posição de liquidez geral da empresa. As reservas de lucro aumentaram, então é visível que o lucro da empresa esteja aumentando!

Observando a DRE, vemos que de fato o lucro líquido vem aumentando; as vendas quase duplicaram no período, já o CPV aumentou um pouco mais. Por quê? A empresa está produzindo a um custo maior? A margem bruta não cresceu na mesma proporção. Isso se deve a uma redução no preço de venda ou foi o aumento no CPV?

Estas constatações e dúvidas ou questionamentos lhe deram uma boa visão geral da empresa. Assim, sem fazer contas com uma calculadora ou uma planilha eletrônica podemos constatar que a empresa aumentou os lucros, a capacidade de pagamento tem aumentado e as perspectivas de crescimento são boas.

Agora nas fases seguintes você vai validar as constatações iniciais e investigar mais a fundo os aspectos não esclarecidos nessa primeira análise.

3.5 TECNOLOGIAS QUE SUPORTAM O PROCESSO DE ANÁLISE

A tecnologia desempenha papel fundamental no processo de análise das demonstrações contábeis, proporcionando eficiência, precisão e acesso a informações detalhadas. A seguir, são listados alguns aspectos específicos nos quais a tecnologia pode ser utilizada:

- *Softwares* **de análise financeira**: ferramentas especializadas, como *softwares* de análise financeira, podem automatizar cálculos e comparar dados financeiros ao longo do tempo. Esses *softwares* podem gerar índices e indicadores financeiros automaticamente, proporcionando uma visão rápida da saúde financeira de uma empresa. Instituto Assaf, Fundamentus, Ocean 14 são alguns exemplos mais comuns. Salientamos a necessidade de que o analista (ou estudante) entenda os conceitos que estão sendo utilizados de forma automatizada.

- **Sistemas de contabilidade eletrônica**: sistemas de contabilidade eletrônica permitem a entrada de dados contábeis de forma automatizada, reduzindo erros humanos e melhorando a precisão das informações. A automação também agiliza o processo de fechamento contábil, proporcionando acesso mais rápido aos dados financeiros atualizados. Alguns dos principais sistemas são SAP Business One, Sage Intacct, SAS Financial Management.

- **Sistemas de *Business Intelligence* (BI)**: ferramentas de BI podem integrar dados financeiros com outras fontes de dados, permitindo uma análise mais abrangente e contextualizada. Gráficos e *dashboards* interativos facilitam a visualização e interpretação dos dados contábeis. Tableau, Microsoft Power BI, Google Data Studio são algumas das ferramentas mais conhecidas.

- *Softwares* **de análise de risco**: algoritmos e *softwares* especializados podem ser empregados para avaliar o risco financeiro com base nas demonstrações contábeis. Modelos preditivos podem ajudar a identificar tendências e prever possíveis desafios financeiros.

- **Sítios eletrônicos de órgãos reguladores:** o acesso a sítios eletrônicos de órgãos reguladores permite a obtenção rápida de informações sobre regulamentações contábeis e mudanças nas normas: Comissão de Valores Mobiliários (CVM); Banco Central do Brasil (BCB); Superintendência de Seguros Privados (Susep), entre outros. As empresas podem se manter atualizadas sobre as obrigações legais e garantir a conformidade nas demonstrações contábeis.

- **Bases de dados e *big data*:** utilização de bases de dados e técnicas de *big data* para analisar grandes conjuntos de dados financeiros, identificar padrões e obter *insights* mais profundos. Isso é especialmente útil para empresas com grandes volumes de transações e dados complexos. Alguns exemplos: Economática, Thomson Reuters, Compusat, entre outros. Uma base gratuita, inclusive para obtenção de informações setoriais, é o Instituto Assaf.

- **Ferramentas de colaboração *on-line*:** plataformas de colaboração *on-line* facilitam a análise colaborativa das demonstrações contábeis, permitindo que equipes distribuídas trabalhem juntas em tempo real. Durante a pandemia de Covid-19, houve expansão considerável dessas ferramentas. Alguns exemplos podem ser citados: Microsoft Teams, Zoom, Google Workspace (anteriormente, G Suite), entre outros.

A incorporação dessas tecnologias no processo de análise das demonstrações contábeis não apenas aumenta a eficiência, mas também melhora a qualidade das análises, proporcionando uma compreensão mais completa e detalhada da situação financeira de uma empresa.

Exercícios

1. A matéria-prima para se fazer análise são os demonstrativos financeiros e eles devem ser confiáveis. O relatório dos auditores independentes é um bom indicador da qualidade dessas informações. Caso as demonstrações não estejam auditadas, o que deve fazer o analista? Justifique sua resposta.

2. É possível que dois analistas apresentem duas interpretações totalmente distintas dos mesmos demonstrativos financeiros de uma empresa? Justifique sua resposta.

3. Quais são as precauções que o analista contábil deve adotar quando estiver fazendo uma análise das demonstrações contábeis?

4. Um restaurante de *fast food* tem uma proporção de Ativos Circulantes para Passivos Circulantes de 1:3 (Liquidez Corrente (LC) = 0,33). A maioria dos livros utiliza uma regra de bolso afirmando que se a empresa estiver acima de 1:1 (LC>1), ela está bem. Então, precipitadamente, você pode concluir que a empresa tem um problema de liquidez, já que não pode ter ativos líquidos suficientes disponíveis para atender a todas as dívidas vincendas. No entanto, isto não é provavelmente o caso. Aponte possíveis motivos para provar o contrário.

4
ANÁLISE HORIZONTAL E ANÁLISE VERTICAL

As análises horizontal e vertical são ferramentas valiosas para entender o desempenho financeiro e a saúde de uma empresa ao longo do tempo, bem como sua estrutura de custos e receitas. Por meio delas, é possível avaliar cada uma das contas ou grupo de contas das demonstrações contábeis de maneira rápida e simples, comparando as contas entre si e entre diferentes períodos. Isso é feito utilizando simplesmente o conceito matemático da regra de três simples. Essa técnica permite que se possa chegar a um nível de detalhes que outros instrumentos não proporcionam, pois é possível avaliar cada conta isoladamente.

4.1 ANÁLISE HORIZONTAL

A análise horizontal destaca-se como uma ferramenta essencial na avaliação temporal das demonstrações contábeis, permitindo uma compreensão detalhada da evolução das contas individuais e de grupos por meio de números-índices e suas variações. A análise horizontal não apenas destaca as variações, mas também proporciona uma visão da evolução de cada conta ao longo do tempo. Essa perspectiva detalhada permite a identificação de tendências, padrões e flutuações ao longo do tempo, contribuindo para uma compreensão mais profunda do comportamento financeiro da empresa.

Cálculo da análise horizontal

O primeiro passo na análise horizontal é a escolha da data-base, geralmente representada pela demonstração mais antiga, à qual é atribuído o valor-índice 100. Esse ponto de referência permite a comparação consistente ao longo do tempo. Utilizando a regra de três, calculamos os valores dos anos subsequentes em relação a essa data-base, proporcionando uma comparação precisa. Esses cálculos podem ser feitos de duas formas:

a) **Utilizando números-índices:**

$$AH_{ndi} = \frac{V_{dc}}{V_{db}} \times 100$$

Em que:

AH = análise horizontal;

ndi = número-índice;

Vdc = valor da data de cálculo;

Vdb = valor da data-base.

b) **Utilizando variação com números-índices:**

$$AH_{vndi} = \left(\frac{V_{dc}}{V_{db}} - 1 \right) \times 100$$

Em que:

AH = análise horizontal;

$vndi$ = variação número-índice;

V_{dc} = valor da data de cálculo;

V_{db} = valor da data-base.

Para melhor compressão desses dois métodos de cálculo, vamos supor que a receita líquida da empresa em 20X2 foi de $ 100.000 e em 20X3 de $ 120.000. A análise a partir do valor-índice da receita bruta em 20X3 será de 120%, e o cálculo realizado pela variação de número-índice dará 20%. Observe que o primeiro revela que a receita em 20X3 representa 120% da receita em 20X2. Por sua vez, ao se adotar a análise por variação com números-índices, a leitura seria a seguinte: a receita líquida da empresa cresceu 20% em 20X3, quando comparada com 20X2. Qual a melhor maneira de expressar essa análise? Resgata-se aqui aquela velha máxima em análise: "depende". O analista decide qual a melhor forma de apresentar, dependendo do foco de sua análise.

A escolha da data-base

Como mencionado, a análise horizontal compara os valores de uma mesma conta em diferentes períodos. Para realizar essa comparação, é necessário estabelecer uma data-base, que é o ano ou período que será utilizado como ponto de partida para o cálculo das variações.

Existem duas opções para a escolha da data-base na análise horizontal:

1. Uma conta fixa, de preferência do primeiro ano da série: essa é a opção mais comum, pois permite comparar os valores das contas ao longo do tempo de modo mais consistente.

2. A variação com relação à demonstração anterior: essa opção permite identificar tendências de crescimento ou declínio nas contas.

A escolha da data-base na análise horizontal depende da perspectiva do analista. Se o analista estiver interessado em comparar os valores das contas ao longo do tempo de modo mais consistente, deve utilizar uma conta fixa de preferência do primeiro ano da série. Se o analista estiver interessado em identificar tendências de crescimento ou declínio nas contas, deve utilizar a variação em relação à demonstração anterior.

Para fixar o entendimento, suponha que uma empresa tenha o seguinte faturamento:

Receita	20X2	20X3	20X4
	$ 100.000	$ 110.000	$ 130.000

Fazendo-se a análise horizontal, verifica-se que a empresa apresenta crescimento de 18% nas suas receitas em 20X4, em relação a 20X3, ou seja, se a data-base for 20X3, o crescimento será de 18%. Se a data-base for 20X2, o crescimento será de 30%. Assim, se a ênfase recai sobre o curto prazo, a data-base de 20X3 pode ser mais apropriada; no entanto, para uma visão mais ampla, a escolha de 20X2 como referência pode fornecer uma avaliação mais abrangente do crescimento ao longo dos anos.

Para se ter uma visão mais ampla, tomemos como exemplo os dados financeiros da Cia. Grega apresentados no Quadro 4.1.

Quadro 4.1 Análise horizontal do Balanço Patrimonial da Cia. Grega

BALANÇO PATRIMONIAL						
ITEM/PERÍODO	1	AH	2	AH	3	AH
ATIVO						
Ativo Circulante	3.396,00	100,0	3.615,00	106,4	4.341,00	127,8
Caixa e equivalentes de caixa	303,00	100,0	436,00	143,9	588,00	194,1
Aplicações Financeiras	763,00	100,0	765,00	100,3	1.157,00	151,6
Contas a Receber	1.445,00	100,0	1.603,00	110,9	1.624,00	112,4
Estoque Matéria-prima	200,00	100,0	180,00	90,0	210,00	105,0
Estoque Produtos em Elaboração	12,00	100,0	14,00	116,7	13,00	108,3
Estoque Produtos Acabados	480,00	100,0	350,00	72,9	490,00	102,1
Impostos a Recuperar	190,00	100,0	260,00	136,8	253,00	133,2
Despesas Antecipadas	3,00	100,0	7,00	233,3	6,00	200,0
Ativo Não Circulante	1.778,00	100,0	1.711,00	96,2	1.716,00	96,5
Ativo Realizável a Longo Prazo	187,00	100,0	210,00	112,3	226,00	120,9
Investimentos	156,00	100,0	118,00	75,6	106,00	67,9
Imobilizado	918,00	100,0	831,00	90,5	860,00	93,7
Intangível	517,00	100,0	552,00	106,8	524,00	101,4
TOTAIS	5.174,00	100,0	5.326,00	102,9	6.057,00	117,1

(continua)

(continuação)

PASSIVO						
Passivo Circulante	**1.026,00**	**100,0**	**1.260,00**	**122,8**	**1.522,00**	**148,3**
Fornecedores	269,00	100,0	320,00	119,0	372,00	138,3
Obrigações Sociais e Trabalhistas	178,00	100,0	195,00	109,6	217,00	121,9
Contas a Pagar	128,00	100,0	227,00	177,3	157,00	122,7
Empréstimos	451,00	100,0	518,00	114,9	776,00	172,1
Passivo Não Circulante	**1.349,00**	**100,0**	**945,00**	**70,1**	**853,00**	**63,2**
Financiamentos	1.349,00	100,0	945,00	70,1	853,00	63,2
PATRIMÔNIO LÍQUIDO	**2.799,00**	**100,0**	**3.121,00**	**111,5**	**3.682,00**	**131,5**
Capital	1.740,00	100,0	1.884,00	108,3	1.943,00	111,7
Reservas de Capital	271,00	100,0	250,00	92,3	251,00	92,6
Reservas de Lucros	788,00	100,0	987,00	125,3	1.488,00	188,8
TOTAIS	**5.174,00**	**100,0**	**5.326,00**	**102,9**	**6.057,00**	**117,1**

Como pode ser percebido, no Balanço Patrimonial da Cia. Grega, todos os valores do período "1" são iguais a 100, pois esse é o período tomado como base. Já os percentuais dos anos seguintes são obtidos por meio da regra de três. Tomando-se Contas a Receber, por exemplo, divide-se o valor $ 1.603 por $ 1.445 e multiplica-se por 100, obtém o índice 110,9. Da mesma forma, no período "3"; divide-se o valor $ 1.624 por $ 1.445 e multiplica-se por 100, obtém-se o índice 112,4.

A variação se refere ao que exceder ou faltar para o índice do período-base, neste caso, 100. No exemplo de Contas a Receber pode-se notar que no período "2" houve um aumento de 10,9% em relação ao período "1", enquanto no período "3" houve um aumento de 12,4% em relação ao período "1".

Quais contas da Cia. Grega apresentaram as variações mais relevantes em termos percentuais nos períodos analisados? Quais variações lhe chamam a atenção?

O Quadro 4.2 apresenta a análise horizontal da demonstração dos resultados da Cia. Grega para três períodos. O cálculo dos índices é feito da mesma forma, ou seja, dividindo-se os valores de cada conta dos anos posteriores pelo valor da respectiva conta no período "1" e multiplicando-se por 100.

Quadro 4.2 Análise horizontal da demonstração do resultado do exercício da Cia. Grega

DEMONSTRAÇÃO DOS RESULTADOS						
ITEM/PERÍODO	1	AH	2	AH	3	AH
Receita Líquida	3.092,00	100	5.202,00	168,2	6.044,00	195,5
Custo dos Produtos Vendidos	1.846,00	100	3.214,00	174,1	3.664,00	198,5
Resultado Bruto	1.246,00	100	1.988,00	159,6	2.380,00	191,0
Despesas Operacionais						
Despesas com Vendas	651,00	100	1.172,00	180,0	1.306,00	200,6
Despesas Administrativas	198,00	100	319,00	161,1	336,00	169,7
Outras Receitas Operacionais	15,00	100	209,00	1.393,3	73,00	486,7
Outras Despesas Operacionais	24,00	100	60,00	250,0	59,00	245,8
Resultado da Equivalência Patrimonial	4,00	100	(16,00)	–400,0	(5,00)	–125,0
Subtotal	854,00	100	1.358,00	159,0	1.633,00	191,2
Resultado Operacional	392,00	100	630,00	160,7	747,00	190,6
Resultado Financeiro						
Receitas Financeiras	357,00	100	317,00	88,8	262,00	73,4
Despesas Financeiras	325,00	100	330,00	101,5	220,00	67,7
Subtotal	32,00	100	(13,00)	–40,6	42,00	131,3
Resultado antes dos Tributos	424,00	100	617,00	145,5	789,00	186,1
Provisão para IR e CS (35%)	17,00	100	16,00	94,1	36,00	211,8
Resultado Líquido	407,00	100	601,00	147,7	753,00	185,0

Como pode ser observado no Quadro 4.2, as receitas tiveram um crescimento de 68,2% entre os períodos "1" e "2", enquanto os custos dos produtos vendidos cresceram 74,1%. Com isso, o lucro bruto obteve um incremento percentual pouco menor que as vendas, ou seja, 59,6%. As despesas operacionais tiveram um aumento médio de 59% entre os períodos "1" e "2". Entre os períodos "1" e "3" o resultado financeiro teve um incremento de 31%. Assim, a empresa saiu de um resultado líquido de $ 407 para $ 601 no período "2", ou seja, um crescimento de 47,7%.

Assaf Neto (2023) destaca os cuidados necessários com a análise horizontal com base negativa. Nessas situações, segundo o autor, os números-índices ficam incorretos, tornando a análise horizontal ilusória. Para solucionar esse problema, o autor sugere alterar o sinal da conta do período-base que está com o sinal negativo. Veja o exemplo a seguir.

DEMONSTRAÇÃO DE RESULTADOS DO EXERCÍCIO						
ITEM/PERÍODO	1	AH	2	AH	4	AH
Receita Líquida	1.000,00	100,0	1.000,00	100,0	1.000,00	100,0
Custo dos Produtos Vendidos	610,00	100,0	600,00	98,4	620,00	101,6
Resultado Bruto	390,00	100,0	400,00	102,6	380,00	97,4
Despesas Operacionais	380,00	100,0	450,00	118,4	360,00	94,7
Resultado antes dos Tributos	10,00	100,0	(50,00)	–500,0	20,00	200,0
Provisão para IR e CS	60,00	100,0	20,00	33,3	5,00	8,3
Resultado Líquido	(50,00)	100,0	(70,00)	140,0	15,00	–30,0

Nesse exemplo, apresenta-se o resultado negativo na linha Resultado antes dos Tributos no período 2, mas a base (período 1) é positiva, portanto, o índice foi corretamente calculado, ou seja, –500, o que significa que houve uma variação negativa de 600% (–500 – 100).

Já o Resultado Líquido no período 2 apresenta um índice com variação positiva de 140, o que não é verdade, pois o período 1 estava com resultado líquido de –R$ 50,00 e no período 2 o prejuízo foi ainda maior: –R$ 70,00. O resultado piorou, e o índice aparece positivo, o que não faz sentido para a figura do resultado. Da mesma forma, no período 3, mesmo havendo resultado líquido positivo, o índice ficou negativo, pois a base (período 1) é negativa.

Para solucionar este problema, precisamos alterar o sinal da base (período 1), conforme demonstrado a seguir.

DEMONSTRAÇÃO DE RESULTADOS DO EXERCÍCIO						
ITEM/PERÍODO	1	AH	2	AH	4	AH
Receita Líquida	1.000,00	100,0	1.000,00	100,0	1.000,00	100,0
Custo dos Produtos Vendidos	610,00	100,0	600,00	98,4	620,00	101,6
Resultado Bruto	390,00	100,0	400,00	102,6	380,00	97,4
Despesas Operacionais	380,00	100,0	450,00	118,4	360,00	94,7

(continua)

(continuação)

Resultado antes dos Tributos	10,00	100,0	(50,00)	−500,0	20,00	200,0
Provisão para IR e CS	60,00	100,0	20,00	33,3	5,00	8,3
Resultado Líquido	(50,00)	−100,0	(70,00)	−140,0	15,00	30,0

Perceba que, alterando o sinal da base, os índices ficam calculados corretamente. O resultado líquido do período 2 passa a apresentar o índice –140, que significa um aumento de 40% no prejuízo: [–140 – (–100)] = –40%. Já no período 3, o resultado líquido apresenta o índice de 30,0, que significa que houve um aumento de 130% no resultado tendo por base o período 1, ou seja: [30 – (–100)] = 130%.

Assim, o correto é: para as contas cuja natureza é negativa, como as despesas, colocam-se seus valores em moeda como positivos, e os números 100 que servem como base, também como positivos. Já para as linhas de resultado (lucro bruto, lucro operacional, lucro antes dos impostos, lucro líquido etc.), colocam-se os valores em reais conforme seu sinal, positivos ou negativos, mas os números 100 que servem como base ficam positivos para o caso de valores em reais positivos ou ficam negativos para o caso de valores em reais negativos, conforme acima.

> Analise as variações ocorridas entre os períodos "1" e "3" na demonstração de resultados do exercício da Cia. Grega. Quais variações mais lhe chamam a atenção?

É óbvio que poderiam, no caso, ser adicionadas mais duas colunas, uma com base 100 para todos os valores do período 2, e outra para o período 3 com os valores calculados como acima. Assim, ter-se-iam nesta última coluna as variações apenas do período 2 para o período 3. Isso pode ajudar muitas vezes, mas também a poluição com tantas colunas e tantos números nem sempre produz boa visualização. Isso depende dos objetivos de cada análise.

Iudícibus (2014) chama a atenção para o fato de que a análise horizontal ganha mais sentido quando é aliada à análise vertical, pois a relevância das variações ocorridas ao longo do tempo depende da magnitude de cada conta na composição do resultado. Ou seja, as análises horizontal e vertical devem ser utilizadas conjuntamente.

4.2 ANÁLISE VERTICAL

Os índices da análise vertical são calculados de forma semelhante aos índices da análise horizontal. Ambos são calculados por meio da regra de três. A diferença é que na análise horizontal o foco é a variação temporal ocorrida em uma mesma conta. Já na análise vertical, analisa-se a variação de uma conta com relação à outra conta (base) do mesmo período.

A análise vertical é realizada mediante a extração de relacionamentos percentuais entre itens pertencentes à demonstração financeira de um mesmo período. Os percentuais obtidos podem ser comparados entre si ao longo do tempo e também podem ser comparados entre diferentes empresas. O objetivo é dar uma ideia da representatividade de cada item ou subgrupo de uma demonstração financeira relativamente a determinado total ou subtotal tomado como base.

Cálculo da análise vertical

Para calcular a análise vertical, é necessário dividir o valor de cada conta pelo total da demonstração financeira e multiplicar por 100, conforme a seguir:

$$AV = \frac{C_c}{C_{cr}} \times 100$$

Em que:

AV = análise vertical;

C_c = valor da conta contábil de cálculo;

C_{cr} = valor da conta contábil de referência ou base.

A conta contábil de referência pode variar dependendo da natureza da análise. No contexto do Balanço Patrimonial, isso envolve a relação com o total do Ativo ou do Passivo + PL. Já na Demonstração dos Resultados, o percentual é calculado com relação à Receita Líquida, proporcionando uma visão do impacto de cada conta nos resultados operacionais. Por exemplo, se o valor do ativo total de uma empresa é de $ 100.000, e o valor do caixa é de $ 20.000, a participação ou representatividade da conta de caixa no ativo total é de 20%.

O Quadro 4.3 apresenta a análise vertical do Balanço Patrimonial da Cia. Grega para três períodos.

Quadro 4.3 Análise vertical do Balanço Patrimonial da Cia. Grega

BALANÇO PATRIMONIAL						
ITEM/PERÍODO	**1**	**AV**	**2**	**AV**	**3**	**AV**
ATIVO						
Ativo Circulante	**3.396,00**	**65,6**	**3.615,00**	**67,9**	**4.341,00**	**71,7**
Caixa e equivalentes de caixa	303,00	5,9	436,00	8,2	588,00	9,7
Aplicações Financeiras	763,00	14,7	765,00	14,4	1.157,00	19,1
Contas a Receber	1.445,00	27,9	1.603,00	30,1	1.624,00	26,8
Estoque Matéria-prima	200,00	3,9	180,00	3,4	210,00	3,5
Estoque Produtos em Elaboração	12,00	0,2	14,00	0,3	13,00	0,2
Estoque Produtos Acabados	480,00	9,3	350,00	6,6	490,00	8,1

(continua)

(continuação)

Impostos a Recuperar	190,00	3,7	260,00	4,9	253,00	4,2
Despesas Antecipadas	3,00	0,1	7,00	0,1	6,00	0,1
Ativo Não Circulante	**1.778,00**	**34,4**	**1.711,00**	**32,1**	**1.716,00**	**28,3**
Ativo Realizável a Longo Prazo	187,00	3,6	210,00	3,9	226,00	3,7
Investimentos	156,00	3,0	118,00	2,2	106,00	1,8
Imobilizado	918,00	17,7	831,00	15,6	860,00	14,2
(–) Depreciação						
Intangível	517,00	10,0	552,00	10,4	524,00	8,7
TOTAIS	**5.174,00**	**100,0**	**5.326,00**	**100,0**	**6.057,00**	**100,0**

PASSIVO						
Passivo Circulante	**1.026,00**	**19,8**	**1.260,00**	**23,7**	**1.522,00**	**25,1**
Fornecedores	269,00	5,2	320,00	6,0	372,00	6,1
Obrigações Sociais e Trabalhistas	178,00	3,4	195,00	3,7	217,00	3,6
Contas a Pagar	128,00	2,5	227,00	4,3	157,00	2,6
Empréstimos	451,00	8,7	518,00	9,7	776,00	12,8
Passivo Não Circulante	**1.349,00**	**26,1**	**945,00**	**17,7**	**853,00**	**14,1**
Financiamentos	1.349,00	26,1	945,00	17,7	853,00	14,1
PATRIMÔNIO LÍQUIDO	**2.799,00**	**54,1**	**3.121.00**	**58,6**	**3.682,00**	**60,8**
Capital	1.740,00	33,6	1.884,00	35,4	1.943,00	32,1
Reservas de Capital	271,00	5,2	250,00	4,7	251,00	4,1
Reservas de Lucros	788,00	15,2	987,00	18,5	1.488,00	24,6
TOTAIS	**5.174,00**	**100,0**	**5.326,00**	**100,0**	**6.057,00**	**100,0**

Como pode ser observado no Quadro 4.3, Balanço Patrimonial da Cia. Grega, os totais do Ativo e Passivo + PL são tomados como base (100%), enquanto as demais contas e grupos de contas são comparados com esses valores. Os índices são obtidos por meio da regra de três simples. Tomando-se a conta Estoque de Matéria-prima, no período "1", por exemplo, divide-se o valor $ 200 por $ 5.174 e multiplica-se por 100, obtém-se o índice 3,9. Ou seja, esse estoque representa apenas 3,9% do ativo total.

A análise vertical pode ser utilizada para todas as Demonstrações Financeiras; no entanto, adquire, para certas análises, mais relevância na análise da Demonstração do Resultado (DRE), em que os vários itens são calculados comparativamente às vendas, brutas ou líquidas, inclusive as representações das despesas com relação às vendas. O Quadro 4.4 apresenta a análise vertical da demonstração do resultado do exercício da Cia. Grega para os três períodos.

ANÁLISE DIDÁTICA DAS DEMONSTRAÇÕES CONTÁBEIS ■ *Martins - Miranda - Diniz*

Quadro 4.4 Análise vertical da demonstração do resultado do exercício da Cia. Grega

DEMONSTRAÇÃO DOS RESULTADOS						
ITEM/PERÍODO	1	AV	2	AV	3	AV
Receita Líquida	3.092,00	100,0	5.202,00	100,0	6.044,00	100,0
Custo dos Produtos Vendidos	1.846,00	59,7	3.214,00	61,8	3.664,00	60,6
Resultado Bruto	1.246,00	40,3	1.988,00	38,2	2.380,00	39,4
Despesas Operacionais						
Despesas com Vendas	651,00	21,1	1.172,00	22,5	1.306,00	21,6
Despesas Administrativas	198,00	6,4	319,00	6,1	336,00	5,6
Outras Receitas Operacionais	15,00	0,5	209,00	4,0	73,00	1,2
Outras Despesas Operacionais	(24,00)	–0,8	(60,00)	–1,2	(59,00)	–1,0
Resultado da Equivalência Patrimonial	4,00	0,1	(16,00)	–0,3	(5,00)	–0,1
Subtotal	854,00	27,6	1.358,00	26,1	1.633,00	27,0
Resultado Operacional	392,00	12,7	630,00	12,1	747,00	12,4
Resultado Financeiro						
Receitas Financeiras	357,00	11,5	317,00	6,1	262,00	4,3
Despesas Financeiras	325,00	10,5	330,00	6,3	220,00	3,6
Subtotal	32,00	1,0	(13,00)	–0,2	42,00	0,7
Resultado antes dos Tributos	424,00	13,7	617,00	11,9	789,00	13,1
Provisão para IR e CS (35%)	17,00	0,5	16,00	0,3	36,00	0,6
Resultado Líquido	407,00	13,2	601,00	11,6	753,00	12,5

O cálculo dos índices é feito da mesma maneira, ou seja, dividindo-se os valores de cada conta pelo valor das Receitas Líquidas do mesmo período e multiplicando-se por 100. Tomando-se a conta CPV no período "1", por exemplo, divide-se o valor $ 1.846 por $ 3.092 e multiplica-se por 100. Obtém-se o índice 59,7.

A análise vertical dá ao analista uma ideia de proporcionalidade. A conta CPV, por exemplo, mostra que os custos representaram 59,7% das vendas no período "1", tendo alterado para 61,8% no período "2" e para 60,6% no período "3". Já as despesas com vendas representavam 21,1% das vendas no período "1", tendo subido para 22,5% e 21,6% nos períodos "2" e "3", respectivamente. Enquanto as despesas administrativas representavam 6,4% das vendas no período "1", tendo caído para 6,1% e 5,6% nos períodos "2" e "3", respectivamente. Isso permite uma visualização rápida da evolução dessas participações sobre a receita.

Análises vertical e horizontal feitas conjuntamente

A utilização conjunta da análise vertical e horizontal é fundamental para enriquecer a interpretação das demonstrações contábeis. Enquanto a análise vertical foca na representação percentual de cada item com relação ao total, a análise horizontal destaca as variações temporais, evidenciando mudanças ao longo do tempo. Juntas, essas abordagens oferecem uma visão completa do cenário financeiro.

Para exemplificar, tomemos uma conta de Investimentos que, inicialmente, representa 0,15% do Ativo de uma empresa. Em dois anos, essa conta cresce surpreendentemente 3.300%, alcançando 0,65% do Ativo. A análise horizontal destaca o crescimento exponencial, mas a análise vertical revela que, apesar do aumento significativo, essa conta ainda é relativamente irrelevante para o total da empresa. Esse exemplo destaca a importância de se utilizar ambas as análises para obter uma compreensão completa do impacto financeiro.

 Interpretando as análises horizontal e vertical da Cia. Grega

Ao analisar o Balanço Patrimonial da empresa, verifica-se que o Ativo Circulante apresentou um crescimento de 27,8% entre os períodos "1" e "3", sendo que duas contas apresentaram as maiores variações. A primeira foi Caixa e Equivalentes de Caixa com crescimento de 94,1%, representando 9,7% de todo o Ativo, e a segunda foi Aplicações Financeiras com crescimento de 51,6%, representando 19,1% do Ativo. Isso mostra como essas duas contas cresceram de valor e de importância relativa (percentual) no patrimônio da entidade. Cresceram bem mais do que a média das outras contas. Bem, essa é a constatação de algo que ocorreu, mas resta agora saber: por que ocorreu? Acréscimo de dinheiro pode ser por altos lucros, por venda de Ativos Imobilizados, por empréstimos novos, por aumento de capital por parte dos sócios etc. Verifique, dessas possíveis causas e outras, quais as que respondem à questão neste exemplo.

Outra coisa: aumentar o caixa e as aplicações financeiras de curto prazo proporciona uma segurança financeira enorme, mas não estará, com isso, perdendo-se oportunidades de aplicação em expansão da empresa que daria retorno muito maior?

O Passivo Circulante também apresentou uma variação de 48,3% entre os três períodos analisados, sendo que a conta Empréstimos cresceu 72,1%. Já o Passivo Não Circulante, composto apenas pela conta Financiamentos, apresentou queda de 36,8% entre os períodos "1" e "3", o que poderia sugerir a transferência de dívidas de longo para curto prazo, mas as contas são diferentes: uma é Empréstimos e outra é Financiamento. Você notou isso?

A conta de Fornecedores cresceu bem mais do que a conta de Clientes. O que poderia ter causado isso? Modificação nos prazos médios de pagamento a fornecedores e de recebimento dos clientes? Ou aumento das compras a prazo muito maior do que o das vendas a prazo? Procure as prováveis respostas a essa dúvida.

No Patrimônio Líquido, a variação mais expressiva ocorreu na conta Reservas de Lucros, que apresentou crescimento de 88,8% entre os períodos "1" e "3", representando praticamente ¼ de todo o Ativo; isso evidencia resultados positivos alcançados nos períodos analisados ou podem esses lucros se acumular por outros motivos? Nesse exemplo, não há a conta de Lucros a Distribuir no passivo, mas não poderia uma quantidade enorme deliberada a ser paga estar no passivo num ano e os sócios decidirem fazê-lo retornar para lucros acumulados? Já pensou nisso?

Olhando-se a análise vertical, nota-se que é enorme o Ativo Circulante da empresa, comparativamente ao Passivo Circulante, porém este último parece que cresceu mais, correto? Mas a folga financeira da empresa, ou seja, o seu Capital Circulante Líquido (Ativo Circulante, ou Ativo em giro, menos Passivo Circulante, ou seja, a parte do ativo circulante que não é financiada a longo prazo por terceiros nem pelo capital próprio) é enorme! Nada a preocupar quanto à liquidez financeira da empresa a curto prazo. Correto? Ou existe o risco de essa conclusão não estar correta?

E que beleza: é bastante capital próprio colocado na empresa, e sua proporção, inclusive, aumenta, solidificando a posição financeira dela. Ou será que a empresa está perdendo oportunidades no mercado de tomar dinheiro barato de terceiros, que poderia ser aplicado ganhando muito mais do que esse seu custo e, com isso, produzindo ainda mais retorno para os sócios?

Que outras coisas ou dúvidas interessantes você levantou? Lembre-se: é importante saber o que mudou, mas é fundamental saber o porquê da mudança. E nem sempre essa é tarefa fácil; muitas vezes, não se encontram as razões olhando-se as demonstrações contábeis. Nós conseguimos é levantar hipóteses, e depois testá-las. Muitas vezes, os testes resolvem as dúvidas, outras não. Daí a exigência, em muitos países, de a administração da entidade incluir, no relatório da administração ou num relatório à parte, a análise feita pela própria administração, porque só ela, somente ela, tem acesso a todas as informações. Do lado de fora é possível muita coisa por um bom analista, mas não tudo.

Quando se analisa a Demonstração do Resultado, contata-se que as receitas tiveram um extraordinário crescimento de 95,5% entre os períodos "1" e "3", entretanto os custos apresentaram crescimento superior, atingiram 98,5% no mesmo período. As despesas também mostraram crescimentos similares à receita, de modo que o resultado líquido apresentou variação positiva de 85% ao longo dos três períodos. O acréscimo do resultado bruto em porcentagem inferior ao da receita líquida apresentado nos períodos "2" e "3" se deve a quê? Ao aumento da quantidade de produtos vendidos ocorrido nesses períodos? Ou a um extraordinário aumento de preços? Ou a ambos? (Veja que, se você não conhece o segmento onde atua a empresa e não tem ideia do que aconteceu com ele, pode concluir erradamente...) Será que a empresa diminuiu a margem bruta e vendeu, por isso, muito mais, e seu lucro bruto aumentou em valor, mas diminuiu em margem? Ou terá sido que os preços aumentaram demais porque houve uma demanda absurda sobre esses produtos, mas o mercado optou por produtos que tinham menor margem? Você pensou que diferentes razões poderiam levar a essas mesmas demonstrações colocadas atrás? É interessante que as despesas de vendas aumentaram extraordinariamente, mais do que o próprio crescimento das receitas. Por quê? Ou não é relevante gastar tempo uma vez que, afinal, a margem, passando de 40,3% para 39,4%, não é uma mudança significativa? Ainda mais que se recuperou um pouco no período 3 com relação ao 2?

E que coisa chata: você viu um número gigante, crescimento de 486,7% na AH numa linha do resultado e ficou curiosíssimo. Mas que perda de tempo! Os valores envolvidos são imateriais e não vale a pena gastar tempo com isso. Os percentuais e os números-índices também aprontam...

Etc. etc. etc... Esperamos que você tenha, na verdade, ido além do que abordamos aqui em termos de análises e dúvidas quanto a esses exemplos dados!

Assista ao vídeo
Análise horizontal e vertical,
por Prof. Bruno Salotti.

 Exercícios

1. Observe as demonstrações de resultados da Cia. Pentágono, abaixo. Informe, com base na análise horizontal, quais foram as variações ocorridas entre os períodos 1 e 2; e entre os períodos 2 e 3.

Contas	Período 1	AH	Período 2	AH	Período 3	AH
Receita Líquida	9.000,00	100	10.000,00	111,1	11.000,00	122,2
(−) CMV	5.000,00	100	6.000,00	120,0	6.500,00	130,0
(=) Resultado Bruto	4.000,00	100	4.000,00	100,0	4.500,00	112,5
(−) Despesas com Vendas	2.000,00	100	2.100,00	105,0	2.150,00	107,5
(−) Despesas Administrativas	2.400,00	100	1.800,00	75,0	2.250,00	93,8
(+/−) Resultado Financeiro	−400,00	−100	200,00	50,0	−200,00	−50,0
(=) Resultado antes do IRCS	−800,00	−100	300,00	37,5	−100,00	−12,5
(−) IRCS	100,00	100	200,00	200,0	80,00	80,0
(=) Resultado Líquido	−900,00	−100	100,00	11,1	−180,00	−20,0

2. Faça a análise horizontal dos demonstrativos da Cia. Medusa[1] a seguir apresentados. Suponha que as referidas demonstrações já estejam padronizadas e em moeda constante.

---

[1] A Cia. Medusa é uma empresa hipotética criada para realização de exercícios sobre os conceitos aqui discutidos. Esses dados serão utilizados ao longo de todo o texto. Trata-se de indústria que atua no ramo de cosméticos, possui 180 funcionários e está situada no estado de São Paulo.

BALANÇO PATRIMONIAL

ITEM/PERÍODO	1	AH	2	AH	3	AH
ATIVO						
Ativo Circulante	1.373.475		1.716.360		1.869.895	
Caixa e equivalentes de caixa	54.123		61.242		38.314	
Aplicações Financeiras	296.374		439.052		521.915	
Contas a Receber	470.401		452.868		570.280	
Estoque Matéria-prima	166.816		254.775		285.762	
Estoque Produtos em Elaboração	133.452		203.820		228.610	
Estoque Produtos Acabados	33.363		50.955		57.152	
Impostos a Recuperar	207.999		240.966		159.469	
Despesas Antecipadas	10.947		12.682		8.393	
Ativo Não Circulante	868.675		1.023.396		1.343.693	
Ativo Realizável a Longo Prazo	315.986		449.860		671.434	
Investimentos	429.894		443.030		504.420	
Imobilizado	47.766		47.766		47.766	
Intangível	75.029		82.740		120.073	
TOTAIS	2.242.150		2.739.756		3.213.588	

ITEM/PERÍODO	1	AH	2	AH	3	AH
PASSIVO						
Passivo Circulante	828.206		1.215.166		1.164.981	
Fornecedores	211.922		255.456		366.494	
Obrigações Sociais e Trabalhistas	130.706		130.792		162.747	
Contas a Pagar	295.028		259.552		409.145	
Empréstimos	190.550		569.366		226.595	
Passivo Não Circulante	404.996		366.046		767.910	
Financiamentos	404.996		366.046		767.910	
PATRIMÔNIO LÍQUIDO	1.008.948		1.158.544		1.280.697	
Capital	391.423		404.261		418.061	
Reservas de Capital	138.285		142.979		149.613	
Reservas de Lucros	479.240		611.304		713.023	
TOTAIS	2.242.150		2.739.756		3.213.588	

Cap. 4 ■ ANÁLISE HORIZONTAL E ANÁLISE VERTICAL

DEMONSTRAÇÃO DOS RESULTADOS						
ITEM/PERÍODO	**1**	**AH**	**2**	**AH**	**3**	**AH**
Receita Líquida	3.576.201		4.242.057		5.136.712	
Custo dos Produtos Vendidos	1.113.237		1.294.565		1.556.806	
Resultado Bruto	2.462.964		2.947.492		3.579.906	
Despesas Operacionais						
Despesas com Vendas	1.259.333		1.496.125		1.704.322	
Despesas Administrativas	461.850		520.715		690.210	
Outras Receitas Operacionais	28.354					
Outras Despesas Operacionais			14.624		17.468	
Resultado da Equivalência Patrimonial						
Subtotal	1.692.829		2.031.464		2.412.000	
Resultado Operacional	770.135		916.028		1.167.906	
Resultado Financeiro						
Receitas Financeiras	99.017		84.176		53.639	
Despesas Financeiras	121.859		126.050		103.375	
Subtotal	(22.842)		(41.874)		(49.736)	
Resultado antes dos Tributos	747.293		874.154		1.118.170	
Provisão para IR e CS (35%)	229.436		190.230		374.120	
Resultado Líquido	517.857		683.924		744.050	

3. Agora, faça a análise vertical dos demonstrativos da Cia. Medusa.

BALANÇO PATRIMONIAL						
ITEM/PERÍODO	**1**	**AV**	**2**	**AV**	**3**	**AV**
ATIVO						
Ativo Circulante	1.373.475		1.716.360		1.869.895	
Caixa e equivalentes de caixa	54.123		61.242		38.314	

(continua)

(continuação)

	1		2		3	
Aplicações Financeiras	296.374		439.052		521.915	
Contas a Receber	470.401		452.868		570.280	
Estoque Matéria-prima	166.816		254.775		285.762	
Estoque Produtos em Elaboração	133.452		203.820		228.610	
Estoque Produtos Acabados	33.363		50.955		57.152	
Impostos a Recuperar	207.999		240.966		159.469	
Despesas Antecipadas	10.947		12.682		8.393	
Ativo Não Circulante	**868.675**		**1.023.396**		**1.343.693**	
Ativo Realizável a Longo Prazo	315.986		449.860		671.434	
Investimentos	429.894		443.030		504.420	
Imobilizado	47.766		47.766		47.766	
Intangível	75.029		82.740		120.073	
TOTAIS	**2.242.150**		**2.739.756**		**3.213.588**	

PASSIVO						
Passivo Circulante	**828.206**		**1.215.166**		**1.164.981**	
Fornecedores	211.922		255.456		366.494	
Obrigações Sociais e Trabalhistas	130.706		130.792		162.747	
Contas a Pagar	295.028		259.552		409.145	
Empréstimos	190.550		569.366		226.595	
Passivo Não Circulante	**404.996**		**366.046**		**767.910**	
Financiamentos	404.996		366.046		767.910	
PATRIMÔNIO LÍQUIDO	**1.008.948**		**1.158.544**		**1.280.697**	
Capital	391.423		404.261		418.061	
Reservas de Capital	138.285		142.979		149.613	
Reservas de Lucros	479.240		611.304		713.023	
TOTAIS	**2.242.150**		**2.739.756**		**3.213.588**	

DEMONSTRAÇÃO DOS RESULTADOS

ITEM/PERÍODO	1	AV	2	AV	3	AV
Receita Líquida	3.576.201		4.242.057		5.136.712	
Custo dos Produtos Vendidos	1.113.237		1.294.565		1.556.806	

(continua)

(continuação)

Resultado Bruto	2.462.964	2.947.492	3.579.906

Despesas Operacionais			
Despesas com Vendas	1.259.333	1.496.125	1.704.322
Despesas Administrativas	461.850	520.715	690.210
Outras Receitas Operacionais	28.354		
Outras Despesas Operacionais		14.624	17.468
Subtotal	1.692.829	2.031.464	2.412.000

Resultado Operacional	770.135	916.028	1.167.906

Resultado Financeiro			
Receitas Financeiras	99.017	84.176	53.639
Despesas Financeiras	121.859	126.050	103.375
Subtotal	(22.842)	(41.874)	(49.736)

Resultado antes dos Tributos	747.293	874.154	1.118.170

Provisão para IR e CS (35%)	229.436	190.230	374.120

Resultado Líquido	517.857	683.924	744.050

4. Com base nas variações apuradas nas contas do Balanço e DRE, a que conclusões você pode chegar a partir dessa análise? Você consegue visualizar alguma tendência em termos de endividamento, de investimentos, de liquidez de rentabilidade etc.?

5. Faça as análises horizontal e vertical dos demonstrativos da Cia. Zeus[2] a seguir apresentados. Suponha que as referidas demonstrações já estejam padronizadas e em moeda constante.

BALANÇO PATRIMONIAL									
ITEM/PERÍODO	1	AV	AH	2	AV	AH	3	AV	AH
ATIVO **Ativo Circulante**	5.549.018			8.399.748			14.716.365		

(continua)

---

[2] A Cia. Zeus é outra empresa hipotética criada para realização de exercícios sobre os conceitos aqui discutidos. Esses dados serão utilizados ao longo de todo o texto. Trata-se de uma rede de supermercados que possui 11.000 funcionários e está situada no estado de São Paulo.

(continuação)

	1			2			3		
Caixa e equivalentes de caixa	257.455			230.327			3.817.994		
Aplicações Financeiras	1.366.061			2.111.600			608.002		
Contas a Receber	1.876.928			2.475.373			4.047.234		
Estoques	1.570.863			2.827.463			4.823.768		
Impostos a Recuperar	468.157			739.885			1.390.980		
Despesas Antecipadas	9.554			15.100			28.387		
Ativo Não Circulante	**8.169.583**			**10.174.305**			**15.216.383**		
Ativo Realizável a Longo Prazo	2.046.694			2.403.704			3.398.483		
Investimentos	92.724			194.227			232.540		
Imobilizado	4.867.042			5.356.601			6.703.595		
(–) Depreciação Intangível	1.163.123			2.219.773			4.881.765		
TOTAIS	**13.718.601**			**18.574.053**			**29.932.748**		
PASSIVO									
Passivo Circulante	**3.628.789**			**6.066.230**			**13.216.564**		
Fornecedores	2.409.501			4.004.395			5.306.349		
Obrigações Sociais e Trabalhistas	334.337			741.860			949.452		
Duplicatas Descontadas	110.234			313.672			353.894		
Empréstimos	774.717			1.006.303			6.606.869		
Passivo Não Circulante	**4.635.591**			**5.883.603**			**9.532.080**		
Financiamentos	4.635.591			5.883.603			9.532.080		
PATRIMÔNIO LÍQUIDO	**5.454.221**			**6.624.220**			**7.184.104**		
Capital	4.450.725			5.374.751			5.579.259		
Reservas de Capital	709.031			647.232			463.148		
Reservas de Lucros	294.465			602.237			1.141.697		
TOTAIS	**13.718.601**			**18.574.053**			**29.932.748**		

DEMONSTRAÇÃO DOS RESULTADOS									
ITEM/PERÍODO	1	AV	AH	2	AV	AH	3	AV	AH
Receita Líquida	18.033.110			23.192.758			32.091.674		

(continua)

(continuação)

Custo dos Produtos Vendidos	13.279.497			17.493.806			24.241.476	
Resultado Bruto	**4.753.613**			**5.698.952**			**7.850.198**	
Despesas Operacionais								
Despesas com Vendas	2.879.289			3.532.481			4.904.572	
Despesas Administrativas	574.023			679.581			912.676	
Outras Receitas Operacionais				24.731			89.818	
Outras Despesas Operacionais	615.657			562.504			555.973	
Resultado da Equivalência Patrimonial	2.922			5.412			34.499	
Subtotal	**4.066.047**			**4.744.423**			**6.248.904**	
Resultado Operacional	**687.566**			**954.529**			**1.601.294**	
Resultado Financeiro								
Receitas Financeiras	291.509			250.030			331.698	
Despesas Financeiras	608.297			504.505			1.154.699	
Subtotal	**(316.788)**			**(254.475)**			**(823.001)**	
Resultado antes dos Tributos	**370.778**			**700.054**			**778.293**	
Provisão para IR e CS (35%)	111.006			94.015			86.558	
Resultado Líquido	**259.772**			**606.039**			**691.735**	

6. Com base nas variações apuradas nas contas do Balanço e DRE, a que conclusões você pode chegar a partir dessa análise? Você consegue visualizar alguma tendência em termos de endividamento, de investimentos, de liquidez de rentabilidade etc.?

Testes de concursos, exames e processos seletivos

1. **Auditor de Controle Interno (Funcab)** – A principal finalidade da análise horizontal é determinar:

   (A) a evolução de elementos das Demonstrações Contábeis e caracterizar tendências.
   (B) a relação de cada conta com o montante do grupo ao qual pertence.
   (C) quocientes de liquidez, endividamento, rotatividade e rentabilidade.
   (D) o endividamento da entidade em uma série histórica de contas do Balanço.
   (E) a relação entre os grupos do Ativo e os do Passivo na data das demonstrações.

2. **Especialista em Assistência Social (Funiversa)** – Ao processo comparativo entre valores de uma mesma conta ou grupo de contas em diferentes exercícios sociais dá-se o nome de:

   (A) análise horizontal.
   (B) ciclo operacional.
   (C) alavancagem operacional.
   (D) liquidez corrente.
   (E) análise vertical.

3. **Analista Judiciário TRT – 23ª Região/MT (FCC)** – Foram extraídas as seguintes informações do Balanço Patrimonial de 31/12/20X0 da Cia. Hortênsias (em R$):

   - Patrimônio Líquido 488.000,00
   - Ativo Circulante 520.000,00
   - Ativo Não Circulante.. 680.000,00
   - Passivo Não Circulante 270.000,00

   Calculado o valor do Passivo Circulante e efetuada a análise vertical e por indicadores do Balanço Patrimonial da companhia, esse grupo representou

   (A) quase 37% do valor do Ativo Total da companhia.
   (B) 85% do valor do Ativo Não Circulante da companhia.
   (C) 65% do valor do Ativo Circulante da companhia.
   (D) aproximadamente 75% do Passivo Não Circulante da companhia.
   (E) cerca de 110% do Patrimônio Líquido da companhia.

4. **Polícia Científica – Perito Criminal – Ciências Contábeis (CESPE)** – A seguir, são apresentados informes divulgados na Internet e relacionados ao desempenho econômico-financeiro de algumas entidades:

- em 20X5, um grande grupo empresarial do setor de entretenimento retomou a curva ascendente no seu lucro líquido. (Fonte: Carta Capital, março de 20X6);
- no primeiro semestre de 20X5, as receitas com títulos e valores mobiliários (TVM) representaram a segunda maior fonte de ganhos dos bancos depois das receitas com as operações de crédito. (Fonte: Relatório desempenho dos bancos do 1º semestre de 20X5. Departamento Intersindical de Estatísticas e Estudos Socioeconômicos – DIEESE);
- com relação ao comportamento das vendas em comparação com o período contábil anterior, um grupo fabricante de cerveja afirma que a Copa do Mundo e o bom tempo impulsionaram as vendas no primeiro semestre de 20X4. (Fonte: Reuters, 20/08/2014);
- do lucro líquido de um banco nacional 40,1% vieram de operações de crédito. (Fonte: Isto É Dinheiro, 20/02/2008);
- enquanto no mundo a área de petróleo responde por cerca de 10% do faturamento de uma grande empresa multinacional, no Brasil, esse percentual oscila entre 20% e 30%. (Fonte: Valor Econômico, 21/11/2012).

Os informes acima estão fundamentados, respectivamente, nas seguintes técnicas de análise de demonstrações contábeis:

(A) horizontal, vertical, vertical, vertical e vertical.
(B) vertical, horizontal, horizontal, horizontal e horizontal.
(C) horizontal, vertical, horizontal, vertical e vertical.
(D) horizontal, vertical, vertical, horizontal e horizontal.
(E) vertical, horizontal, vertical, horizontal e horizontal.

5. **Contador Fundação Hemocentro de Brasília/DF (IADES)** – Os balanços patrimoniais de uma empresa hipotética, referentes aos exercícios de 20X0 e 20X1, evidenciaram que o Ativo Total não variou de um ano para o outro, totalizando R$ 358.000,00. Sabendo que o Passivo Exigível cresceu 12% em 20X1 na comparação com 20X0, assinale a alternativa correta.

(A) O capital próprio reduziu-se em 12%.
(B) Para cada R$ 100 de capital próprio, a empresa tomou R$ 112 de capital de terceiros.
(C) Houve redução do capital circulante líquido.
(D) O índice de participação de capital de terceiros aumentou.
(E) O índice de liquidez corrente caiu 12%.

 ## Atividade sugerida ao professor

1) Note que o cálculo é relativamente simples; utilizando uma planilha Excel, seria possível fazer as análises horizontal e vertical em poucos segundos. O mais importante,

portanto, é a análise crítica dos números apurados. Ou seja, qual o significado de cada índice levantado? Essa interpretação sim, a máquina não consegue fazer... Nesse sentido é recomendável que os cálculos de índices, quaisquer que sejam eles, venham sempre acompanhados de uma análise qualitativa dos achados. Essa análise ajudará o aluno a desenvolver a habilidade de elaborar o relatório da análise das demonstrações contábeis.

Para auxiliar os alunos a elaborarem as conclusões sobre o relatório, podem-se fornecer algumas dicas. Eles poderão responder a algumas perguntas, por exemplo:

- A empresa está se endividando?
- Está realizando novos investimentos?
- Tem feito investimentos no imobilizado (parque fabril)?
- Qual é sua política de estocagem?
- Tem ampliado vendas?
- Como está se comportando em termos de resultados?

Respondendo a essas perguntas, eles estarão, automaticamente, preparando o relatório produto de sua análise.

5
ÍNDICES DE LIQUIDEZ

Índices são relações entre contas das demonstrações contábeis utilizados pelo analista para investigar a situação econômico-financeira de uma entidade. De acordo com Matarazzo (2010, p. 82), "assim como um médico usa certos indicadores, como pressão arterial e temperatura, para elaborar o quadro clínico de um paciente, os índices financeiros permitem construir um quadro de avaliação da empresa". Ou seja, os índices permitem que se tenha uma visão macro da situação econômico-financeira da entidade. "Quando os indicadores genéricos não são suficientes, o médico solicita exames e testes" (MATARAZZO, 2010, p. 82). Em outras palavras, os índices são indicadores semelhantes àqueles gerados pelos exames laboratoriais que permitirão ao profissional traçar, com maior segurança, um diagnóstico da saúde ou doença do paciente.

Figura 5.1 Diagnóstico.

Nesse sentido, Martins, Diniz e Miranda (2020) alertam que o importante não é o uso de grande quantidade de índices, mas somente daqueles necessários à compreensão da situação da entidade em análise. Caso contrário, o analista corre o risco de perder o conjunto de vista e de se fixar em detalhes sem importância.

Nota-se também que os índices são mais bem compreendidos quando se estabelecem parâmetros de comparações. Pode-se, por exemplo, analisar a evolução dos indicadores ao longo do tempo em uma mesma entidade, tendo como parâmetro, nesse caso, períodos anteriores. Além disso, pode-se comparar os resultados com outras empresas do mesmo setor, de maneira isolada, ou indicadores setoriais.

Entender o que é liquidez ajuda a lançar luzes acerca desses conjuntos de indicadores sobre os quais iremos nos debruçar neste capítulo. Afinal, o que é liquidez? Pode-se dizer que liquidez é a capacidade que uma empresa tem de converter seus ativos em dinheiro (ou equivalentes de caixa) para cumprir suas obrigações financeiras de curto ou longo prazos. Em outras palavras, é a facilidade com que uma organização pode transformar seus recursos em dinheiro disponível para pagar suas dívidas e outras obrigações financeiras, de curto prazo ou todas, imediatamente. Dentre os ativos, o caixa (dinheiro) é o mais líquido, ao passo que os intangíveis são menos líquidos. Essa é a posição em que os itens patrimoniais estão dispostos nas demonstrações contábeis, de acordo com a conversibilidade em dinheiro.

Vamos supor que uma empresa queira adquirir, em regime de urgência, uma máquina no valor de $ 100.000; se ela tiver esse dinheiro em caixa à sua disposição, ela pode fazer a aquisição sem maiores dificuldades. Agora, imagine que a empresa não possua em seu caixa esse valor: o que fazer? Poderia se desfazer de um imóvel, trocar (se achar quem queira) ou vender o imóvel e adquirir a máquina. Essas operações sugeridas não são imediatas e levam algum tempo para se concretizar, acompanhadas dos aborrecimentos dos potenciais compradores do imóvel.

Outro modo de fazer essa aquisição seria tomar um empréstimo ou financiamento; no entanto, a empresa precisaria convencer o banco de que tem condições de pagar o empréstimo e arcar com o ônus dos juros e despesas bancárias. A empresa, nesse caso, teria que demonstrar ao banco que os recursos que ela possui permitem suportar a dívida. A isso na contabilidade chamamos de liquidez.

Então, os índices de liquidez, na perspectiva contábil, são obtidos, na primeira visão, a partir da soma dos ativos mais líquidos, dispostos no ativo circulante para fazer frente aos passivos de curto prazo da empresa. Mas a liquidez também pode ser entendida mais no longo prazo, ou seja, somar-se os ativos de curto com os ativos realizáveis a longo prazo para comparação com a totalidade das obrigações, também a curto e a longo prazo. Normalmente, esse índice não tem tanto significado quanto os de curto prazo, já que, inclusive, os no longo prazo podem ser de 13 a 130 meses ou mais. Naturalmente, o índice de liquidez apresenta graduação em termos de composição dos itens dos ativos e passivos que serão utilizados na sua mensuração.

Em suma, os índices de liquidez apresentam a situação financeira de uma empresa frente aos compromissos financeiros assumidos, ou seja, demonstram sua capacidade de arcar com as dívidas assumidas, o que, em última instância, sinaliza a condição de sua própria continuidade e mantém a confiança dos credores, fornecedores e investidores. No entanto, é importante observar que diferentes setores e empresas podem ter requisitos de liquidez distintos, dependendo de suas operações e estratégias de negócios. Os prazos médios de vendas e de compras praticados em determinado setor também influenciam fortemente esses índices.

Para a análise de liquidez, os seguintes índices são apresentados: i) liquidez corrente; ii) liquidez seca; iii) liquidez imediata; e iv) liquidez geral.

5.1 ÍNDICE DE LIQUIDEZ CORRENTE

O índice de liquidez corrente mostra o quanto a empresa possui de recursos de curto prazo (Ativo Circulante) para cada real de dívidas de curto prazo (Passivo Circulante). Portanto, se o índice de liquidez for maior que 1, significa que o Capital Circulante Líquido (CCL) da empresa será positivo, então haverá compatibilidade entre os recursos que se espera receber no curto prazo e aqueles que se espera pagar no curto prazo. Em outras palavras, o índice de liquidez corrente mostra a capacidade de pagamento da empresa a curto prazo, bem como o potencial de financiar suas necessidades de capital de giro.

$$\text{Liquidez Corrente} = \frac{\text{Ativo Circulante}}{\text{Passivo Circulante}}$$

Esse indicador é bastante utilizado pelos analistas, e sua relevância aumenta quando é empregado juntamente com outros indicadores, podendo, nesse sentido, reforçar conclusões a respeito da liquidez da entidade. Como qualquer indicador, sua utilidade também pode ser ampliada se comparado a índices de empresas do mesmo ramo. E, muito importante, é vital analisar sua evolução: duas empresas podem estar com o mesmo índice, mas uma vir melhorando-o nos últimos três anos, e outra pode estar piorando-o nesse mesmo período. A análise da tendência é sempre necessária.

Uma crítica comumente atribuída ao índice de liquidez corrente se refere aos efeitos das diferenças temporais existentes entre as contas componentes do numerador (Ativo Circulante) e as contas componentes do denominador (Passivo Circulante). Por exemplo, podem existir dívidas correntes que vencerão em um mês e contas a receber que vencerão em três meses, ou vice-versa. Tais diferenças de prazo não são captadas pelo índice de liquidez corrente.

O índice também sofre os efeitos de diferentes formas de avaliação dos ativos (principalmente estoques). Assim, é necessário que o analista fique atento à qualidade dos itens do Ativo Circulante (estoques, duplicatas a receber etc.) e à sincronização entre prazos de recebimentos e pagamentos.

Como os estoques normalmente representam parte significativa do Ativo Circulante e estão sujeitos a riscos de liquidez em virtude de diferentes formas de avaliação, roubos, obsolescência, deterioração etc. e ainda demoram, normalmente, para virar dinheiro, foi criado o índice de liquidez seca, que elimina o efeito dos estoques e também das despesas antecipadas no cálculo da liquidez.

5.2 ÍNDICE DE LIQUIDEZ SECA

O índice de liquidez seca mostra a parcela das dívidas de curto prazo (Passivo Circulante) que poderiam ser pagas pela utilização de itens de maior liquidez no Ativo Circulante, basicamente disponível e contas a receber. Em outras palavras, mostra quanto a empresa possui de Ativos líquidos para cada real de dívida de curto prazo. Suponha que a empresa sofra total paralisação de suas vendas, ou que seu estoque se torne obsoleto. Quais seriam suas chances de pagar suas obrigações de curto prazo com o disponível e as duplicatas a receber? É o que mostra o índice de liquidez seca.

$$\text{Liquidez seca} = \frac{\text{Ativo Circulante} - \text{Estoques} - \text{Desp. Antecipadas}}{\text{Passivo Circulante}}$$

Esse indicador também é bastante utilizado pelos analistas e sua utilidade aumenta quando é analisado juntamente com outros indicadores, podendo, nesse sentido, reforçar conclusões a respeito da liquidez da entidade. Como qualquer indicador, sua utilidade pode ser ampliada se comparado a índices de empresas do mesmo ramo e se verificada qual a sua tendência ao longo do tempo.

O índice de liquidez seca também sofre os efeitos das diferenças temporais existentes entre as contas componentes do numerador (contas a receber, por exemplo) e as contas componentes do denominador (Passivo Circulante).

Como as contas a receber, geralmente, também representam valores relevantes, pode-se questionar sobre sua liquidez. Assim, o analista tem à disposição outro instrumento para eliminar esse efeito, o índice de liquidez imediata.

5.3 ÍNDICE DE LIQUIDEZ IMEDIATA

O índice de liquidez imediata mostra a parcela das dívidas de curto prazo (Passivo Circulante) que poderiam ser pagas imediatamente por meio dos valores relativos à caixa e equivalentes de caixa (disponível). Ou seja, representa quanto a empresa possui de disponível para cada real de dívidas vencíveis no curto prazo.

$$\text{Liquidez imediata} = \frac{\text{Caixa e Equivalentes de Caixa}}{\text{Passivo Circulante}}$$

Como as empresas, geralmente, mantêm poucos recursos alocados no grupo disponível, pois eles poderiam estar sujeitos aos efeitos inflacionários, o índice de liquidez imediata, quase sempre, é baixo.

Esse indicador é pouco utilizado pelos analistas, porque não diz muito em termos informacionais. Além disso, apresenta diferenças temporais entre numerador e denominador, pois as disponibilidades, como o próprio nome diz, são valores em espécie ou equivalentes; já o Passivo Circulante é composto por valores a serem exigidos dentro do período de até um ano, ou mais, se o ciclo operacional for maior que 12 meses.

CURIOSIDADE: esse índice é importante na análise dos bancos comerciais, já que a existência de uma disponibilidade significativa é necessária para o caso de dias ou períodos em que os saques possam ser bem superiores aos depósitos. Só que, nesse caso, normalmente se compara o valor das disponibilidades e aplicações de curtíssimo prazo com o valor dos depósitos, por exemplo.

5.4 ÍNDICE DE LIQUIDEZ GERAL

O índice de liquidez geral mostra o quanto a empresa possui de recursos de curto e longo prazos (Ativo Circulante + Realizável a Longo Prazo) para cada real de dívidas de curto e longo prazos (Passivo Circulante + Passivo Não Circulante). Ou seja, mostra a capacidade de pagamento atual da empresa com relação às dívidas a longo prazo; considera tudo o que ela converterá em dinheiro (no curto e no longo prazo), relacionando com todas as dívidas assumidas (de curto e longo prazos). Em outras palavras, ele evidencia a capacidade de saldar todos os compromissos assumidos pela empresa.

$$\text{Liquidez geral} = \frac{\text{Ativo Circulante + Realizável a Longo Prazo}}{\text{Passivo Circulante + Passivo Não Circulante}}$$

O índice de liquidez geral, mais que os demais, sofre os efeitos das diferenças temporais existentes entre as contas componentes do numerador e as contas componentes do denominador, pois mistura elementos de curto e longo prazos. Para Martins (2005), o índice de liquidez geral não tem muito sentido, pois não apresenta nenhuma relação de temporalidade entre os elementos do numerador e do denominador. No entanto, outros autores advogam sua importância na análise de liquidez da entidade a longo prazo (MATARAZZO, 2010).

No Quadro 5.1 é reproduzido o Balanço Patrimonial da Cia. Grega. Na sequência, são calculados os índices de liquidez da entidade. Os índices setoriais de liquidez seca e liquidez corrente do setor de calçados no período "3" foram 2,25 e 2,65, respectivamente.

Quadro 5.1 Balanço Patrimonial da Cia. Grega

BALANÇO PATRIMONIAL			
ITEM/PERÍODO	**1**	**2**	**3**
ATIVO			
Ativo Circulante	3.396,00	3.615,00	4.341,00
Caixa e equivalentes de caixa	303,00	436,00	588,00
Aplicações Financeiras	763,00	765,00	1.157,00
Contas a Receber	1.445,00	1.603,00	1.624,00
Estoque Matéria-prima	200,00	180,00	210,00
Estoque Produtos em Elaboração	12,00	14,00	13,00
Estoque Produtos Acabados	480,00	350,00	490,00
Impostos a Recuperar	190,00	260,00	253,00
Despesas Antecipadas	3,00	7,00	6,00
Ativo Não Circulante	1.778,00	1.711,00	1.716,00
Ativo Realizável a Longo Prazo	187,00	210,00	226,00
Investimentos	156,00	118,00	106,00
Imobilizado	918,00	831,00	860,00
Intangível	517,00	552,00	524,00
TOTAIS	5.174,00	5.326,00	6.057,00
PASSIVO			
Passivo Circulante	1.026,00	1.260,00	1.522,00
Obrigações Sociais e Trabalhistas	178,00	195,00	217,00
Fornecedores	269,00	320,00	372,00
Contas a Pagar	128,00	227,00	157,00
Empréstimos	451,00	518,00	776,00
Passivo Não Circulante	1.349,00	945,00	853,00
Financiamentos	1.349,00	945,00	853,00
PATRIMÔNIO LÍQUIDO	2.799,00	3.121,00	3.682,00
Capital	1.740,00	1.884,00	1.943,00
Reservas de Capital	271,00	250,00	251,00
Reservas de Lucros	788,00	987,00	1.488,00
TOTAIS	5.174,00	5.326,00	6.057,00

Partindo-se do Balanço Patrimonial, são calculados os índices de liquidez da Cia. Grega, conforme demonstra o Quadro 5.2.

Quadro 5.2 Índices de liquidez da Cia. Grega

Índice	Fórmula	Período 1	Período 2	Período 3
Liquidez imediata	$\dfrac{\text{Disponível}}{\text{Passivo Circulante}}$	$\dfrac{303,00}{1.026,00} = 0,30$	$\dfrac{436,00}{1.260,00} = 0,35$	$\dfrac{588,00}{1.522,00} = 0,39$
Liquidez seca	$\dfrac{\text{Ativo Circulante} - \text{Estoques} - \text{Desp. Antecip.}}{\text{Passivo Circulante}}$	$\dfrac{2.701,00}{1.026,00} = 2,63$	$\dfrac{3.064,00}{1.260,00} = 2,43$	$\dfrac{3.622,00}{1.522,00} = 2,38$
Liquidez corrente	$\dfrac{\text{Ativo Circulante}}{\text{Passivo Circulante}}$	$\dfrac{3.396,00}{1.026,00} = 3,31$	$\dfrac{3.615,00}{1.260,00} = 2,87$	$\dfrac{4.341,00}{1.522,00} = 2,85$
Liquidez geral	$\dfrac{\text{Ativo Circulante} + \text{Realizável a Longo Prazo}}{\text{Passivo Circulante} + \text{Passivo Não Circulante}}$	$\dfrac{3.583,00}{2.375,00} = 1,51$	$\dfrac{3.825,00}{2.205,00} = 1,73$	$\dfrac{4.567,00}{2.375,00} = 1,92$

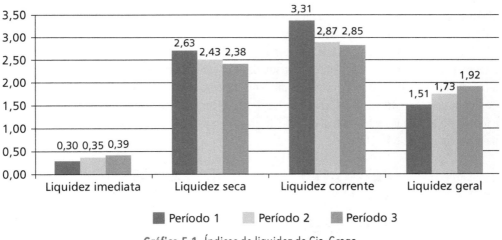

Gráfico 5.1 Índices de liquidez da Cia. Grega.

 ## Interpretando os índices de liquidez da Cia. Grega

Como pode ser observado, os índices de liquidez imediata e liquidez geral da Cia. Grega vêm aumentando ao longo dos três períodos analisados. Ou seja, a análise do índice de liquidez imediata revela que a empresa vem fortalecendo sua capacidade de liquidar dívidas de curtíssimo prazo. O índice salta de 0,30 no primeiro período para 0,39 no terceiro, devido ao crescimento de 94,1% da conta caixa e equivalentes de caixa no mesmo período. Já o índice de liquidez geral mostra que a empresa também está se fortalecendo em termos de liquidez de longo prazo. O índice de 1,51 no primeiro período evolui para 1,92 no terceiro, motivado principalmente pela redução das dívidas de longo prazo em 36,8% entre os períodos "1" e "3".

Todavia, os índices de liquidez seca e liquidez corrente, os mais utilizados na prática e relevantes a curto prazo, apresentam queda ao longo dos períodos analisados. O primeiro sai de 2,63 no primeiro período para 2,38 no terceiro, enquanto o segundo sai de 3,31 para 2,85. Essas quedas se justificam em função do aumento ocorrido no Passivo Circulante de 48,3% entre os períodos "1" e "3", notadamente na conta empréstimos (72,1%), contra um aumento de apenas 27,8% no Ativo Circulante no mesmo período.

É importante salientar que os índices de liquidez seca e liquidez corrente do setor de calçados foram 2,25 e 2,65, respectivamente, no período "3". Portanto, mesmo apresentando queda nesses índices, a empresa ainda mantém índices superiores ao do setor no qual está inserida, ou seja, 2,38 de liquidez seca e 2,85 de liquidez corrente para o período "3".

Comentamos anteriormente que os prazos de pagamento a fornecedores e recebimento de clientes são fundamentais para a análise sobre o que efetivamente significam os índices de liquidez, principalmente o de liquidez corrente. Por exemplo, se uma empresa consegue comprar para pagamento a 180 dias, os estoques comprados rodam a cada 30 dias e as vendas são recebidas também em 30 dias da data da venda, poderá ser até normal que a empresa tenha um índice de liquidez corrente inferior a 1, de tão grande o valor da conta de fornecedores. Se outra empresa também tem índice de liquidez inferior a 1, mas o passivo circulante é formado basicamente por empréstimos bancários, e não por fornecedores, sua situação será totalmente diferente. Mesmo para o primeiro caso, haverá risco significativo para essa empresa que tiver seu passivo circulante formado basicamente por obrigações junto a fornecedores, já que uma eventual redução do prazo desses fornecedores poderá provocar iliquidez para a empresa.

Assista ao vídeo
Índices de Liquidez,
por Prof. Gilberto Miranda.

Assista ao vídeo
Índices de Liquidez (Aplicação - Cia. Grega),
por Prof. Gilberto Miranda.

 Exercícios

1. Com base no Balanço Patrimonial da Cia. Medusa, apresentado no Quadro 5.3, calcule os índices: liquidez imediata, liquidez seca, liquidez corrente e liquidez geral.

Cap. 5 ■ ÍNDICES DE LIQUIDEZ **121**

Sabendo-se que os índices de liquidez corrente e liquidez seca do setor de cosméticos no período "3" foram 1,85 e 1,17, respectivamente, quais conclusões podem ser tiradas dos índices apurados?

Quadro 5.3 Balanço Patrimonial da Cia. Medusa

BALANÇO PATRIMONIAL			
ITEM/PERÍODO	**1**	**2**	**3**
ATIVO			
Ativo Circulante	**1.373.475**	**1.716.360**	**1.869.895**
Caixa e equivalentes de caixa	54.123	61.242	38.314
Aplicações Financeiras	296.374	439.052	521.915
Contas a Receber	470.401	452.868	570.280
Estoque Matéria-prima	166.816	254.775	285.762
Estoque Produtos em Elaboração	133.452	203.820	228.610
Estoque Produtos Acabados	33.363	50.955	57.152
Impostos a Recuperar	207.999	240.966	159.469
Despesas Antecipadas	10.947	12.682	8.393
Ativo Não Circulante	**868.675**	**1.023.396**	**1.343.693**
Ativo Realizável a Longo Prazo	315.986	449.860	671.434
Investimentos	429.894	443.030	504.420
Imobilizado	47.766	47.766	47.766
Intangível	75.029	82.740	120.073
TOTAIS	**2.242.150**	**2.739.756**	**3.213.588**
PASSIVO			
Passivo Circulante	**828.206**	**1.215.166**	**1.164.981**
Obrigações Sociais e Trabalhistas	130.706	130.792	162.747
Fornecedores	211.922	255.456	366.494
Contas a Pagar	295.028	259.552	409.145
Empréstimos	190.550	569.366	226.595
Passivo Não Circulante	**404.996**	**366.046**	**767.910**
Financiamentos	404.996	366.046	767.910
PATRIMÔNIO LÍQUIDO	**1.008.948**	**1.158.544**	**1.280.697**
Capital	391.423	404.261	418.061
Reservas de Capital	138.285	142.979	149.613
Reservas de Lucros	479.240	611.304	713.023
TOTAIS	**2.242.150**	**2.739.756**	**3.213.588**

2. Com base no Balanço Patrimonial da Cia. Zeus, apresentado no Quadro 5.4, calcule os índices: liquidez imediata, liquidez seca, liquidez corrente e liquidez geral. Quais conclusões podem ser tiradas dos índices apurados?

Quadro 5.4 Balanço Patrimonial da Cia. Zeus

BALANÇO PATRIMONIAL			
ITEM/PERÍODO	1	2	3
ATIVO			
Ativo Circulante	**5.549.018**	**8.399.748**	**14.716.365**
Caixa e equivalentes de caixa	257.455	230.327	3.817.994
Aplicações Financeiras	1.366.061	2.111.600	608.002
Contas a Receber	1.876.928	2.475.373	4.047.234
Estoques	1.570.863	2.827.463	4.823.768
Impostos a Recuperar	468.157	739.885	1.390.980
Despesas Antecipadas	9.554	15.100	28.387
Ativo Não Circulante	**8.169.583**	**10.174.305**	**15.216.383**
Ativo Realizável a Longo Prazo	2.046.694	2.403.704	3.398.483
Investimentos	92.724	194.227	232.540
Imobilizado	4.867.042	5.356.601	6.703.595
Intangível	1.163.123	2.219.773	4.881.765
TOTAIS	**13.718.601**	**18.574.053**	**29.932.748**
PASSIVO			
Passivo Circulante	**3.628.789**	**6.066.230**	**13.216.564**
Obrigações Sociais e Trabalhistas	334.337	741.860	949.452
Fornecedores	2.409.501	4.004.395	5.306.349
Duplicatas Descontadas	110.234	313.672	353.894
Empréstimos	774.717	1.006.303	6.606.869
Passivo Não Circulante	**4.635.591**	**5.883.603**	**9.532.080**
Financiamentos	4.635.591	5.883.603	9.532.080
PATRIMÔNIO LÍQUIDO	**5.454.221**	**6.624.220**	**7.184.104**
Capital	4.450.725	5.374.751	5.579.259
Reservas de Capital	709.031	647.232	463.148
Reservas de Lucros	294.465	602.237	1.141.697
TOTAIS	**13.718.601**	**18.574.053**	**29.932.748**

Cap. 5 ▪ ÍNDICES DE LIQUIDEZ   **123**

 Testes de concursos, exames e processos seletivos

1. **Contador Petrobras (Cesgranrio)** – Na análise de liquidez de certa empresa, o analista apurou os seguintes índices: Liquidez Corrente = 1,26 e Liquidez Seca = 1,01. No mesmo balanço, o estoque foi evidenciado em R$ 1.250.000,00 e não havia despesas antecipadas. Então, o Ativo Circulante da empresa, em reais, é:

   (A) 1.262.500,00.
   (B) 1.575.000,00.
   (C) 1.590.750,00.
   (D) 5.000.000,00.
   (E) 6.300.000,00.

2. **Contador FUB (CESPE)** – A lista abaixo apresenta os saldos contábeis, em reais, de todas as contas patrimoniais de uma companhia, antes da apuração do resultado do exercício:

   - Caixa – 10.000
   - Contas a receber – 90.000
   - Capital social – 70.000
   - Juros passivos a transcorrer – 5.000
   - Estoques – 15.000
   - Impostos a recolher – 1.500
   - Fornecedores – 15.000
   - Empréstimos bancários (empréstimos prefixados a vencer em até 360 dias) – 5.000
   - Reservas de lucro – 3.000
   - Provisão para devedores duvidosos – 2.700
   - Imobilizado – 55.000
   - Financiamentos (financiamentos pós-fixados a vencer em mais de 360 dias) – 70.000
   - Ações em tesouraria – 5.000

   Considerando os dados acima, marque a alternativa correta:

   (A) A liquidez seca é superior à liquidez geral.
   (B) O resultado do exercício foi um prejuízo de R$ 12.800,00.
   (C) O capital de giro da empresa, considerado o resultado do exercício, é negativo em R$ 95.800,00.

(D) A conta juros passivos a transcorrer constitui um passivo a ser convertido em despesa, ao longo do tempo.

(E) A conta ações em tesouraria representa uma participação circulante em outras empresas.

3. **Contador Judiciário TJM/SP (Vunesp)** – Baseado no balancete de verificação descrito adiante e utilizando-se dos conceitos teóricos de análises das demonstrações contábeis, responda às questões a seguir:

Balancete de Verificação Levantado em 31/12/20X0	
Descrição da Conta	Reais
Lucros a destinar	(74.640)
Outras despesas operacionais	9.000
Receitas de vendas	(390.000)
Bancos	89.000
Empréstimos LP	(76.500)
Demais contas a receber	23.000
Fornecedores	(89.000)
Empréstimos bancários	(99.000)
Provisão para devedores duvidosos	(28.900)
Impostos sobre vendas	58.500
Estoques	250.000
Incentivos fiscais de LP	8.500
Provisões diversas	(15.000)
Investimentos	23.000
Impostos a recolher	(45.000)
Despesas administrativas gerais	49.500
Ativos intangíveis	9.000
Contingências trabalhistas de LP	(90.000)
Devoluções de vendas	11.700
Ajustes patrimoniais	(15.000)
Caixa	1.240
CPV	156.000
Títulos a receber de LP	23.000
Despesas de vendas	35.000
Salários a pagar	(15.000)
Capital	(90.000)
Contas a receber de clientes	289.000
Imobilizado	91.500
Reservas de capital	(115.800)
Despesas financeiras	25.000
Imposto de renda e contribuição social correntes	10.200
Depreciação acumulada	(18.300)

a) O índice de liquidez geral é de:

(A) 1,32.   (B) 1,52.   (C) 1,82.   (D) 2,10.   (E) 2,15.

b) O índice de liquidez corrente é de:

(A) 1,89.   (B) 2,15.   (C) 2,37.   (D) 3,00.   (E) 3,25.

c) O percentual da margem líquida do resultado da empresa é de:

(A) 7,98.   (B) 8,252.   (C) 9,15.   (D) 9,78.   (E) 10,97.

4. **Contador UEPB (UEPB/PacTcPB)** – A empresa "Mal das Pernas Ltda." tem em seu Ativo circulante R$ 6.850,00; Ativo não circulante R$ 4.200,00; em seu Passivo circulante R$ 3.480,00; Passivo não circulante R$ 2.150,00 e Patrimônio Líquido R$ 5.420,00. Se fizer uma compra de mercadoria para pagamento em 60 dias, no valor de R$ 10.000,00, o índice de liquidez corrente será de:

(A) 2,00.   (B) 1,97.   (C) 1,75.   (D) 1,25.   (E) 1,00.

5. **Contador UNESP (Vunesp)** – O chamado capital de terceiros é composto por:

I.   Obrigações com fornecedores em curto e longo prazos;

II.   Obrigações com fornecedores em curto prazo;

III. Obrigações com fornecedores em longo prazo;

IV. Obrigações totais, ou seja, passivo exigível;

V.   Obrigações com os sócios.

Está correto apenas o contido em

(A) II.

(B) IV.

(C) V.

(D) I e II.

(E) III e V.

6. **Analista Judiciário TSE (Consulplan)** – Um banco deseja analisar a capacidade de pagamento de uma empresa que pretende contrair um empréstimo. O grupo mais recomendado para este estudo são os indicadores de:

(A) liquidez.

(B) prazos médios.

(C) lucratividade.

(D) rentabilidade.

7. **Contador Senado Federal (FGV)** – A Companhia W apresenta Índice de Liquidez Corrente de 2,0 no final de X5. A transação que poderá trazer efeito positivo para esse índice é:

(A) venda de Ativo Imobilizado à vista, com prejuízo.

(B) declaração e pagamento de dividendos.

(C) recebimento do saldo de clientes.

(D) captação de um empréstimo bancário com vencimento em 10 meses.

(E) compra de Ativo Imobilizado, à vista.

 ## Atividades sugeridas ao professor

1) Sugerimos ao professor que construa exemplos de balanços patrimoniais junto com os alunos (o que promove maior envolvimento da classe) para explorar os indicadores apresentados. Durante a construção do exemplo, os conceitos anteriormente vistos podem ser também explorados, de forma dinâmica e descontraída.[1]

2) *Sites* para acesso a indicadores setoriais:

institutoassaf.com.br
Acesso em: 27 fev. 2020.

fundamentus.com.br
Acesso em: 27 fev. 2020.

https://exame.com/edicoes/melhores-maiores-2019/
Acesso em: 27 fev. 2020.

---

[1] Leal, Miranda e Casa Nova (2017) propõem diversas metodologias ativas de aprendizagem que podem ser utilizadas para trabalhar os conceitos tratados neste livro.

6
ÍNDICES DE ESTRUTURA PATRIMONIAL

No âmbito da metodologia de análise das demonstrações contábeis, é de suma importância compreender o funcionamento da estrutura de financiamento de uma empresa. Essa estrutura geralmente se sustenta em duas principais fontes de financiamento: o capital próprio, proveniente de sócios e acionistas, e o capital de terceiros, composto, principalmente, pelos passivos operacionais (como fornecedores e contas a pagar) e pelos passivos financeiros (empréstimos, financiamentos e emissão de títulos de dívida). A compreensão detalhada dessas fontes é fundamental para uma análise abrangente da saúde financeira da empresa e para embasar decisões estratégicas relacionadas à gestão de recursos e à tomada de financiamentos.

A dívida ou capital de terceiro é uma componente crucial dessa estrutura, representando o montante de recursos emprestados que a empresa assume, geralmente sujeito a despesas com juros (passivos financeiros). Essa prática de financiamento oferece à empresa a flexibilidade de alavancar seus recursos para expandir operações, realizar investimentos estratégicos e atender a outras necessidades financeiras imediatas.

Por outro lado, o patrimônio líquido ou capital próprio é constituído pelos direitos de propriedade dos sócios da empresa, e é composto pelos aportes dados pelos sócios à empresa e os resultados obtidos pela empresa e não distribuídos. Esse componente reflete o comprometimento de longo prazo dos investidores com a empresa e sua confiança no potencial de crescimento a longo prazo.

O capital de terceiros, exceto os totalmente operacionais, provoca encargos financeiros à empresa, enquanto o capital próprio não tem um custo explícito evidenciado nas demonstrações, mas possui um custo implícito porque todos os sócios só investem por conta do retorno pretendido (o que significa um tipo de custo para o gestor da empresa). O capital de terceiros produz um risco à empresa porque são exigidos os pagamentos dos encargos e a devolução do principal recebido. O capital próprio não provoca pagamento de encargos e, em princípio, não há a obrigação de sua devolução, mas os riscos assumidos pelos sócios proprietários são muito maiores, porque a empresa é obrigada a, primeiro, saldar todas as obrigações para com terceiros, para só depois poder devolver todo o capital investido pelos sócios. O custo do capital próprio, por conta desse risco mais contundente, é praticamente sempre maior do que o custo do capital de terceiros. Ou seja, os sócios sempre querem ganhar uma taxa de retorno maior do que a taxa de retorno dos capitais tomados de terceiros.

Assim, a análise da estrutura de capital consiste em avaliar a combinação das fontes de financiamento dos ativos de uma empresa. Pode-se dizer que o objetivo da análise da estrutura de capital é sopesar o equilíbrio ideal entre financiamento por capital de terceiros e o capital próprio, mantendo um nível aceitável de risco financeiro, flexibilidade e rentabilidade. Essa análise é importante tanto para a administração da empresa quanto para os investidores, pois pode fornecer informações sobre a saúde financeira, o perfil de risco e as perspectivas de crescimento da empresa.

Ao se analisar a estrutura de capital, os analistas estão coletando e apresentando dados que revelam o nível de risco associado às práticas de endividamento de uma empresa. Geralmente, uma empresa que depende significativamente de financiamento por meio de dívida adota uma estrutura de capital mais agressiva, o que, por sua vez, implica um risco elevado para os investidores. No entanto, é importante destacar que esse risco pode ser o principal propulsor do crescimento da empresa. Afinal, se esses capitais tomados emprestados forem aplicados gerando taxas de retorno superiores a seu custo financeiro, o diferencial ficará para os sócios.

Há uma discussão quase secular acerca de qual a estrutura de capital "ótima", na qual o resultado da empresa seja maximizado enquanto o custo de capital é minimizado. Segundo o teorema de Modigliani-Miller (M&M), a estrutura de capital de uma empresa não afeta seu desempenho. Por outro lado, a literatura aponta que a determinação da estrutura ótima de capital envolve o equilíbrio entre os benefícios fiscais da dívida (as despesas de juros, em princípio, são dedutíveis para o cálculo dos tributos sobre os lucros) e os custos associados, como os custos de falência.

Há de se destacar que a prática empresarial reconhece a importância de encontrar a estrutura ótima de capital, que leva em consideração as complexidades do mundo real para maximizar o valor da empresa e otimizar sua posição financeira, tendo em conta outros aspectos não abordados por M&M.

Pelo que se depreende, essa não é uma tarefa simples e não há uma regra de bolso predefinida. Pois quando as empresas utilizam mais capital de terceiros para financiar os seus ativos e as suas atividades operacionais, têm um elevado índice de alavancagem e uma estrutura de capital agressiva (vamos estudar melhor esse tema no Capítulo 10) e podem levar a taxas de crescimento mais elevadas e mais vulneráveis ao risco.

Assim, a definição da estrutura ótima vai depender do apetite ao risco dos investidores. Uma escolha mais ponderada seria definida pelo equilíbrio das fontes de capital. Dito isso, um elevado índice de alavancagem e uma estrutura de capital agressiva podem levar a taxas de crescimento mais elevadas, enquanto uma estrutura de capital conservadora pode acarretar taxas de crescimento mais baixas. Em compensação, a alavancagem agressiva é potencialmente mais arriscada para a continuidade financeira da empresa.

Para melhorar a compreensão desse assunto, vamos criar cenários ilustrativos. Compararemos a mesma empresa sob três estruturas de capital diferentes. Suponha que o passivo total de uma empresa (capital próprio e de terceiros) seja $ 1.000.000, cuja configuração das origens de financiamento são as seguintes:

- **Cenário A**: a empresa com 100% de capital próprio, ou seja, sem dívida;
- **Cenário B**: a empresa com 50% de capital próprio, e com 50% de capital de terceiros;
- **Cenário C**: a empresa com 90% de capital de terceiros.

Os dados de cada cenário são dispostos a seguir:

EBIT*	200.000
Taxa de juros	6%
Taxa de imposto	34%
Fonte de recursos	1.000.000

Itens	Cenário A CP 100%	Cenário B CP 50% – CT 90%	Cenário C CP 10% – CT 90%
EBIT	200.000	200.000	200.000
Despesa financeira	–	30.000	54.000
Imposto de Renda	68.000	57.800	49.640
Resultado líquido	132.000	112.200	96.360

Distribuição de Recursos			
Proprietários	132.000	112.200	96.360
Credores	-	30.000	54.000
Governo	68.000	57.800	49.640
Total das Distribuições	**200.000**	**200.000**	**200.000**
Retorno sobre o PL**	13%	22%	96%

Notas:

* EBIT = Lucro antes dos juros (despesas financeiras) e dos impostos (imposto de renda e contribuição social).

** Retorno sobre o PL = lucro líquido dividido pelo patrimônio líquido (ver detalhes na Seção 9.5 (Capítulo 9).

O lucro base para o IR, nesse caso, é equivalente ao EBIT. No caso do cenário A, em que a empresa é financiada totalmente pelo capital próprio, não há juros dedutíveis do imposto. Portanto, a despesa tributária é de $ 68 milhões, o que resulta em lucro líquido de $ 132 milhões, totalmente distribuído entres os sócios

No contexto do cenário B, caracterizado por uma estrutura de capital equilibrada entre dívida e patrimônio, observou-se que as despesas com juros atingiram a quantia de $ 30 milhões. Esse montante, ao ser contrastado com o cenário A, em que a estrutura era composta exclusivamente por 100% de capital próprio, resultou em uma redução direta no lucro tributável de $ 10,2 milhões. Destaca-se que esse valor representa o benefício fiscal decorrente das despesas com juros, influenciando positivamente o cálculo do imposto de renda. Essa análise ressalta a importância estratégica da estrutura de capital na otimização dos resultados financeiros e na gestão eficiente das obrigações tributárias.

No cenário C, a empresa possui uma estrutura de capital de 90% de dívida. O benefício fiscal de juros é ainda maior, chegando a $ 18,4 milhões. No entanto, a empresa fica mais alavancada, o que significa que ela possui mais dívidas do que capital próprio. Nesse sentido, a alavancagem aumenta o risco da empresa, pois significa que ela tem mais obrigações financeiras a cumprir. Se a empresa não for capaz de cumprir essas obrigações, ela poderá ter dificuldade de continuidade.

A avaliação do Retorno sobre o Patrimônio Líquido (ROE) revela que os cenários com presença de dívida exibem um ROE superior em comparação com os cenários sem dívida. Essa disparidade é impulsionada pelo benefício fiscal dos juros, que contribui para a redução do lucro tributável da empresa.

Em um cenário hipotético, em que a empresa registra um prejuízo de $ 200.000, os impactos sobre o Patrimônio Líquido (PL) seriam mais acentuados nos cenários com endividamento. No cenário A, o PL seria reduzido para $ 800.000. No cenário B, o PL seria reduzido para $ 200.000. E, no cenário C, o PL seria negativo, com $ 154.000 de passivo descoberto. Portanto, em cenários de crise, a alavancagem conspira contra o patrimônio da empresa, elevando seu risco financeiro e econômico.

Na etapa final, podemos perceber que o lucro líquido da empresa com dívidas é menor do que o lucro líquido da empresa sem dívidas. No entanto, a distribuição total de fundos para os proprietários e credores é maior para a empresa com dívida, totalizando $ 10,2 milhões a mais do que para a empresa sem dívida. Isso ocorre porque os juros pagos à dívida são dedutíveis do lucro tributável, o que reduz a carga tributária da empresa.

Nesse exemplo muito simplificado, tomamos como verdade algo que não ocorre na prática. Consideramos a mesma taxa de juros tanto quando a dívida é de 50% dos capitais totais quanto quando é de 90%. Na prática, os juros tendem a subir (e não linearmente) quando o endividamento cresce.

Um aspecto crucial a ser considerado na análise financeira é o prazo das dívidas de uma empresa. Empresas que mantêm obrigações de curto prazo estão sujeitas a riscos adicionais, aumentando as possíveis dificuldades de liquidez para cumprir com seus compromissos junto aos credores. Essa exposição ao curto prazo pode resultar em pressões financeiras, especialmente em períodos desafiadores.

Por outro lado, quando a concentração das dívidas se estende para o longo prazo, os riscos associados à liquidez tendem a ser minimizados. Empresas que adotam uma estratégia de endividamento a longo prazo geralmente desfrutam de prazos mais flexíveis para reembolsar suas obrigações, proporcionando uma margem adicional para lidar com variações nas condições econômicas ou eventos imprevistos.

Dessa maneira, a gestão eficiente do perfil de vencimento das dívidas não apenas reduz a vulnerabilidade da empresa a flutuações de curto prazo, mas também fortalece sua posição financeira, promovendo maior estabilidade e capacidade de enfrentar desafios no ambiente de negócios.

Em suma, os índices de estrutura patrimonial são ferramentas utilizadas para avaliar a composição das fontes de financiamento de uma empresa, comparando o capital próprio e o capital de terceiros. O propósito dessas métricas é destacar de maneira clara e objetiva a dependência da empresa com relação aos recursos provenientes de terceiros. Ao explorar esses índices, busca-se obter *insights* valiosos sobre a solidez financeira da empresa, sua capacidade de cumprir obrigações e a distribuição equilibrada entre financiamento próprio e endividamento.

Para a referida análise, os seguintes índices são apresentados: i) endividamento; ii) composição do endividamento; iii) imobilização do PL; iv) imobilização dos recursos não correntes. De acordo com Martins, Diniz e Miranda (2020), a principal limitação dos índices de estrutura patrimonial se refere à falta de correção monetária dos elementos utilizados no cálculo dos quocientes, notadamente por conta da não atualização monetária do Ativo Imobilizado.

6.1 ENDIVIDAMENTO

Há várias formas de se definir um índice de endividamento. Vamos aqui adotar o seguinte: o índice de endividamento mostra quanto a empresa tem de dívidas com terceiros (Passivo Circulante + Passivo Não Circulante) para cada real de recursos próprios (Patrimônio Líquido).[1] Indica a dependência que a entidade apresenta com relação a terceiros e, nesse sentido, o risco a que está sujeita.

$$\text{Endividamento} = \frac{\text{Capitais de Terceiros}}{\text{Patrimônio Líquido}}$$

Não se pode dizer que um índice de endividamento alto seja bom ou ruim. É necessário analisar a qualidade da dívida (prazo de vencimento, taxa de juros, risco de moeda – se em reais, se em dólar etc.), pois se uma empresa tiver alto endividamento com terceiros a longo prazo e baixo custo, pode ser extremamente interessante do ponto de vista da rentabilidade que os sócios desejam. No entanto, endividamentos caros, a curto prazo, podem deixar a empresa em situação difícil, provocando quedas, inclusive, na rentabilidade.

Um bom parâmetro para se avaliar o índice de endividamento é a média do setor no qual a empresa está inserida. Por exemplo, os índices de endividamento do setor bancário, por definição, têm que ser muito maiores que os de uma indústria de roupas ou de brinquedos.

---

[1] Outra maneira comum na literatura de se observar o nível de endividamento é dividir os capitais de terceiros pelo ativo total da empresa. Esse índice indica a parcela dos ativos financiada por recursos de terceiros.

6.2 COMPOSIÇÃO DO ENDIVIDAMENTO

Para analisar a solvência de uma entidade, é importante conhecer os prazos de vencimentos de suas dívidas. Nesse sentido, o índice de composição do endividamento revela quanto da dívida total (Passivo Circulante + Passivo Não Circulante) com terceiros é exigível no curto prazo (Passivo Circulante).

$$\text{Composição do Endividamento} = \frac{\text{Passivo Circulante}}{\text{Capitais de Terceiros}}$$

Do ponto de vista financeiro, é comum que a empresa busque recursos de longo prazo para financiamento do Ativo Não Circulante e recursos de curto prazo para financiamento do Ativo Circulante. Embora não existam regras fixas, pois cada entidade possui uma estrutura de capitais que otimiza seus resultados, uma empresa com níveis mais elevados de endividamento a longo prazo terá melhores condições de gerar recursos para fazer frente aos compromissos num momento de crise, por exemplo. Ao passo que uma empresa que tenha grande parte de suas dívidas vencíveis no curto prazo, se surpreendida por uma crise, terá que tomar decisões desfavoráveis do ponto de vista econômico para conseguir cumprir suas obrigações de curto prazo (por exemplo, queima de estoques a preços baixos, grandes descontos para recebimento de clientes etc.). Ou seja, uma empresa com menores níveis de endividamento no curto prazo, frequentemente, oferece menor risco.

6.3 IMOBILIZAÇÃO DO PATRIMÔNIO LÍQUIDO

O índice de imobilização do Patrimônio Líquido apresenta a parcela do capital próprio que está investida em ativos de baixa liquidez (Ativos Imobilizados, Investimentos ou Ativos Intangíveis), ou seja, Ativos Não Circulantes deduzidos dos ativos realizáveis a longo prazo.

$$\text{Imobilização do PL} = \frac{\text{Ativo Não Circulante} - \text{Ativo Realizável a Longo Prazo}}{\text{Patrimônio Líquido}}$$

Quanto mais recursos próprios a empresa investir em ativos de baixa liquidez (imobilizado, investimentos e intangíveis), menos sobrará para investir em Ativos Circulantes, consequentemente, terá que financiar as aplicações de curto prazo com recursos de terceiros. O ideal é que a empresa financie o Ativo Circulante com recursos próprios para diminuir a dependência de terceiros e, consequentemente, o risco.

Matarazzo (2010) compara a situação de uma entidade com altos índices de imobilização do Patrimônio Líquido à de "[...] uma pessoa que, para manter sua saúde, deve tomar obrigatoriamente, todos os dias, determinados remédios. Pode ocorrer que essa pessoa leve uma vida tranquila e tenha vida longa. A dependência à medicação, contudo, é sinal de que sua saúde não é muito boa".

Figura 6.1 Altos índices de imobilização.

É preciso considerar também parâmetros setoriais para análise desse indicador, pois o nível de imobilização de uma empresa energética, por exemplo, será diferente daquele de uma empresa que tenha por principal ativo, o capital humano, como uma empresa de auditoria.

6.4 IMOBILIZAÇÃO DE RECURSOS NÃO CORRENTES

Este índice mostra o percentual de recursos de longo prazo aplicados nos grupos de ativos de menor liquidez (imobilizado, investimentos e intangível).

$$\text{Imobilização dos Recursos Não Correntes} = \frac{\text{Ativo Não Circulante} - \text{Ativo Realizável a Longo Prazo}}{\text{PL} + \text{Passivo Não Circulante}}$$

Os elementos componentes dos grupos Investimentos, Imobilizado e Intangível possuem vida útil bastante superior aos demais ativos. Dessa maneira, desde que a firma possua recursos no Exigível cujos prazos sejam compatíveis com o prazo de duração dos elementos do Ativo Não Circulante mencionados, ou suficientes para a empresa gerar recursos capazes de resgatar as dívidas de longo prazo, é perfeitamente possível que se financie parte do Imobilizado com recursos de terceiros.

Índices de imobilização de recursos não correntes superiores a 1,0, entretanto, significam que a entidade está imobilizando recursos de curto prazo (Passivo Circulante), o que é um sinal de desequilíbrio financeiro (ASSAF NETO, 2023).

A parcela de recursos não correntes que financia o Ativo Circulante é o Capital Circulante Líquido (CCL), que representa a parcela das aplicações de curto prazo que são financiadas por recursos de longo prazo, portanto, são "folga financeira", conforme demonstram as Figuras 7.4, 7.5 e 7.6.

No Quadro 6.1 é reproduzido o Balanço Patrimonial da Cia. Grega. Na sequência, são calculados os índices de estrutura patrimonial da entidade para os três períodos.

Quadro 6.1 Balanço Patrimonial da Cia. Grega

BALANÇO PATRIMONIAL			
ITEM/PERÍODO	**1**	**2**	**3**
ATIVO			
Ativo Circulante	**3.396,00**	**3.615,00**	**4.341,00**
Caixa e equivalentes de caixa	303,00	436,00	588,00
Aplicações Financeiras	763,00	765,00	1.157,00
Contas a Receber	1.445,00	1.603,00	1.624,00
Estoque Matéria-prima	200,00	180,00	210,00
Estoque Produtos em Elaboração	12,00	14,00	13,00
Estoque Produtos Acabados	480,00	350,00	490,00
Impostos a Recuperar	190,00	260,00	253,00
Despesas Antecipadas	3,00	7,00	6,00
Ativo Não Circulante	**1.778,00**	**1.711,00**	**1.716,00**
Ativo Realizável a Longo Prazo	187,00	210,00	226,00
Investimentos	156,00	118,00	106,00
Imobilizado	918,00	831,00	860,00
Intangível	517,00	552,00	524,00
TOTAIS	**5.174,00**	**5.326,00**	**6.057,00**
PASSIVO			
Passivo Circulante	**1.026,00**	**1.260,00**	**1.522,00**
Obrigações Sociais e Trabalhistas	178,00	195,00	217,00
Fornecedores	269,00	320,00	372,00
Contas a Pagar	128,00	227,00	157,00
Empréstimos	451,00	518,00	776,00
Passivo Não Circulante	**1.349,00**	**945,00**	**853,00**
Financiamentos	1.349,00	945,00	853,00

(continua)

(continuação)

PATRIMÔNIO LÍQUIDO	**2.799,00**	**3.121,00**	**3.682,00**
Capital	1.740,00	1.884,00	1.943,00
Reservas de Capital	271,00	250,00	251,00
Reservas de Lucros	788,00	987,00	1.488,00
TOTAIS	**5.174,00**	**5.326,00**	**6.057,00**

Partindo-se do Balanço Patrimonial, são calculados os índices de estrutura patrimonial da Cia. Grega, conforme demonstra o Quadro 6.2.

Quadro 6.2 Índices de estrutura patrimonial da Cia. Grega

Índice	Fórmula	Período 1	Período 2	Período 3
Endividamento	$\dfrac{\text{Capitais de Terceiros}}{\text{Patrimônio Líquido}}$	$\dfrac{2.375,00}{2.799,00} = 0,85$	$\dfrac{2.205,00}{3.121,00} = 0,71$	$\dfrac{2.375,00}{3.682,00} = 0,65$
Composição do endividamento	$\dfrac{\text{Passivo Circulante}}{\text{Capitais de Terceiros}}$	$\dfrac{1.026,00}{2.375,00} = 0,43$	$\dfrac{1.260,00}{2.205,00} = 0,57$	$\dfrac{1.522,00}{2.375,00} = 0,64$
Imobilização do PL	$\dfrac{\text{Ativo Não Circulante – ARLP}}{\text{Patrimônio Líquido}}$	$\dfrac{1.591,00}{2.799,00} = 0,57$	$\dfrac{1.501,00}{3.121,00} = 0,48$	$\dfrac{1.490,00}{3.682,00} = 0,40$
Imobilização dos Rec. Não Correntes	$\dfrac{\text{Ativo Não Circulante – ARLP}}{\text{PL + Passivo Não Circulante}}$	$\dfrac{1.591,00}{4.148,00} = 0,38$	$\dfrac{1.501,00}{4.066,00} = 0,37$	$\dfrac{1.490,00}{4.535,00} = 0,33$

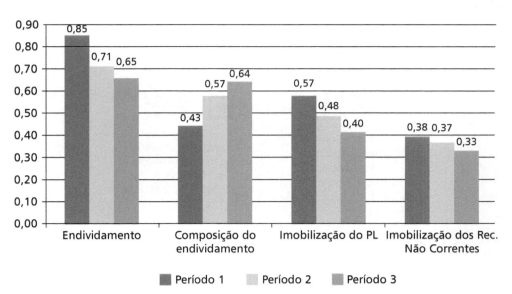

Gráfico 6.1 Índices de endividamento da Cia. Grega.

Interpretando os índices de estrutura patrimonial da Cia. Grega

O índice de endividamento revela que a empresa possuía no período "1", em dívidas, o equivalente a 85% do seu Patrimônio Líquido. Nos períodos "2" e "3" o nível de endividamento caiu, correspondendo a 65% do seu PL no período "3". Tal variação ocorreu em função do aumento de 31,5% no PL, pois o valor total do capital de terceiros permaneceu o mesmo entre os períodos "1" e "3". Com a queda no indicador, o endividamento médio da empresa ficou compatível com o setor, que no período "3" é 68%.

Já o índice de composição do endividamento mostra que no período "1" apenas 43% da dívida era de curto prazo, mas ao longo do tempo, a dívida vem sendo transferida do longo para o curto prazo, chegando a 64% no período "3". Como houve aumento no Passivo Circulante de 48,3% e redução do Passivo Não Circulante de 36,8%, verifica-se a transferência de dívidas de longo prazo para curto prazo.

O índice de imobilização do Patrimônio Líquido mostra que a empresa imobilizou 57% do seu PL no período "1". Nos períodos "2" e "3" o imobilizado se manteve praticamente estável, mas com o aumento do PL e a redução nos investimentos e imobilizados, o índice de imobilização foi reduzido para 0,48 no período "2" e "0,40" no período "3". Da mesma forma, o nível de imobilização de recursos não correntes, que representava 38% no período "1", vem caindo ao longo do tempo, ficando em 0,33 no período "3".

Logo, vê-se que os níveis de endividamento dessa empresa são até que satisfatórios, apesar de não sabermos ainda o custo dos empréstimos. Apenas a aproximação do vencimento das dívidas que eram de longo prazo começa a apertar um pouco a folga financeira da empresa. De qualquer modo, aparentemente nada que preocupe ainda o diretor financeiro. Ou você discorda e acha que a empresa deveria sair correndo e pedir novos financiamentos de longo prazo para saldar os de curto prazo?

Assista ao vídeo
Índices de Estrutura Patrimonial,
por Prof. Gilberto Miranda.

Assista ao vídeo
Índices de Estrutura Patrimonial (Aplicação – Cia. Grega),
por Prof. Gilberto Miranda.

 ## Exercícios

1. Cite dois lançamentos contábeis que aumentem o índice de liquidez seca e diminuam o índice de composição do endividamento simultaneamente.

Cap. 6 ■ ÍNDICES DE ESTRUTURA PATRIMONIAL **137**

2. Cite dois lançamentos contábeis que diminuam o índice de liquidez imediata e aumentem o índice de imobilização do Patrimônio Líquido simultaneamente.

3. Com base no Balanço Patrimonial da Cia. Medusa, apresentado no Quadro 6.3, calcule os índices de endividamento, composição do endividamento, imobilização do Patrimônio Líquido e imobilização de recursos não correntes para os três períodos.

Sabendo-se que o endividamento médio do setor de cosméticos nos períodos 1, 2 e 3 foram, respectivamente: 1,33; 1,12 e 1,27, quais conclusões podem ser tiradas dos indicadores apurados?

Quadro 6.3 Balanço Patrimonial da Cia. Medusa

BALANÇO PATRIMONIAL			
ITEM/PERÍODO	**1**	**2**	**3**
ATIVO			
Ativo Circulante	**1.373.475**	**1.716.360**	**1.869.895**
Caixa e equivalentes de caixa	54.123	61.242	38.314
Aplicações Financeiras	296.374	439.052	521.915
Contas a Receber	470.401	452.868	570.280
Estoque Matéria-prima	166.816	254.775	285.762
Estoque Produtos em Elaboração	133.452	203.820	228.610
Estoque Produtos Acabados	33.363	50.955	57.152
Impostos a Recuperar	207.999	240.966	159.469
Despesas Antecipadas	10.947	12.682	8.393
Ativo Não Circulante	**868.675**	**1.023.396**	**1.343.693**
Ativo Realizável a Longo Prazo	315.986	449.860	671.434
Investimentos	429.894	443.030	504.420
Imobilizado	47.766	47.766	47.766
Intangível	75.029	82.740	120.073
TOTAIS	**2.242.150**	**2.739.756**	**3.213.588**
PASSIVO			
Passivo Circulante	**828.206**	**1.215.166**	**1.164.981**
Obrigações Sociais e Trabalhistas	130.706	130.792	162.747
Fornecedores	211.922	255.456	366.494
Contas a Pagar	295.028	259.552	409.145
Empréstimos	190.550	569.366	226.595
Passivo Não Circulante	**404.996**	**366.046**	**767.910**
Financiamentos	404.996	366.046	767.910

(continua)

(continuação)

PATRIMÔNIO LÍQUIDO	1.008.948	1.158.544	1.280.697
Capital	391.423	404.261	418.061
Reservas de Capital	138.285	142.979	149.613
Reservas de Lucros	479.240	611.304	713.023
TOTAIS	**2.242.150**	**2.739.756**	**3.213.588**

4. Com base no Balanço Patrimonial da Cia. Zeus, apresentado no Quadro 6.4, calcule os índices de endividamento, composição do endividamento, imobilização do Patrimônio Líquido e imobilização de recursos não correntes para os três períodos. Quais conclusões podem ser tiradas dos índices apurados?

Quadro 6.4 Balanço Patrimonial da Cia. Zeus

BALANÇO PATRIMONIAL			
ITEM/PERÍODO	**1**	**2**	**3**
ATIVO			
Ativo Circulante	**5.549.018**	**8.399.748**	**14.716.365**
Caixa e equivalentes de caixa	257.455	230.327	3.817.994
Aplicações Financeiras	1.366.061	2.111.600	608.002
Contas a Receber	1.876.928	2.475.373	4.047.234
Estoques	1.570.863	2.827.463	4.823.768
Impostos a Recuperar	468.157	739.885	1.390.980
Despesas Antecipadas	9.554	15.100	28.387
Ativo Não Circulante	**8.169.583**	**10.174.305**	**15.216.383**
Ativo Realizável a Longo Prazo	2.046.694	2.403.704	3.398.483
Investimentos	92.724	194.227	232.540
Imobilizado	4.867.042	5.356.601	6.703.595
Intangível	1.163.123	2.219.773	4.881.765
TOTAIS	**13.718.601**	**18.574.053**	**29.932.748**
PASSIVO			
Passivo Circulante	**3.628.789**	**6.066.230**	**13.216.564**
Obrigações Sociais e Trabalhistas	334.337	741.860	949.452
Fornecedores	2.409.501	4.004.395	5.306.349
Duplicatas Descontadas	110.234	313.672	353.894
Empréstimos	774.717	1.006.303	6.606.869

(continua)

(continuação)

Passivo Não Circulante	4.635.591	5.883.603	9.532.080
Financiamentos	4.635.591	5.883.603	9.532.080
PATRIMÔNIO LÍQUIDO	5.454.221	6.624.220	7.184.104
Capital	4.450.725	5.374.751	5.579.259
Reservas de Capital	709.031	647.232	463.148
Reservas de Lucros	294.465	602.237	1.141.697
TOTAIS	13.718.601	18.574.053	29.932.748

 Testes de concursos, exames e processos seletivos

1. **Contador Transpetro (Cesgranrio)** – Informações de empresas do segmento da indústria têxtil:

Empresas	Alfa	Beta	Gama	Delta	Épsilon
PL (R$)	455.678,90	512.113,40	678.356,32	718.100,99	856.347,77
Capitais Terc. (R$)	309.861,65	337.994,84	440.931,61	502.670,69	530.935,62

Ao se considerar o índice de Endividamento, a empresa que apresenta a maior proporção é a:

(A) Alfa.
(B) Beta.
(C) Gama.
(D) Delta.
(E) Épsilon.

2. **Contador UNESP (Vunesp)** – O balancete de verificação da companhia "Quebra-cabeça Ltda." apresenta os seguintes saldos contábeis em 31/12/20X0:

Balancete de Verificação Levantado em 31/12/20X0	
Descrição da Conta	Reais
Receitas de vendas	30.000
Duplicatas a pagar	14.000

(continua)

(continuação)

Bancos	12.000
ICMS sobre vendas	7.000
Estoque inicial de mercadorias (100 unidades)	9.100
Despesas administrativas e vendas	10.000
Compra de mercadoria (50 unidades)	4.400
Despesas financeiras	3.000
Salários a pagar	4.000
Capital Social	13.000
Imobilizado	26.500
Reserva legal	2.000
Depreciação acumulada	9.000

Com base somente nessas informações e após apurado o custo das mercadorias vendidas pelo método do preço médio, sabendo-se que o inventário final de mercadoria, em 31/12/20X0, totalizou 30 unidades e, encerradas as contas de resultado, preparado o balanço patrimonial e a demonstração do resultado do exercício em 31/12/20X0, responda às questões a seguir:

a) O valor de estoque final de mercadorias será de:

(A) $ 13.500.   (B) $ 10.800.   (C) $ 9.100.

(D) $ 4.400.   (E) $ 2.700.

b) A importância correspondente ao CMV será de:

(A) $ 2.700.   (B) $ 4.400.   (C) $ 9.400.

(D) $ 13.500.   (E) $ 10.800.

c) O valor do resultado do exercício será de:

(A) $ –3.800.   (B) $ –800.   (C) $ 23.000.

(D) $ 10.000.   (E) $ 2.200.

d) O indicador econômico-financeiro de estrutura, Endividamento, será de:

(A) 0,9333.   (B) 1,0352.   (C) 1,1392.

(D) 1,2676.   (E) 1,3846.

e) O indicador econômico-financeiro de liquidez, Liquidez Seca, será de:

(A) 1,5071.   (B) 1,4167.   (C) 1,2667.

(D) 0,8167.   (E) 0,6666.

f) O indicador econômico-financeiro de rentabilidade, Rentabilidade do PL, será de:

(A) –0,0563.   (B) –0,0615.   (C) 0,1901.

(D) 0,4000.   (E) 0,5714.

3. **Auditor de Controle Interno – Pref. Várzea Grande/MT (Funcab)** – Dado que no levantamento do patrimônio de uma empresa foram obtidos os valores abaixo, o índice de endividamento será de:

- Bens R$ 28.000,00
- Direitos R$ 34.000,00
- Obrigações R$ 43.000,00

(A) 30%.

(B) 69%.

(C) 79%.

(D) 44%.

(E) 144%.

4. **Analista Judiciário – TRE/AM (FCC)** – A análise das demonstrações financeiras da empresa JK indicou que o quociente de participação de terceiros sobre os recursos totais é 0,7 e que a composição do endividamento é 55%. Se o ativo total da empresa é de R$ 800.000,00, o seu passivo não circulante (exigível a longo prazo) é, em reais,

(A) 252.000,00.

(B) 308.000,00.

(C) 320.000,00.

(D) 440.000,00.

(E) 560.000,00.

5. **Técnico de Nível Superior II – Ciências Contábeis – Prefeitura de Salvador/BA (FGV)** – Uma sociedade empresária apresentava os seguintes índices de endividamento geral e de composição do endividamento, nos anos de 20X4 a 20X6:

Itens	20X4	20X5	20X6
Endividamento Geral	20%	30%	35%
Composição do Endividamento	80%	65%	60%

Sobre essa sociedade empresária, assinale a afirmativa correta.

(A) Há uma diminuição nos passivos onerosos.

(B) A empresa aproxima-se de seu equilíbrio estrutural.

(C) Há um aumento na rentabilidade.

(D) Há um aumento nos prazos de pagamento das dívidas.

(E) Há um aumento na parcela do ativo financiada por recursos próprios.

7
ADMINISTRAÇÃO DO CAPITAL DE GIRO

A administração do capital de giro (ativos e passivos circulantes) compreende o conjunto de práticas executadas por uma empresa visando assegurar recursos adequados para cobrir as despesas operacionais imediatas, ao mesmo tempo em que mantém os investimentos aplicados de maneira eficiente.

A gestão eficiente do capital de giro é crucial para a sustentabilidade e o sucesso de uma empresa a curto prazo. Envolve o cuidadoso monitoramento dos ativos e passivos de curto prazo, assegurando um fluxo de caixa adequado para cobrir custos operacionais imediatos e obrigações de dívida de curto prazo. Nesse contexto, o gerenciamento concentra-se em elementos-chave, como caixa, contas a receber, estoques, fornecedores e contas a pagar.

A dinâmica da gestão do capital de giro é intrinsecamente ligada ao rastreamento de índices essenciais. O índice de Capital Circulante Líquido (CCL), que avalia a diferença entre ativos circulantes e passivos circulantes, é um indicador vital para garantir a liquidez da empresa. A Necessidade de Capital de Giro (NCG), que é a quantia de recursos financeiros suficiente para cobrir seus custos operacionais, representa as necessidades de financiamento de curto prazo da empresa. Essas necessidades são causadas por lacunas nos seus fluxos de caixa correspondentes às entradas e saídas de caixa ligadas às operações comerciais, ou seja, à atividade principal da empresa.

A análise da gestão eficaz do capital de giro não apenas mantém a saúde financeira, mas também aprimora o fluxo de caixa e a qualidade dos lucros. Ao otimizar o uso dos recursos disponíveis, a empresa pode alcançar uma eficiência operacional que contribui para a estabilidade financeira a longo prazo. Essa prática não apenas garante a liquidez necessária para enfrentar desafios imediatos, mas também promove uma base sólida para o crescimento futuro.

Assim, um dos grandes desafios de toda entidade é manter a situação financeira equilibrada, de tal modo que os compromissos assumidos sejam cumpridos com o menor impacto possível na rentabilidade da organização. Para tanto, três instrumentos fundamentais são apresentados: Capital Circulante Líquido (CCL), Necessidade de Capital de Giro (NCG) e Saldo em Tesouraria (ST).

Assista ao vídeo
Capital de Giro,
por Prof. Alexandre Assaf Neto.

7.1 CAPITAL CIRCULANTE LÍQUIDO

Para Assaf Neto (2015, p. 159), "[...] o conceito básico de equilíbrio financeiro fica evidenciado ao ser demonstrado que toda aplicação de recursos no ativo deve ser financiada com fundos levantados a um prazo de recuperação proporcional à aplicação efetuada". Ou seja, as fontes de curto prazo (Passivo Circulante) devem ser utilizadas para financiar as aplicações de curto prazo (Ativo Circulante).

Figura 7.1 Equilíbrio financeiro.

Para tanto, tem-se o conceito de CCL, que representa a diferença entre o Ativo Circulante e o Passivo Circulante, ou a diferença entre o Passivo Não Circulante somado ao Patrimônio Líquido e ao Ativo Não Circulante.

$$CCL = AC - PC$$

$$OU$$

$$CCL = PNC + PL - ANC$$

Sendo positivo o CCL, significa que a empresa possui mais aplicações que fontes de financiamento no curto prazo. Ou seja, o Passivo Circulante financia parte do Ativo Circulante, o restante é financiado por Passivos de Longo Prazo ou de Patrimônio Líquido, conforme o caso.

Mas não é tão simples! A análise de liquidez de curto prazo de uma entidade deve ser precedida da análise do ciclo operacional financeiro dessa entidade.

7.2 NECESSIDADE DE CAPITAL DE GIRO (NCG)

O Ativo Circulante é composto de duas partes: i) uma parte relativa ao giro do próprio negócio (operacional) e que é cíclica, pois é necessária para a manutenção das atividades básicas da entidade; e ii) outra parte não ligada às atividades operacionais, tendo como regra a sazonalidade (itens financeiros). Com o Passivo Circulante ocorre da mesma maneira, ou seja, existem itens recorrentes em função da operação da empresa e itens onerosos, que não estão ligados diretamente à atividade operacional da empresa, a não ser na função de seu financiamento. Portanto, é "importante analisar a composição do capital circulante líquido, verificando-se quais os componentes operacionais e quais os itens financeiros do ativo e do passivo circulantes, analisando-se, dessa forma, a necessidade de capital de giro e como ela está sendo financiada [...]" (MARTINS; DINIZ; MIRANDA, 2020, p. 187).

Em geral, as principais contas componentes dos grupos operacional e financeiro do circulante são as seguintes:

- **Ativo Circulante Operacional**: clientes, diminuídos da provisão para devedores duvidosos, adiantamentos a fornecedores, estoques, impostos a recuperar (IPI, ICMS), despesas antecipadas etc.

- **Ativo Circulante Financeiro**: disponibilidades,[1] aplicações financeiras, créditos de empresas coligadas ou controladas; imóveis para venda, equipamentos desativados disponibilizados para negociação (Ativos Não Circulantes disponíveis para venda) etc.

---

[1] Se o usuário tiver acesso a informações detalhadas, o ideal é que a parcela de disponibilidades mínimas necessárias às atividades seja classificada como operacionais, enquanto a parcela de disponibilidades ociosas seja classificada como financeiras.

- **Passivo Circulante Operacional**: fornecedores, impostos (PIS/COFINS, ICMS, IPI, IR, CSSL), adiantamentos de clientes, salários e encargos sociais, participações de empregados, despesas operacionais a pagar etc.
- **Passivo Circulante Financeiro**: empréstimos e financiamentos de curto prazo, duplicatas descontadas, dívidas com coligadas e controladas etc.

Pela diferença entre **Ativo Operacional** e **Passivo Operacional**, tem-se a **Necessidade de Capital de Giro** (NCG). Ou seja, a Necessidade de Capital de Giro representa a parte do Ativo Operacional que não é financiada por Passivos Operacionais, devendo ser financiada por Passivos financeiros de curto prazo ou por Passivos Não Circulantes, o que seria mais adequado, conforme apresenta a fórmula a seguir.

$$NCG = AC_{(operacional)} - PC_{(operacional)}$$

Mas os itens financeiros (Ativos e Passivos Circulantes) também requerem atenção especial na análise de liquidez de uma empresa.

7.3 SALDO EM TESOURARIA

O saldo em tesouraria é obtido pela diferença entre ativo financeiro e passivo financeiro, que sinaliza a política financeira da empresa. Se positivo, indica que a empresa terá disponibilidade de recursos para garantir a liquidez no curtíssimo prazo. Se negativo, pode evidenciar dificuldades financeiras iminentes, principalmente se a situação for recorrente (MARQUES; BRAGA, 1995). A fórmula a seguir ilustra o cálculo do saldo em tesouraria.

$$ST = AC_{(financeiro)} - PC_{(financeiro)}$$

O Saldo em Tesouraria (ST) também é igual ao Capital Circulante Líquido deduzido da Necessidade de Capital de Giro. A Figura 7.2 ilustra a composição do CCL, NCG e ST, bem como suas relações.

As diferentes composições que o CCL, NCG e ST podem assumir vão determinar a estrutura financeira de um empreendimento em um dado período.

Note que esses indicadores apresentam valores absolutos, o que torna difícil a comparação entre empresas de diferentes tamanhos. Para solucionar este problema, podem-se dividir os resultados obtidos pela receita líquida e multiplicá-los por 365 dias. Assim, obtém-se CCL em dias de venda, NCG em dias de venda e ST em dias de venda. Ou seja, são medidas relativas e comparáveis entre diferentes entidades.

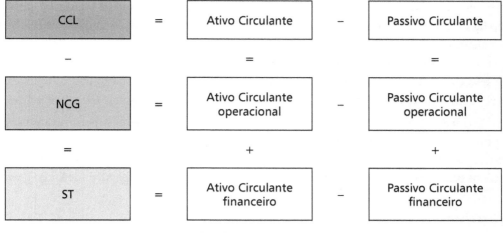

Fonte: adaptada de Marques e Braga (1995).

Figura 7.2 CCL, NCG e ST.

7.4 ANALISANDO CCL, NCG E ST

A análise do Capital Circulante Líquido, da Necessidade de Capital de Giro e do Saldo em Tesouraria, de forma conjunta, poderá proporcionar importantes evidências sobre a liquidez de um empreendimento no curto prazo. A Figura 7.3 ilustra as possibilidades de administração de cada um desses itens, bem como a classificação de cada uma dessas situações sugeridas por Braga (1991).

Tipo/Item	CCL	NCG	ST	Situação
I	+	−	+	Excelente
II	+	+	+	Sólida
III	+	+	−	Insatisfatória
IV	−	+	−	Péssima
V	−	−	−	Muito Ruim
VI	−	−	+	Alto Risco

Fonte: adaptado de Marques e Braga (1995).

Figura 7.3 Tipos de estrutura e situação financeira.

Uma empresa classificada como "Tipo I", como pode ser observado na Figura 7.4, possui Capital Circulante Líquido positivo, pois seus Ativos Circulantes são maiores que seus Passivos Circulantes. A análise da composição desses itens mostra que ela possui fontes de financiamento operacionais que cobrem todos os seus ativos operacionais e ainda sobram recursos! Ou seja, ela talvez tenha prazos junto a fornecedores que cubram a rotação dos estoques e os recebimentos de clientes com folga. Assim, sua Necessidade de Capital de Giro é negativa.

Verifica-se ainda que essa empresa "Tipo I" possui ativos financeiros superiores aos passivos financeiros, mostrando sobra de liquidez. Ou seja, seu saldo em tesouraria é positivo, pois seus ativos financeiros são financiados em pequena parte por passivos financeiros; a maior parte vem dos passivos operacionais e a parte restante (neste exemplo) pelos passivos de longo prazo.

1) Excelente

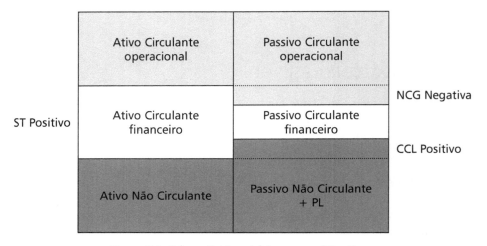

Figura 7.4 Balanço Patrimonial da empresa "Tipo I".

Braga (1991) classifica esse tipo de empresas como "excelentes", em termos de administração do capital de giro. Ainda de acordo com o autor, tal configuração pode ser encontrada entre empresas do setor comercial varejista.

A empresa "Tipo II" (Figura 7.5) possui CCL positivo, pois os Ativos Circulantes totais são maiores que os Passivos Circulantes operacionais e financeiros. Mas mesmo assim, a entidade apresenta necessidade de capital de giro positiva, pois os seus passivos operacionais são insuficientes para financiarem suas aplicações operacionais de curto prazo. Nota-se também que a empresa tem saldo em tesouraria positivo, pois os ativos financeiros são maiores que os passivos financeiros nesse momento. Os recursos de longo prazo investidos no CCL garantirão a continuidade do saldo em tesouraria positivo, se o nível de atividade for mantido.

2) Sólida

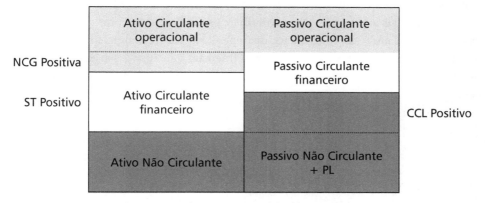

Figura 7.5 Balanço Patrimonial da empresa "Tipo II".

Braga (1991) classifica as empresas do "Tipo II" como empresas "sólidas" e entende que esse tipo de empreendimento representa a posição mais comum no mercado.

A empresa "Tipo III" também apresenta CCL positivo, pois os ativos de curto prazo são superiores aos passivos exigíveis no curto prazo. No entanto, sua Necessidade de Capital de Giro é positiva, uma vez que os passivos operacionais são insuficientes para financiar os Ativos Circulantes operacionais. Além disso, os Passivos Circulantes financeiros (onerosos) são superiores aos Ativos Circulantes financeiros, conforme demonstra a Figura 7.6.

3) Insatisfatória

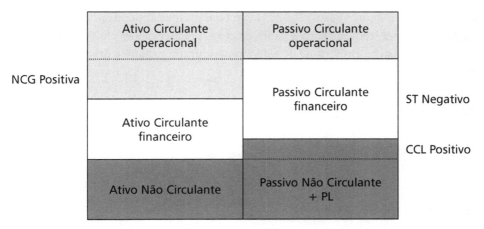

Figura 7.6 Balanço Patrimonial da empresa "Tipo III".

Para Braga (1991), as empresas do "Tipo III" evidenciam uma situação "insatisfatória", pois se houver uma recessão, por exemplo, os itens do Ativo Circulante operacional poderão ter dificuldades de realização, ao passo que o passivo financeiro poderá se elevar em virtude das altas taxas de juros.

A empresa "Tipo IV" possui uma situação complicada: seu CCL é negativo e, o que é pior, sua Necessidade de Capital de Giro é positiva, já que não consegue financiar com seus passivos operacionais a sua operação. Além disso, seu saldo em tesouraria é negativo, pois a empresa está financiando sua Necessidade de Capital de Giro com empréstimos a curto prazo. Aliás, seus passivos financeiros de curto prazo financiam, inclusive, parte de seu Ativo Não Circulante, o que é de fato preocupante. A classificação utilizada por Braga para empresas com esse perfil é "péssima".

4) Péssima

Figura 7.7 Balanço Patrimonial da empresa "Tipo IV".

A empresa "Tipo V", apresentada na Figura 7.8, possui CCL negativo, pois seus Ativos de curto prazo são menores que os Passivos Circulantes, revelando insuficiência de recursos circulantes para fazer frente às necessidades de curto prazo. Embora a Necessidade de Capital de Giro seja negativa, em virtude do saldo em tesouraria negativo, Braga (1991) classifica empresas com esse formato como "muito ruim".

5) Muito ruim

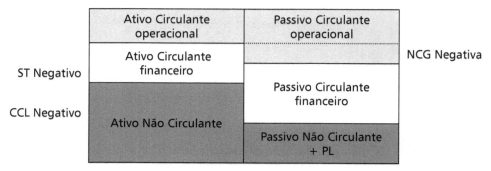

Figura 7.8 Balanço Patrimonial da empresa "Tipo V".

Finalmente, a empresa "Tipo VI" apresenta a seguinte situação: seu CCL é negativo, sua Necessidade de Capital de Giro também é negativa, já que consegue financiar, com seus passivos operacionais, todos os seus ativos operacionais. E o seu saldo em tesouraria é negativo.

6) Alto risco

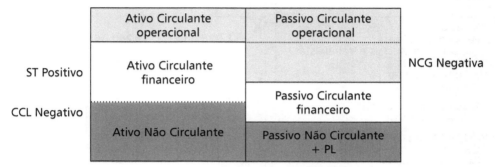

Figura 7.9 Balanço Patrimonial da empresa "Tipo VI".

Braga (1991) classifica empresas com essa conjuntura como "alto risco", notadamente pelo uso de fontes de curto prazo aplicadas em Ativos Não Circulantes.

Em síntese, a empresa apresentará segurança em termos financeiros se seu CCL for maior que a Necessidade de Capital de Giro, pois, nessa situação, as fontes de longo prazo (Passivo Não Circulante) financiam as atividades operacionais e seu saldo em tesouraria é positivo.

No capítulo seguinte, discutiremos melhor alguns fatores relevantíssimos para se completar a análise do CCL e da NCG.

No Quadro 7.1 é reproduzido o Balanço Patrimonial da Cia. Grega. Na sequência são calculados o Capital Circulante Líquido, a Necessidade de Capital de Giro e o Saldo em Tesouraria da Cia. Grega para os três períodos.

Quadro 7.1 Balanço Patrimonial da Cia. Grega

BALANÇO PATRIMONIAL			
ITEM/PERÍODO	1	2	3
ATIVO			
Ativo Circulante	3.396,00	3.615,00	4.341,00
Caixa e equivalentes de caixa	303,00	436,00	588,00
Aplicações financeiras	763,00	765,00	1.157,00
Contas a receber	1.445,00	1.603,00	1.624,00
Estoque matéria-prima	200,00	180,00	210,00
Estoque produtos em elaboração	12,00	14,00	13,00
Estoque produtos acabados	480,00	350,00	490,00
Impostos a recuperar	190,00	260,00	253,00
Despesas antecipadas	3,00	7,00	6,00

(continua)

(continuação)

Ativo Não Circulante	**1.778,00**	**1.711,00**	**1.716,00**
Ativo realizável a longo prazo	187,00	210,00	226,00
Investimentos	156,00	118,00	106,00
Imobilizado	918,00	831,00	860,00
Intangível	517,00	552,00	524,00
TOTAIS	**5.174,00**	**5.326,00**	**6.057,00**
PASSIVO			
Passivo Circulante	**1.026,00**	**1.260,00**	**1.522,00**
Obrigações sociais e trabalhistas	178,00	195,00	217,00
Fornecedores	269,00	320,00	372,00
Contas a pagar	128,00	227,00	157,00
Empréstimos	451,00	518,00	776,00
Passivo Não Circulante	**1.349,00**	**945,00**	**853,00**
Financiamentos	1.349,00	945,00	853,00
PATRIMÔNIO LÍQUIDO	**2.799,00**	**3.121,00**	**3.682,00**
Capital	1.740,00	1.884,00	1.943,00
Reservas de capital	271,00	250,00	251,00
Reservas de lucros	788,00	987,00	1.488,00
TOTAIS	**5.174,00**	**5.326,00**	**6.057,00**

No Quadro 7.2 são apresentados o Capital Circulante Líquido e a Necessidade de Capital de Giro da Cia. Grega para os três períodos.

Quadro 7.2 CCL, NCG e ST da Cia. Grega

Índice	Fórmula	Período 1	Período 2	Período 3
CCL	Ativo Circulante − Passivo Circulante	2.370,00	2.355,00	2.819,00
NCG	Ativo Circ. Operac. − Passivo Circ. Operac.	1.755,00	1.672,00	1.850,00
ST	Ativo Circ. Financ. − Passivo Circ. Financ.	615,00	683,00	969,00

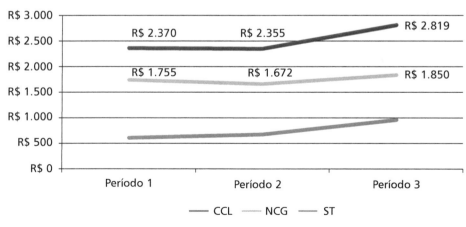

Gráfico 7.1 CCL e NCG da Cia. Grega.

Interpretando o CCL e a NCG da Cia. Grega

Como pode ser notado no Quadro 7.2, o CCL da Cia. Grega é positivo em todos os períodos, revelando que os recursos de curto prazo (Ativo Circulante) são suficientes para fazer frente aos compromissos de curto prazo (Passivo Circulante) da entidade. Além disso, o CCL melhorou significativamente no período "3", demonstrando que a situação financeira está melhorando com o passar dos períodos.

A NCG é positiva e crescente entre os períodos "2" e "3". Como pode ser percebido, as fontes de passivo operacional não crescem na mesma proporção que os ativos operacionais, tornando necessária a busca de fontes onerosas de financiamento para fazer frente às necessidades de investimento na operação. Houve uma queda na NCG no período "2", mas voltou a crescer no período "3".

A evolução positiva das vendas fez com que os ativos operacionais da empresa aumentassem, embora os passivos operacionais também tenham aumentado, mas estes em menor proporção. Ou seja, os acréscimos ocorridos nas vendas, 68,2% no período "2" e 95,5% no período "3" tiveram por consequência os aumentos ocorridos no contas a receber nos estoques, os quais contribuíram tanto para o aumento no CCL quanto na NCG.

O Saldo em Tesouraria também é positivo em todos os períodos, revelando que os ativos financeiros de curto prazo são suficientes para liquidar os passivos financeiros de curto prazo. Ou seja, em termos de capital de giro pode-se dizer que a empresa é sólida.

Assista ao vídeo
Administração do Capital de Giro,
por Prof. Gilberto Miranda.

Assista ao vídeo
Administração do Capital de Giro (Aplicação - Cia. Grega),
por Prof. Gilberto Miranda.

Exercícios

1. Com base no Balanço Patrimonial da Cia. Medusa, apresentado no Quadro 7.3, calcule o Capital Circulante Líquido, a Necessidade de Capital de Giro e o Saldo em Tesouraria para os três períodos. Quais conclusões podem ser tiradas dos valores apurados?

Quadro 7.3 Balanço Patrimonial da Cia. Medusa

BALANÇO PATRIMONIAL			
ITEM/PERÍODO	1	2	3
ATIVO			
Ativo Circulante	**1.373.475**	**1.716.360**	**1.869.895**
Caixa e equivalentes de caixa	54.123	61.242	38.314
Aplicações financeiras	296.374	439.052	521.915
Contas a receber	470.401	452.868	570.280
Estoque matéria-prima	166.816	254.775	285.762
Estoque produtos em elaboração	133.452	203.820	228.610
Estoque produtos acabados	33.363	50.955	57.152
Impostos a recuperar	207.999	240.966	159.469
Despesas antecipadas	10.947	12.682	8.393
Ativo Não Circulante	**868.675**	**1.023.396**	**1.343.693**
Ativo realizável a longo prazo	315.986	449.860	671.434
Investimentos	429.894	443.030	504.420
Imobilizado	47.766	47.766	47.766
Intangível	75.029	82.740	120.073
TOTAIS	**2.242.150**	**2.739.756**	**3.213.588**
PASSIVO			
Passivo Circulante	**828.206**	**1.215.166**	**1.164.981**
Obrigações sociais e trabalhistas	130.706	130.792	162.747
Fornecedores	211.922	255.456	366.494
Contas a pagar	295.028	259.552	409.145
Empréstimos	190.550	569.366	226.595
Passivo Não Circulante	**404.996**	**366.046**	**767.910**
Financiamentos	404.996	366.046	767.910
PATRIMÔNIO LÍQUIDO	**1.008.948**	**1.158.544**	**1.280.697**
Capital	391.423	404.261	418.061
Reservas de capital	138.285	142.979	149.613
Reservas de lucros	479.240	611.304	713.023
TOTAIS	**2.242.150**	**2.739.756**	**3.213.588**

2. Com base no Balanço Patrimonial da Cia. Zeus, apresentado no Quadro 7.4, calcule o Capital Circulante Líquido, a Necessidade de Capital de Giro e o Saldo em Tesouraria para os três períodos. Quais conclusões podem ser tiradas dos valores apurados?

Quadro 7.4 Balanço Patrimonial da Cia. Zeus

BALANÇO PATRIMONIAL			
ITEM/PERÍODO	1	2	3
ATIVO			
Ativo Circulante	5.549.018	8.399.748	14.716.365
Caixa e equivalentes de caixa	257.455	230.327	3.817.994
Aplicações financeiras	1.366.061	2.111.600	608.002
Contas a receber	1.876.928	2.475.373	4.047.234
Estoques	1.570.863	2.827.463	4.823.768
Impostos a recuperar	468.157	739.885	1.390.980
Despesas antecipadas	9.554	15.100	28.387
Ativo Não Circulante	8.169.583	10.174.305	15.216.383
Ativo realizável a longo prazo	2.046.694	2.403.704	3.398.483
Investimentos	92.724	194.227	232.540
Imobilizado	4.867.042	5.356.601	6.703.595
Intangível	1.163.123	2.219.773	4.881.765
TOTAIS	13.718.601	18.574.053	29.932.748
PASSIVO			
Passivo Circulante	3.628.789	6.066.230	13.216.564
Obrigações sociais e trabalhistas	334.337	741.860	949.452
Fornecedores	2.409.501	4.004.395	5.306.349
Duplicatas descontadas	110.234	313.672	353.894
Empréstimos	774.717	1.006.303	6.606.869
Passivo Não Circulante	4.635.591	5.883.603	9.532.080
Financiamentos	4.635.591	5.883.603	9.532.080
PATRIMÔNIO LÍQUIDO	5.454.221	6.624.220	7.184.104
Capital	4.450.725	5.374.751	5.579.259
Reservas de capital	709.031	647.232	463.148
Reservas de lucros	294.465	602.237	1.141.697
TOTAIS	13.718.601	18.574.053	29.932.748

Testes de concursos, exames e processos seletivos

1. **Exame de Suficiência (CFC)** – Em 31 de dezembro de 2X10, uma determinada companhia publicou a seguinte demonstração contábil:

Balanço Patrimonial (em R$)						
	2X09	2X10			2X09	2X10
ATIVO	88.400	107.000	PASSIVO E PL		88.400	107.000
Ativo Circulante	57.400	61.800	Passivo Circulante		36.600	43.400
Disponível	1.400	6.600	Fornecedores		22.000	28.000
Clientes	24.000	27.200	Contas a Pagar		5.600	9.400
Estoques	32.000	28.000	Empréstimos		9.000	6.000
Ativo Não Circulante	31.000	45.200	Passivo Não Circulante		21.800	30.000
Realizável a LP	12.000	18.000	Empréstimos		21.800	30.000
Imobilizado	19.000	27.200	Patrimônio Líquido		30.000	33.600
			Capital		30.000	33.600

Com relação ao Balanço Patrimonial acima, assinale a opção CORRETA:

(A) O Capital Circulante Líquido foi ampliado em R$ 2.400,00 e o Quociente de Liquidez Corrente foi reduzido em 0,15.

(B) O Capital Circulante Líquido foi ampliado em R$ 4.600,00 e o Quociente de Liquidez Corrente foi reduzido em 0,10.

(C) O Capital Circulante Líquido foi reduzido em R$ 2.400,00 e o Quociente de Liquidez Corrente foi reduzido em 0,15.

(D) O Capital Circulante Líquido foi reduzido em R$ 4.600,00 e o Quociente de Liquidez Corrente foi reduzido em 0,10.

2. **Exame de Suficiência (CFC).** Uma empresa possui as seguintes informações extraídas de seu Balancete de Verificação em 30 de junho de 20X1, em milhões de reais:

Grupos de Contas	1º/1/20X1	30/6/20X1
Ativo Circulante	R$ 17.500.000,00	R$ 39.625.000,00
Passivo Circulante	R$ 9.500.000,00	R$ 20.500.000,00

Em relação à variação do Capital Circulante Líquido da empresa, no primeiro semestre de 20X1, assinale a opção CORRETA.

(A) A empresa teve uma variação negativa no Capital Circulante Líquido no montante de R$ 11.125.000,00.

(B) A empresa teve uma variação positiva no Capital Circulante Líquido no montante de R$ 11.125,000,00.

(C) A empresa teve uma variação negativa no Capital Circulante Líquido no montante de R$ 19.125.000,00.

(D) A empresa teve uma variação positiva no Capital Circulante Líquido no montante de R$ 19.125.000,00.

3. **Contador Júnior Itaipu Binacional (UFPR)** – Sobre a transação que afeta o CCL (capital circulante líquido), assinale a alternativa INCORRETA:

(A) Aumento de capital em dinheiro.

(B) Vendas de ativos permanentes para recebimento a longo prazo.

(C) Pagamento de salários.

(D) Recebimento de duplicatas com juros.

(E) Pagamento de dividendos.

4. **Contador Júnior Itaipu Binacional (UFPR)** – Considerando os valores do Balanço Patrimonial a seguir, assinale a alternativa correta:

ATIVO	2X09	2X10	PASSIVO	2X09	2X10
Ativo Circulante	**68.750**	**82.500**	**Passivo Circulante**	**52.250**	**43.500**
Caixa	5.000	10.000	Fornecedores	29.000	17.000
Clientes	31.250	22.500	Impostos a Recolher	23.250	26.500
Estoques	32.500	50.000	**Passivo Não Circ.**	**3.750**	**3.000**
Ativo Não Circulante	**38.750**	**47.500**	**Patrimônio Líquido**	**51.500**	**83.500**
Realizável a LP	15.750	5.000	Capital Social	35.000	60.000
Imobilizado	10.500	22.500	Reservas de Capital	14.000	18.500
Intangível	12.500	20.000	Reservas de Lucros	2.500	5.000
TOTAL	**107.500**	**130.000**	**TOTAL**	**107.500**	**130.000**

(A) O CCL da empresa aumentou em $ 22.500 em 2X10 com relação ao período de 2X09.

(B) O índice de liquidez seca em 2X10 é igual a 1,32.

(C) O índice de endividamento geral em 2X10 é igual a 33%.

(D) O ativo não circulante de 2X10 aumentou em 37% com relação ao período de 2X09.

(E) O índice de liquidez imediata de 2X10 é igual a 0,12.

5. **Administração Seplag/MG (Funcab)** – Considerando o Capital de Giro (CDG), a Necessidade de Capital de Giro (NCG), o Saldo em Tesouraria (ST) e o Indicador de Liquidez (IL), assinale a alternativa correta:

(A) IL = ST / CDG.

(B) ST = CDG – NCG.

(C) CDG = Ativo Permanente – Passivo Cíclico.

(D) NCG = Ativo Cíclico – Passivo Permanente.

8

ÍNDICES DE ATIVIDADE

Os índices de atividade, ou prazos médios, medem o tempo médio que uma empresa leva para realizar certas atividades. Esses prazos são úteis para avaliar a eficiência operacional, a gestão dos recursos financeiros, dos estoques e o ciclo de conversão de caixa. Eles permitem que seja analisado o desempenho operacional da empresa e suas necessidades de investimento em giro (ASSAF NETO, 2023).

Por meio dos prazos médios pode-se analisar o ciclo operacional e de caixa da entidade, "elementos fundamentais para a determinação de estratégias empresariais, tanto comerciais quanto financeiras, geralmente vitais para a determinação do fracasso ou do sucesso de uma empresa" (MATARAZZO, 2010, p. 260). Assim, antes de analisar os índices de prazos médios propriamente ditos, serão tecidas algumas considerações sobre ciclo operacional.

8.1 CICLO OPERACIONAL

O ciclo operacional é composto pelas etapas operacionais utilizadas pela empresa no processo produtivo. Ou seja, é o período de tempo compreendido entre a compra da mercadoria ou matéria-prima até o recebimento do caixa resultante da venda do produto. Esse conceito tem o objetivo de proporcionar uma visão do tempo gasto pela entidade em cada fase do processo produtivo, bem como o volume de capital necessário para suportar financeiramente o prazo envolvido entre a aquisição da mercadoria e o recebimento da venda.

A Figura 8.1 apresenta as principais fases de um ciclo operacional: (a) compra da matéria-prima (MP); (b) estocagem da MP; (c) pagamento da MP; (d) produção; (e) vendas; (f) recebimento das vendas.

Figura 8.1 Fases do ciclo operacional.

Do ponto de vista operacional ou de investimentos no ciclo operacional, tem-se, entre as fases acima, os seguintes prazos: prazo médio de estocagem de matérias-primas (PME); prazo médio de fabricação (PMF); prazo médio de venda (PMV) e prazo médio de cobrança (PMC), em que a soma de todos esses espaços temporais compõe o ciclo operacional, conforme ilustra a Figura 8.2.

Figura 8.2 Prazos que compõem o ciclo operacional.

O financiamento do processo produtivo pode ser bancado por prazos obtidos junto aos próprios fornecedores de mercadorias e serviços e outros passivos cíclicos, que são os denominados recursos operacionais (não onerosos), representados pelo prazo médio de pagamento a fornecedores (PMPF). Mas também pode ser mantido por meio de investimentos financeiros da entidade em capital de giro (recursos onerosos). O prazo que a empresa banca como financiamento é denominado Ciclo de Caixa. A soma do tempo bancado por recursos não onerosos (PMPF) + o tempo bancado por recursos onerosos (ciclo de caixa) é igual ao ciclo operacional. Logo, o ciclo de caixa é igual ao ciclo operacional menos PMPF, conforme demonstra a Figura 8.3.

Figura 8.3 Composição do ciclo de caixa.

Assim, quanto mais rápido a empresa conseguir transformar seus estoques em caixa, menor será o seu ciclo operacional. Da mesma maneira, quanto maiores forem os prazos obtidos junto aos fornecedores, menor será o seu ciclo de caixa, consequentemente, menores serão os seus investimentos em capital de giro.

Somente as empresas industriais, evidentemente, têm a fase de produção, portanto, o ciclo operacional delas contempla a soma dos quatro prazos apresentados na Figura 8.2. Já as demais empresas terão como componentes do ciclo operacional apenas o prazo médio de vendas (PMV) e o prazo médio de cobrança (PMC).

O próximo passo é compreender como são calculados cada um dos prazos médios apresentados na Figura 8.2: prazo médio de estocagem (PME); prazo médio de fabricação (PMF); prazo médio de venda (PMV); prazo médio de cobrança (PMC); e prazo médio de pagamento a fornecedores (PMPF). O Ciclo de Caixa, como visto acima, é calculado pela diferença entre o Ciclo Operacional e o PMPF. A Figura 8.4 ilustra como esses prazos se compõem ao longo do tempo.

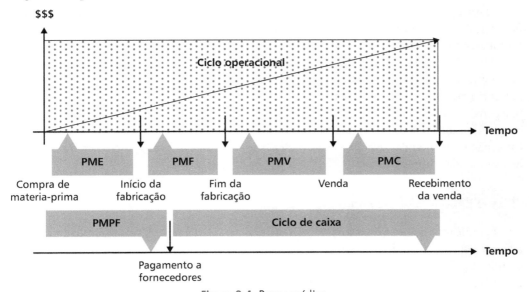

Figura 8.4 Prazos médios.

Note que utilizamos 365 dias nas fórmulas para cálculos dos prazos médios. Embora seja comum o uso de 360 dias na literatura para facilitar os cálculos, entendemos que o uso dos 365 dias que o ano efetivamente possui produza indicadores mais precisos.

8.2 PRAZO MÉDIO DE ESTOCAGEM (PME)

Este índice tem recebido diferentes denominações na literatura: Prazo Médio de Renovação de Estoques (MATARAZZO, 2010; MARION, 2019); Prazo Médio de Estocagem de Matéria-prima (ASSAF NETO, 2023) e Prazo de Rotação[1] de Estoques (MARTINS; DINIZ; MIRANDA, 2020), mas todas com o mesmo significado, isto é, representam o tempo médio consumido entre a compra da matéria-prima e sua requisição para uso na produção.

$$\text{Prazo Médio de Estocagem} = \frac{\text{Estoque Médio de Matéria-prima}}{\text{Consumo Anual}} \times 365$$

O cálculo do consumo anual de matéria-prima pode ser feito com base na fórmula:

$$\text{Consumo anual} = E_i + C - E_f$$

Em que:

E_i = Estoque inicial de matéria-prima;

C = Compras de matéria-prima no período;

E_f = Estoque final de matéria-prima.

O estoque médio pode ser calculado pela média aritmética simples entre o saldo inicial do período e o saldo final. Todavia, o resultado será mais acurado quanto mais detalhadas forem as informações, ou seja, se forem utilizadas as médias trimestrais ou mensais.

Martins, Diniz e Miranda (2020) alertam que as limitações desse indicador crescem substancialmente quando se trabalha com todos os estoques da empresa juntos, pois há grande heterogeneidade de estoques, notadamente nas indústrias. São itens como matéria-prima, embalagens, materiais de uso e consumo, produtos em elaboração e produtos acabados, dentre outros, que apresentam diferentes prazos de estocagem. Um indicador único poderia produzir informações enviesadas. Nesses casos, o ideal seria calcular os prazos médios para cada tipo de estoque da empresa.

8.3 PRAZO MÉDIO DE FABRICAÇÃO (PMF)

O indicador do prazo médio de fabricação não é muito citado na literatura. No entanto, ele adquire relevância em alguns ramos específicos de negócios em que o processo produtivo é mais demorado. Numa indústria de laticínios, por exemplo, existem produtos que são produzidos quase instantaneamente, como o leite pasteurizado, envolvendo pouquíssimas etapas no processo produtivo, ao passo que outros produtos, como o queijo parmesão, poderão levar meses entre o preparo da massa e a cura completa do produto, antes de estar disponível para venda.

---

[1] Segundo os autores, para cálculo da rotação de estoques é necessário inverter o numerador e o denominador.

$$\text{Prazo Médio de Fabricação} = \frac{\text{Estoque Médio de Produtos em Elaboração}}{\text{Custo de Produção}} \times 365$$

Em síntese, o prazo médio de fabricação revela o tempo gasto pela empresa para fabricar seus produtos.

8.4 PRAZO MÉDIO DE VENDAS (PMV)

O prazo médio de vendas, ou prazo médio de estocagem de produtos acabados, como tem sido chamado por alguns autores, consiste no espaço de tempo compreendido entre o término de sua fabricação e a venda efetiva. Ou seja, é o prazo em que o produto ficou estocado à espera de ser vendido.

$$\text{Prazo Médio de Venda} = \frac{\text{Estoque Médio de Produtos Acabados}}{\text{Custo dos Produtos Vendidos}} \times 365$$

8.5 PRAZO MÉDIO DE COBRANÇA (PMC)

O prazo médio de cobrança, ou prazo médio de recebimento de vendas (MARION, 2019), ou prazo médio de recebimento de contas a receber (IUDÍCIBUS, 2017), ou prazo médio de recebimento de clientes (MARTINS; DINIZ; MIRANDA, 2020), conceitualmente, representa o prazo médio gasto no recebimento das vendas a prazo.

$$\text{Prazo Médio de Cobrança} = \frac{\text{Duplicatas a Receber (média)}}{\text{Vendas a Prazo}} \times 365$$

Martins, Diniz e Miranda (2020) chamam a atenção no sentido de informar quais vendas (denominador da fórmula) deveriam ser consideradas no cálculo. Para os autores, deve-se trabalhar com as vendas brutas, pois a conta Duplicatas a Receber (numerador da fórmula) computa o valor total das vendas, incluídos todos os impostos sobre a venda (ICMS, IPI, ISS, PIS, COFINS e outros de setores específicos). Portanto, devem-se utilizar as vendas brutas (inclusive com IPI) descontadas de devoluções, abatimentos etc., ou seja, os mesmos valores que compõem o contas a receber. Nos balanços de hoje (bem elaborados), as vendas brutas poderão ser encontradas nas Notas Explicativas, já que a demonstração do resultado começa com as receitas líquidas.

Outro aspecto importante a ser mencionado: devem-se utilizar apenas as vendas a prazo no cálculo do prazo médio de cobrança. Caso sejam utilizadas todas as vendas, o prazo encontrado será, na verdade, o prazo médio ponderado entre as vendas à vista e as vendas a prazo. Ou seja, o número encontrado não significaria o prazo médio dado para quem compra a prazo, e sim o prazo médio de todas as vendas (MARTINS; DINIZ; MIRANDA, 2020).

8.6 PRAZO MÉDIO DE PAGAMENTO A FORNECEDORES (PMPF)

O prazo médio de pagamento a fornecedores, ou prazo médio de pagamento de compras (MARION, 2019), ou prazo médio de contas a pagar (IUDÍCIBUS, 2017), significa o tempo gasto, em média, pela entidade para pagamento de suas compras a prazo.

$$\text{Prazo Médio de Pagamento a Fornecedores} = \frac{\text{Fornecedores a Pagar (média)}}{\text{Compras a Prazo}} \times 365$$

Martins, Diniz e Miranda (2020) chamam a atenção quanto à dificuldade de cálculo desse indicador para os usuários das demonstrações contábeis que estão fora da empresa. Sobre a conta Fornecedores (numerador da fórmula), os autores enfatizam a importância de analisar o que foi lançado nessa conta, pois muitas empresas incluem, além da compra de matéria-prima ou produtos para revenda, diversos outros tipos de compra (imobilizados, serviços, materiais de consumo etc.). Esses itens podem enviesar o indicador e comprometer a tomada de decisões.

O problema mais crítico, segundo Martins, Diniz e Miranda (2020), se refere ao cálculo das compras a prazo. Muitos autores sugerem o uso da clássica fórmula de cálculo do custo de mercadorias vendidas:

$$CMV = E_i + C - E_f$$

Em que:

CMV = Custo das Mercadorias Vendidas;

E_i = Estoque inicial de mercadorias;

C = Compras de mercadorias no período;

E_f = Estoque final de mercadoria.

No entanto, as compras (denominador) não consideram os impostos incidentes, enquanto os fornecedores (numerador) o fazem. Assim, para quem está fora da empresa, uma alternativa seria colher tais informações na Demonstração do Valor Adicionado, se disponível. No caso das empresas industriais ainda seria pior. Seria necessário separar dos custos dos produtos fabricados a parcela relativa às compras de matéria-prima...

Nos Quadros 8.1 e 8.2 são reproduzidos o Balanço Patrimonial e Demonstração de Resultados da Cia. Grega. Nas Notas Explicativas da empresa constam as seguintes informações:

1. As vendas a prazo totalizam:

   Período 1: $ 3.092,00

   Período 2: $ 5.202,00

   Período 3: $ 6.044,00

2. As compras a prazo totalizam:

   Período 1: $ 1.458,60

   Período 2: $ 1.716,00

   Período 3: $ 3.804,00

3. O consumo de matéria-prima da empresa foi de:

   Período 1: $ 1.475,60

   Período 2: $ 1.736,00

   Período 3: $ 2.774,00

4. Os custos de produção da empresa totalizaram:

   Período 1: $ 1.624,48

   Período 2: $ 2.828,32

   Período 3: $ 3.224,32

Na sequência, são calculados os prazos médios da entidade para os períodos "2" e "3".

Quadro 8.1 Balanço Patrimonial da Cia. Grega

BALANÇO PATRIMONIAL			
ITEM/PERÍODO	1	2	3
ATIVO			
Ativo Circulante	**3.396,00**	**3.615,00**	**4.341,00**
Caixa e equivalentes de caixa	303,00	436,00	588,00
Aplicações financeiras	763,00	765,00	1.157,00
Contas a receber	1.445,00	1.603,00	1.624,00
Estoque matéria-prima	200,00	180,00	210,00
Estoque produtos em elaboração	12,00	14,00	13,00
Estoque produtos acabados	480,00	350,00	490,00
Impostos a recuperar	190,00	260,00	253,00
Despesas antecipadas	3,00	7,00	6,00

(continua)

(continuação)

	1	2	3
Ativo Não Circulante	**1.778,00**	**1.711,00**	**1.716,00**
Ativo realizável a longo prazo	187,00	210,00	226,00
Investimentos	156,00	118,00	106,00
Imobilizado	918,00	831,00	860,00
Intangível	517,00	552,00	524,00
TOTAIS	**5.174,00**	**5.326,00**	**6.057,00**
PASSIVO			
Passivo Circulante	**1.026,00**	**1.260,00**	**1.522,00**
Obrigações sociais e trabalhistas	178,00	195,00	217,00
Fornecedores	269,00	320,00	372,00
Contas a pagar	128,00	227,00	157,00
Empréstimos	451,00	518,00	776,00
Passivo Não Circulante	**1.349,00**	**945,00**	**853,00**
Financiamentos	1.349,00	945,00	853,00
PATRIMÔNIO LÍQUIDO	**2.799,00**	**3.121,00**	**3.682,00**
Capital	1.740,00	1.884,00	1.943,00
Reservas de capital	271,00	250,00	251,00
Reservas de lucros	788,00	987,00	1.488,00
TOTAIS	**5.174,00**	**5.326,00**	**6.057,00**

Quadro 8.2 Demonstração dos Resultados da Cia. Grega

DEMONSTRAÇÃO DOS RESULTADOS			
ITEM/PERÍODO	**1**	**2**	**3**
Receita líquida	3.092,00	5.202,00	6.044,00
Custo dos produtos vendidos	(1.846,00)	(3.214,00)	(3.664,00)
Resultado Bruto	**1.246,00**	**1.988,00**	**2.380,00**
Despesas Operacionais			
Despesas com vendas	(651,00)	(1.172,00)	(1.306,00)
Despesas administrativas	(198,00)	(319,00)	(336,00)
Outras receitas operacionais	15,00	209,00	73,00
Outras despesas operacionais	(24,00)	(60,00)	(59,00)
Resultado da equivalência patrimonial	4,00	(16,00)	(5,00)
Subtotal	**(854,00)**	**(1.358,00)**	**(1.633,00)**

(continua)

(continuação)

Resultado Operacional	**392,00**	**630,00**	**747,00**
Resultado Financeiro Receitas financeiras Despesas financeiras	357,00 (325,00)	317,00 (330,00)	262,00 (220,00)
Subtotal	**32,00**	**(13,00)**	**42,00**
Resultado antes dos Tributos	**424,00**	**617,00**	**789,00**
Provisão para IR e CS 35%	(17,00)	(16,00)	(36,00)
Resultado líquido	**407,00**	**601,00**	**753,00**

Partindo-se do Balanço Patrimonial, da Demonstração dos Resultados e das informações extraídas das Notas Explicativas, são calculados os índices relativos aos prazos médios da Cia. Grega para os períodos "2" e "3", conforme demonstra o Quadro 8.3.

Quadro 8.3 Índices de estrutura patrimonial da Cia. Grega

Índice	Fórmula	Período 2	Período 3
PME	$\dfrac{\text{Estoque Médio de Matéria-prima}}{\text{Consumo Anual}} \times 365$	$\dfrac{190,00}{1.736,00} = 39,9$	$\dfrac{195,00}{2.774,00} = 25,7$
PMF	$\dfrac{\text{Estoque Médio Prod. Elaboração}}{\text{Custo de Produção}} \times 365$	$\dfrac{13,00}{2.828,32} = 1,7$	$\dfrac{13,50}{3.224,32} = 1,5$
PMV	$\dfrac{\text{Estoque Médio Prod. Acabados}}{\text{Custo dos Produtos Vendidos}} \times 365$	$\dfrac{415,00}{3.214,00} = 47,1$	$\dfrac{420,00}{3.664,00} = 41,8$
PMC	$\dfrac{\text{Duplicatas a Receber (média)}}{\text{Vendas a Prazo}} \times 365$	$\dfrac{1.524,00}{5.202,00} = 106,9$	$\dfrac{1.613,50}{6.044,00} = 97,4$
PMPF	$\dfrac{\text{Fornecedores a Pagar (média)}}{\text{Compras a Prazo}} \times 365$	$\dfrac{294,50}{1.716,00} = 62,6$	$\dfrac{346,00}{3.804,00} = 33,2$

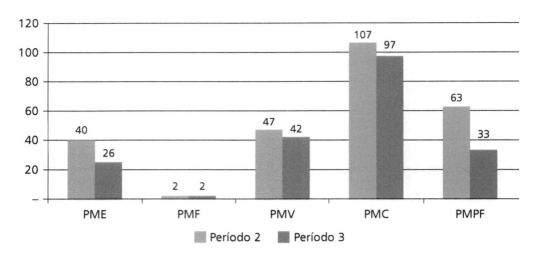

Gráfico 8.1 Prazos médios da Cia. Grega.

O prazo médio de estocagem (PME) foi calculado com base no estoque médio de matéria-prima e no consumo de matéria-prima anual informado. Como pode ser observado no Quadro 8.3, a empresa mantinha por 39,9 dias no período "2" os estoques de matéria-prima, tendo esse prazo sido reduzido para 18,9 dias no período "3".

O prazo médio de fabricação (PMF) é calculado com base nos estoques médios de produtos em elaboração divididos pelos custos totais de produção. Ambas as informações foram mencionadas nas Notas Explicativas. Pode-se notar que o prazo médio de fabricação é muito pequeno, oscilando em torno de um dia e meio.

O prazo médio de vendas (PMV) foi calculado com base no estoque médio de produtos acabados e no custo dos produtos vendidos em cada período, constante na DRE da entidade. De acordo com o Quadro 28, o prazo médio de vendas era de 47,1 dias no período "2", mas foi reduzido para 41,8 dias no período "3".

O prazo médio de cobrança (PMC) foi calculado com base no saldo médio de duplicatas a receber e na parcela de vendas a prazo informada nas Notas Explicativas. Como pode ser notado, o prazo médio de recebimento das vendas também vem sendo reduzido. Era de 106,9 dias no período "2" e caiu para 97,4 dias no período "3".

Finalmente, para cálculo do prazo médio de pagamento a fornecedores (PMPF), divide-se o saldo médio da conta Fornecedores pelo total das compras a prazo. Como pode ser visto, também os prazos de pagamentos a fornecedores vêm sendo reduzidos ao longo do tempo. No período "2" a empresa levava, em média, 62,6 dias para pagar suas compras. No período "3" esse prazo era de somente 33,2 dias.

Com base nos prazos médios calculados no item anterior, podem-se calcular o ciclo operacional e o ciclo de caixa da Cia. Grega.

Ciclo operacional = PME + PMF + PMV + PMC
Ciclo operacional P2 = 195,7 dias
Ciclo operacional P3 = 166,5 dias

Ciclo de caixa = Ciclo operacional − PMPF
Ciclo de caixa P2 = 133,0 dias
Ciclo de caixa P3 = 133,3 dias

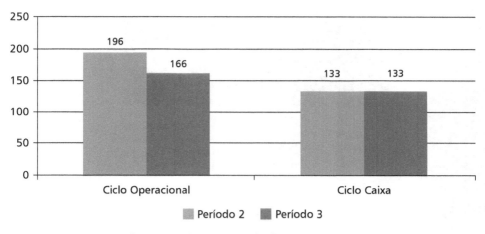

Gráfico 8.2 Ciclos operacional e de caixa da Cia. Grega.

 ## Interpretando os prazos médios da Cia. Grega

A empresa vem reduzindo os prazos médios para fabricar, estocar e pagar suas compras. O que significa que a Cia. Grega está procurando melhorar seus processos de estocagem para que seu ciclo operacional seja otimizado. Efetivamente, em função dessas reduções, o ciclo operacional foi reduzido de 195,7 dias no período "2" para 166,5 dias no período "3".

Todavia, o PMPF também se reduziu quase para metade entre os períodos "2" e "3", o que permite inferir que esses passivos operacionais possuem vencimentos cada vez menores, demandando desembolsos mais rápidos por parte da Cia. Grega. Em função do aumento do ciclo operacional e redução no PMPF, o ciclo de caixa que era de 133,0 dias no período "2" ficou em 133,3 dias no período "3". Esse pequeno crescimento no ciclo de caixa está coerente com o aumento na NCG.

Essa redução no ciclo de caixa contribui para a redução na Necessidade de Capital de Giro. No entanto, como o aumento de vendas foi muito significativo e os PMPF tiveram redução significativa, a queda no ciclo de caixa não foi suficiente para deter o crescimento absoluto da NCG. Em outras palavras, se não houvesse essa queda no ciclo de caixa o crescimento da NCG teria sido ainda maior.

Note que, no segundo período, como o ciclo operacional era de 195,7 dias, mas o de caixa era de 133,0 dias, a empresa precisava financiar esse diferencial de 63 dias. No terceiro período o diferencial caiu para apenas 33 dias. Ou seja, agora a empresa precisa de empréstimos apenas para se sustentar, pouco mais de um mês. Isso é muito bom, você concorda?

Se você olhar a conta de Empréstimos no Passivo Circulante, achará estranho, porque, se for válida essa conclusão logo atrás, seu saldo deveria ter caído bastante. Mas olhe os ativos caixa e aplicações financeiras. Eles cresceram enormemente, e por isso a conta de Empréstimos não baixou: é como se tivesse baixado na parte necessária para financiar os Ativos Circulantes operacionais líquidos, mas precisou aumentar para sustentar tamanhos valores de caixa e aplicações financeiras. Assim, se a empresa não tivesse recursos financeiros ociosos, a conta de Empréstimos teria caído, e bastante, mostrando a validade do raciocínio desenvolvido.

Assista ao vídeo
Índices de Atividade,
por Prof. Gilberto Miranda.

Assista ao vídeo
**Índices de Atividade
(Aplicação - Cia. Grega),**
por Prof. Gilberto Miranda.

 Exercícios

1. Como você relaciona Necessidade de Capital de Giro e ciclo operacional?

2. Complete a Figura 8.5 informando os nomes dos prazos e dos ciclos operacionais conforme os eventos apresentados.

Compra	Estocagem	Fabricação	Venda	Recebimento
Prazos...				

Compra	Ciclo...		Pagamento ao fornecedor	
	Ciclo...			Recebimento

Figura 8.5 Ciclo operacional.

3. Com base no Balanço Patrimonial e Demonstração de Resultados da Cia. Medusa, apresentados no Quadro 8.4 e no Quadro 8.5, calcule o prazo médio de estocagem (PME), o prazo médio de fabricação (PMF), o prazo médio de vendas (PMV), o prazo médio de cobrança (PMC), o prazo médio de pagamento a fornecedores (PMPF), o ciclo operacional e o ciclo de caixa para os períodos 2 e 3. Sabendo que:

a) As vendas a prazo totalizam:

Período 1: $ 3.576.201

Período 2: $ 4.242.057

Período 3: $ 5.136.712

b) As compras a prazo totalizam:

Período 1: $ 961.204

Período 2: $ 1.130.829

Período 3: $ 1.563.003

c) O consumo de matéria-prima da empresa foi de:

Período 1: $ 886.439

Período 2: $ 1.042.870

Período 3: $ 1.132.016

d) Os custos de produção da empresa totalizaram:

Período 1: $ 979.648

Período 2: $ 1.139.217

Período 3: $ 1.369.989

Quais conclusões podem ser tiradas dos indicadores apurados da Cia. Medusa, sabendo-se que o ciclo de caixa do setor gira em torno de 60 dias?

Quadro 8.4 Balanço Patrimonial da Cia. Medusa

BALANÇO PATRIMONIAL			
ITEM/PERÍODO	1	2	3
ATIVO			
Ativo Circulante	**1.373.475**	**1.716.360**	**1.869.895**
Caixa e equivalentes de caixa	54.123	61.242	38.314
Aplicações financeiras	296.374	439.052	521.915
Contas a receber	470.401	452.868	570.280
Estoque matéria-prima	166.816	254.775	285.762
Estoque produtos em elaboração	133.452	203.820	228.610
Estoque produtos acabados	33.363	50.955	57.152
Impostos a recuperar	207.999	240.966	159.469
Despesas antecipadas	10.947	12.682	8.393
Ativo Não Circulante	**868.675**	**1.023.396**	**1.343.693**
Ativo realizável a longo prazo	315.986	449.860	671.434
Investimentos	429.894	443.030	504.420
Imobilizado	47.766	47.766	47.766
Intangível	75.029	82.740	120.073
TOTAIS	**2.242.150**	**2.739.756**	**3.213.588**

(continua)

(continuação)

PASSIVO			
Passivo Circulante	**828.206**	**1.215.166**	**1.164.981**
Obrigações sociais e trabalhistas	130.706	130.792	162.747
Fornecedores	211.922	255.456	366.494
Contas a pagar	295.028	259.552	409.145
Empréstimos	190.550	569.366	226.595
Passivo Não Circulante	**404.996**	**366.046**	**767.910**
Financiamentos	404.996	366.046	767.910
PATRIMÔNIO LÍQUIDO	**1.008.948**	**1.158.544**	**1.280.697**
Capital	391.423	404.261	418.061
Reservas de capital	138.285	142.979	149.613
Reservas de lucros	479.240	611.304	713.023
TOTAIS	**2.242.150**	**2.739.756**	**3.213.588**

Quadro 8.5 Demonstração dos Resultados da Cia. Medusa

DEMONSTRAÇÃO DOS RESULTADOS			
ITEM/PERÍODO	**1**	**2**	**3**
Receita líquida	3.576.201	4.242.057	5.136.712
Custo dos produtos vendidos	(1.113.237)	(1.294.565)	(1.556.806)
Resultado Bruto	**2.462.964**	**2.947.492**	**3.579.906**
Despesas Operacionais			
Despesas com vendas	(1.259.333)	(1.496.125)	(1.704.322)
Despesas administrativas	(461.850)	(520.715)	(690.210)
Outras receitas operacionais	28.354	0	0
Outras despesas operacionais	0	(14.624)	(17.468)
Resultado da equivalência patrimonial	0	0	0
Subtotal	**(1.692.829)**	**(2.031.464)**	**(2.412.000)**
Resultado Operacional	**770.135**	**916.028**	**1.167.906**
Resultado Financeiro			
Receitas financeiras	99.017	84.176	53.639
Despesas financeiras	(121.859)	(126.050)	(103.375)
Subtotal	**(22.842)**	**(41.874)**	**(49.736)**

(continua)

Cap. 8 ■ ÍNDICES DE ATIVIDADE **173**

(continuação)

Resultado antes dos Tributos	747.293	874.154	1.118.170

Provisão para IR e CS 35%	(229.439)	(190.230)	(374.120)

Resultado líquido	517.857	683.924	744.050

4. Com base no Balanço Patrimonial e Demonstração de Resultados da Cia. Zeus, apresentados no Quadro 8.6 e no Quadro 8.7, calcule o prazo médio de vendas (PMV), o prazo médio de cobrança (PMC), o prazo médio de pagamento a fornecedores (PMPF), o ciclo operacional e o ciclo de caixa para os períodos 2 e 3. Sabendo que:

a) As vendas a prazo totalizam:

Período 1: $ 18.033.110

Período 2: $ 23.192.758

Período 3: $ 32.091.674

b) As compras a prazo totalizam:

Período 1: $ 12.355.682

Período 2: $ 14.536.097

Período 3: $ 26.237.781

Quais conclusões podem ser tiradas dos indicadores apurados da Cia. Zeus?

Quadro 8.6 Balanço Patrimonial da Cia. Zeus

BALANÇO PATRIMONIAL			
ITEM/PERÍODO	1	2	3
ATIVO			
Ativo Circulante	**5.549.018**	**8.399.748**	**14.716.365**
Caixa e equivalentes de caixa	257.455	230.327	3.817.994
Aplicações financeiras	1.366.061	2.111.600	608.002
Contas a receber	1.876.928	2.475.373	4.047.234
Estoques	1.570.863	2.827.463	4.823.768
Impostos a recuperar	468.157	739.885	1.390.980
Despesas antecipadas	9.554	15.100	28.387
Ativo Não Circulante	**8.169.583**	**10.174.305**	**15.216.383**
Ativo realizável a longo prazo	2.046.694	2.403.704	3.398.483
Investimentos	92.724	194.227	232.540
Imobilizado	4.867.042	5.356.601	6.703.595
Intangível	1.163.123	2.219.773	4.881.765
TOTAIS	**13.718.601**	**18.574.053**	**29.932.748**

(continua)

(continuação)

PASSIVO			
Passivo Circulante	**3.628.789**	**6.066.230**	**13.216.564**
Obrigações sociais e trabalhistas	334.337	741.860	949.452
Fornecedores	2.409.501	4.004.395	5.306.349
Duplicatas descontadas	110.234	313.672	353.894
Empréstimos	774.717	1.006.303	6.606.869
Passivo Não Circulante	**4.635.591**	**5.883.603**	**9.532.080**
Financiamentos	4.635.591	5.883.603	9.532.080
PATRIMÔNIO LÍQUIDO	**5.454.221**	**6.624.220**	**7.184.104**
Capital	4.450.725	5.374.751	5.579.259
Reservas de capital	709.031	647.232	463.148
Reservas de lucros	294.465	602.237	1.141.697
TOTAIS	**13.718.601**	**18.574.053**	**29.932.748**

Quadro 8.7 Demonstração dos Resultados da Cia. Zeus

DEMONSTRAÇÃO DOS RESULTADOS			
ITEM/PERÍODO	**1**	**2**	**3**
Receita líquida	18.033.110	23.192.758	32.091.674
Custo dos produtos vendidos	(13.279.497)	(17.493.806)	(24.241.476)
Resultado Bruto	**4.753.613**	**5.698.952**	**7.850.198**
Despesas Operacionais			
Despesas com vendas	(2.879.289)	(3.532.481)	(4.904.572)
Despesas administrativas	(574.023)	(679.581)	(912.676)
Outras receitas operacionais		24.731	89.818
Outras despesas operacionais	(615.657)	(562.504)	(555.973)
Resultado da equivalência patrimonial	2.922	5.412	34.499
Subtotal	**(4.066.047)**	**(4.744.423)**	**(6.248.904)**
Resultado Operacional	**687.566**	**954.529**	**1.601.294**
Resultado Financeiro			
Receitas financeiras	291.509	250.030	331.698
Despesas financeiras	(608.297)	(504.505)	(1.154.699)

(continua)

(continuação)

Subtotal	(316.788)	(254.475)	(823.001)
Resultado antes dos Tributos	370.778	700.054	778.293
Provisão para IR e CS (35%)	(111.006)	(94.015)	(86.558)
Resultado líquido	259.772	606.039	691.735

 Testes de concursos, exames e processos seletivos

1. **ENC Ciências Contábeis (MEC)** – A Indústria Alaska Ltda. vem girando 12 vezes, em média, suas duplicatas a receber e 24 vezes seus fornecedores, considerando um ano de 360 dias. As matérias-primas permanecem, normalmente, 40 dias estocadas, antes de serem consumidas no processo produtivo; os produtos acabados demandam 60 dias para serem vendidos e são despendidos ainda 45 dias na fabricação de produtos.

    Supondo que a empresa pudesse reduzir a estocagem de matérias-primas em 10 dias, o período de fabricação em 5 dias e a estocagem de produtos acabados em 15 dias e mantendo o mesmo ciclo financeiro anterior, o prazo adicional que poderia ser concedido aos seus clientes seria de:

    (A) 15 dias.
    (B) 30 dias.
    (C) 45 dias.
    (D) 60 dias.
    (E) 90 dias.

2. **Analista Judiciário – TRT 23ª Região/MT (FCC)** – Dados do Balanço Patrimonial e da Demonstração de Resultado da Cia. Crisântemo, relativos ao exercício findo em 31/12/2X10 (Valores em reais):

    - Saldo da conta de Fornecedores em 31/12/2X09...... 360.000,00
    - Custo das Mercadorias Vendidas............................ 930.000,00
    - Estoque de Mercadorias em 31/12/2X10................... 270.000,00
    - Saldo da conta de Fornecedores em 31/12/2X10...... 400.000,00
    - Estoque de Mercadorias em 31/12/2X09................... 250.000,00

A companhia tem por política financeira efetuar somente compras a prazo. O prazo médio de pagamento a fornecedores da companhia em 2X10 (considerando-se o ano comercial de 360 dias), em número de dias, foi:

(A) 160.

(B) 144.

(C) 152.

(D) 140.

(E) 136.

3. **Analista de Controle Interno TCM/CE (FCC)** – Uma empresa tem prazo médio de renovação dos estoques de 74 dias, prazo médio de recebimento das vendas de 63 dias e prazo médio de pagamento das compras de 85 dias. O ciclo de caixa dessa empresa, em dias, é:

(A) 22.

(B) 52.

(C) 137.

(D) 148.

(E) 222.

4. **Contador Nossa Caixa Desenvolvimento (FCC)** – Utilize as informações a seguir, extraídas das Demonstrações Contábeis de uma Companhia Aberta:

- Receita Líquida de Vendas..R$ 625.000,00
- Custo das Mercadorias Vendidas................................R$ 300.000,00
- Lucro Líquido do Exercício ....R$ 120.000,00
- Patrimônio Líquido ....R$ 800.000,00
- Estoque Médio do Exercício...R$ 125.000,00

O prazo médio de renovação de estoques (considere o ano comercial de 360 dias) e a margem bruta sobre vendas são, respectivamente:

(A) 150 dias e 52%.

(B) 180 dias e 45%.

(C) 165 dias e 48,5%.

(D) 120 dias e 56%.

(E) 210 dias e 42%.

5. Contador UFOP – Considere as afirmativas:

I.   O ciclo operacional de uma empresa tem início com a recepção dos materiais (ou das mercadorias para revenda) e termina com a entrada do dinheiro em caixa, derivada do recebimento das vendas.

II. O ciclo financeiro compreende o prazo entre as saídas de caixa relativas aos pagamentos dos fornecedores e as entradas de caixa provenientes dos recebimentos das vendas.

III. O prazo médio para renovação dos estoques é uma medida arbitrária, porém útil, pois considera o número médio de dias que a empresa demora para receber de seus clientes.

Marque a alternativa correta.

(A) Somente as afirmativas I e II são verdadeiras.

(B) Somente as afirmativas I e III são verdadeiras.

(C) Somente as afirmativas II e III são verdadeiras.

(D) Todas as afirmativas são verdadeiras.

9
ÍNDICES DE RENTABILIDADE

Nos capítulos anteriores, a ênfase estava na análise financeira das demonstrações contábeis (liquidez, estrutura patrimonial e prazos médios). A partir deste momento o enfoque passará ao aspecto econômico da análise das demonstrações contábeis. Aliás, a rentabilidade é a alma do negócio. Sem rentabilidade a continuidade da empresa estará comprometida. Nesse sentido, são inevitáveis as perguntas: qual investimento proporciona o maior retorno? Como medir esse retorno? Qual o risco do investimento? O primeiro grupo de indicadores a serem estudados é composto exatamente pelos índices que mostram a rentabilidade dos capitais investidos no empreendimento.

Os índices de rentabilidade são medidas financeiras que avaliam a eficiência com que uma empresa gera lucro com relação a diferentes variáveis, como vendas, ativos ou patrimônio líquido. Dessa maneira, torna-se mais visível o desempenho econômico da entidade, independentemente do seu tamanho. Mesmo assim, recomenda-se avaliar o desempenho da entidade dentro do respectivo setor econômico. Pois a rentabilidade média de empresas que trabalham com altos giros, como empresas atacadistas, por exemplo, será muito diferente da rentabilidade de setores de serviços ou dos bancos... Assim, deve-se comparar a rentabilidade de um atacadista com a média do setor atacadista. Enquanto a rentabilidade de um banco deve ser comparada com a média do setor bancário. Para se analisar setores diferentes só se for levada em conta também a diferença de riscos entres esses setores.

Os índices de rentabilidade, portanto, são fundamentais na análise das demonstrações contábeis, proporcionando informações sobre o desempenho financeiro e a capacidade da empresa de gerar retornos para seus investidores.

Figura 9.1 Diversidade de resultados.

Serão apresentados e discutidos, a seguir, os índices: retorno sobre o investimento, giro do ativo, margem líquida, decomposição do retorno sobre o investimento, retorno sobre o Patrimônio Líquido, alavancagem financeira, EBITDA e EVA.

9.1 RETORNO SOBRE O INVESTIMENTO

Este indicador também é chamado de Rentabilidade do Ativo. No entanto, a nomenclatura "retorno sobre o investimento" ou "*return on investment*" (ROI) retrata melhor a sua natureza, uma vez que o denominador da equação é o investimento próprio e o obtido de terceiros mediante empréstimos ou financiamentos, e não o ativo da empresa, como poderá ser visto adiante.

Esse é um dos indicadores mais utilizados na prática, por isso a importância da sua análise. Ele evidencia o quanto a empresa obteve de resultados com relação aos investimentos nela realizados. Afinal de contas, para que a empresa possa exercer suas atividades, ela necessita de investimentos em instalações, ferramentas, máquinas, estoques etc. Ou seja, a rentabilidade do negócio é fortemente dependente do capital investido na atividade.

$$\text{Retorno sobre o Investimento} = \frac{\text{Lucro Operacional Líquido}_{(ajustado)}}{\text{Investimento}} \times 100$$

Esse índice trabalha com o lucro operacional gerado pela entidade antes de ser afetado pelas despesas financeiras, isto é, independentemente da forma como é financiado (com recursos próprios ou de terceiros). Ou seja, o numerador da fórmula deve ser o lucro operacional líquido ajustado, que refere-se ao lucro que os investimentos geraram na consecução da atividade-objeto da empresa. É determinado essencialmente pela decisão de

Cap. 9 ■ ÍNDICES DE RENTABILIDADE **181**

investimento da empresa, não sendo, por conseguinte, influenciado por sua estrutura de financiamento (ASSAF NETO, 2010, p. 205). Portanto, para cálculo do ROI, devem-se segregar as despesas financeiras e o efeito delas no IR a pagar para cálculo do lucro operacional líquido.

A DRE da Cia. Grega (simplificada) ilustra como ficariam os ajustes aqui mencionados. Veja que a empresa tem uma alíquota de Imposto de Renda de 35%, obviamente o valor apresentado não corresponde a 35% do lucro operacional porque foi calculado com base no lucro real, segundo critérios da legislação fiscal.

Quadro 9.1 Demonstração do Resultado do Exercício da Cia. Grega

DEMONSTRAÇÃO DO RESULTADO DO EXERCÍCIO			
	Período 1	**Período 2**	**Período 3**
Receitas	3.092,00	5.202,00	6.044,00
(–) CMV	1.846,00	3.214,00	3.664,00
Lucro Bruto	**1.246,00**	**1.988,00**	**2.380,00**
(–) Despesas Operacionais	497,00	1.041,00	1.371,00
(–) Despesas Financeiras	325,00	330,00	220,00
Resultado Operacional	**424,00**	**617,00**	**789.000**
(–) Provisão IR	17,00	16,00	36,00
Resultado Líquido	**407,00**	**601,00**	**753,00**

Para cálculo do lucro operacional líquido ajustado (LOL), devem-se retirar as despesas financeiras do resultado, bem como o efeito do IR provocado no resultado por tais despesas financeiras. Como já mencionado, todas as despesas financeiras são dedutíveis. Portanto, a DRE ficaria conforme demonstrado no Quadro 9.2.

Quadro 9.2 Demonstração do Resultado do Exercício da Cia. Grega (Ajustada)

DEMONSTRAÇÃO DO RESULTADO DO EXERCÍCIO			
	Período 1	**Período 2**	**Período 3**
Receitas	3.092,00	5.202,00	6.044,00
(–) CMV	1.846,00	3.214,00	3.664,00
Lucro Bruto	**1.246,00**	**1.988,00**	**2.380,00**

(continua)

(continuação)

(–) Despesas Operacionais	497,00	1.041,00	1.371,00
Lucro antes do IR	**749,00**	**947,00**	**1.009,00**
(–) Provisão IR (sem as Desp. Financeiras)	131,75	131,50	113,00
Lucro Líquido Operacional (ajustado)	**618,25**	**815,50**	**896,00**
(–) Despesas Financeiras	325,00	330,00	220,00
(+) Economia de IR (Desp. Financeiras)	<u>113,75</u>	<u>115,50</u>	<u>77,00</u>
Resultado Líquido	**407,00**	**601,00**	**753,00**

Inicialmente, foi calculado o valor do Imposto de Renda economizado pela existência das despesas financeiras:

- Período 1 = 325,00 × 0,35 = 113,75
- Período 2 = 330,00 × 0,35 = 115,50
- Período 3 = 220,00 × 0,35 = 77,00

Posteriormente, para cálculo do Lucro Operacional Líquido$_{(ajustado)}$, foram somados: o resultado líquido menos o imposto de renda sobre as despesas financeiras (economizado), mais as despesas financeiras. Ou seja:

- Período 1 = 407,00 – 113,75 + 325,00 = 618,25
- Período 2 = 601,00 – 115,50 + 330,00 = 815,50
- Período 3 = 753,00 – 77,00 + 220,00 = 896,00

Perceba que o cálculo é feito começando pelo resultado líquido, de baixo para cima, ou seja, os sinais que estão na DRE ficam trocados.

Note que o resultado líquido deve ser o mesmo. Houve apenas a separação das despesas financeiras e seu impacto no Imposto de Renda. Portanto, para cálculo do ROI, o Lucro Operacional Líquido$_{(ajustado)}$ (numerador da equação) seria: $ 618,25 no período "1", $ 815,50 no período "2" e $ 896,00 no período "3". Ou seja, o LOL é obtido pela soma do lucro líquido do período com as despesas financeiras líquidas de impostos, conforme demonstrado a seguir.

$$LOL_{(ajustado)} = LL + DF_{(líquidas\ do\ IR)}$$

Em que:

LOL = Lucro Operacional Líquido;

LL = Lucro Líquido;

DF = Despesas Financeiras;

IR = Imposto de Renda.

As despesas financeiras são provenientes de passivos, por isso não são consideradas operacionais. E isso é total consenso. Já as receitas financeiras, geralmente, originam-se do ativo da entidade, portanto, são consideradas operacionais por diversos autores e analistas. Na verdade, se as receitas financeiras são parte do negócio, como no caso de quem financia clientes e cobra juros que são registrados à parte, e não como componentes do preço, essas receitas são genuinamente operacionais. As receitas financeiras das aplicações de caixa que se referem aos valores normalmente mantidos na empresa para fazer face aos seus compromissos habituais também têm característica de operacionais. Já as receitas financeiras derivadas de recursos financeiros ociosos, ou à espera de aplicações em novos investimentos, devem realmente não ser consideradas operacionais, mesmo porque são temporárias. Nesse sentido, embora as normas contábeis não exijam, é importante a segregação entre receitas e despesas financeiras na Demonstração de Resultados para que o analista considere as despesas financeiras no ajuste do lucro operacional e, se for o caso, para que considere parte das receitas financeiras também nesse lucro, conforme julgar adequado.

O denominador da equação também requer alguns cuidados. No que se refere à composição dos investimentos presentes no Ativo, há a necessidade de se retirar o passivo de funcionamento (não oneroso) para cálculo do investimento. Ou seja, o investimento corresponde ao ativo total deduzido o valor do passivo de funcionamento. De maneira mais didática, o investimento é formado exatamente pela soma do capital próprio (PL) com os passivos financeiros (PF) de curto e longo prazos.

Acrescentam Martins, Diniz e Miranda (2020) que é muito comum a dúvida sobre qual Ativo utilizar (inicial, médio, final?). Segundo os autores, o mais prático é utilizar os valores médios do Ativo ao longo do ano, se houver tal informação disponível. Assim, o investimento poderá ser calculado de duas formas:

$$\text{Investimento} = \frac{A_{(inicial)} - PO_{(iniciais)} + A_{(final)} - PO_{(finais)}}{2}$$

Em que:

A = Ativo;

PO = Passivos Operacionais (de curto e longo prazos).

ou

$$\text{Investimento} = \frac{PL_{(inicial)} + PL_{(final)} + PF_{(iniciais)} + PF_{(finais)}}{2}$$

Em que:

PL = Patrimônio Líquido;

PF = Passivos Financeiros (de curto e longo prazos).

No Quadro 9.3 é apresentado o Balanço Patrimonial da Cia. Grega para cálculo do Retorno sobre o Investimento.

Quadro 9.3 Balanço Patrimonial da Cia. Grega

BALANÇO PATRIMONIAL			
ITEM/PERÍODO	1	2	3
ATIVO			
Ativo Circulante	**3.396,00**	**3.615,00**	**4.341,00**
Caixa e equivalentes de caixa	303,00	436,00	588,00
Aplicações financeiras	763,00	765,00	1.157,00
Contas a receber	1.445,00	1.603,00	1.624,00
Estoque matéria-prima	200,00	180,00	210,00
Estoque produtos em elaboração	12,00	14,00	13,00
Estoque produtos acabados	480,00	350,00	490,00
Impostos a recuperar	190,00	260,00	253,00
Despesas antecipadas	3,00	7,00	6,00
Ativo Não Circulante	**1.778,00**	**1.711,00**	**1.716,00**
Ativo realizável a longo prazo	187,00	210,00	226,00
Investimentos	156,00	118,00	106,00
Imobilizado	918,00	831,00	860,00
Intangível	517,00	552,00	524,00
TOTAIS	**5.174,00**	**5.326,00**	**6.057,00**
PASSIVO			
Passivo Circulante	**1.026,00**	**1.260,00**	**1.522,00**
Obrigações sociais e trabalhistas	178,00	195,00	217,00
Fornecedores	269,00	320,00	372,00
Contas a pagar	128,00	227,00	157,00
Empréstimos	451,00	518,00	776,00
Passivo Não Circulante	**1.349,00**	**945,00**	**853,00**
Financiamentos	1.349,00	945,00	853,00
PATRIMÔNIO LÍQUIDO	**2.799,00**	**3.121,00**	**3.682,00**
Capital	1.740,00	1.884,00	1.943,00
Reservas de capital	271,00	250,00	251,00
Reservas de lucros	788,00	987,00	1.488,00
TOTAIS	**5.174,00**	**5.326,00**	**6.057,00**

Com base no Quadro 9.3, verifica-se que o ativo médio deduzido dos passivos operacionais para os períodos "2" e "3" seria, respectivamente:

- [($ 5.174,00 − $ 178,00 − $ 269,00 − $ 128,00) +($ 5.326,00 − $ 195,00 − $ 320,00 − $ 227,00)/2] = $ 4.591,50
- [($ 5.326,00 − $ 195,00 − $ 320,00 − $ 227,00) + ($ 6.057,00 − $ 217,00 − $ 372,00 − $ 157,00)/2] = $ 4.947,50

Dessa maneira, considerando o Lucro Operacional Líquido$_{(ajustado)}$ apurado no Quadro 9.2, o cálculo do ROI para os dois períodos seria:

- Período "2" = $ 815,50/4.591,50 × 100 = 17,76%
- Período "3" = $ 896,00/4.947,50 × 100 = 18,11%

Esses resultados indicam que para cada $ 100,00 investidos no seu ativo, a empresa obtém um retorno anual de cerca de $ 18,00. Analisando a rentabilidade dos investimentos, é possível identificar que ela permaneceu praticamente constante nos dois períodos. Por outro lado, caso a empresa queira obter recursos de terceiros, só é interessante se os custos de captação forem inferiores às taxas acima (17,76% no período "2" e 18,11% no período "3"). Caso contrário, poderá afetar a rentabilidade dos sócios.

Nunca é demais lembrar que esse indicador, por trabalhar com ativos registrados em diferentes épocas, sofre as limitações relativas à ausência da correção monetária nos ativos.

9.2 GIRO DO ATIVO

Esse índice compara as vendas da empresa com o seu investimento. É estabelecida uma relação entre as vendas líquidas e o ativo da entidade. Ou seja, esse índice indica quanto a empresa vendeu para cada real investido. Quanto mais a empresa conseguir girar o seu ativo, melhores serão os resultados.

$$\text{Giro do Ativo} = \frac{\text{Receitas Líquidas}}{\text{Investimento}}$$

Conforme dito anteriormente, no que se refere à composição dos investimentos, é necessária a retirada do passivo de funcionamento (não oneroso) para cálculo do investimento. Ou seja, o investimento corresponderia ao ativo total deduzido do valor do passivo de funcionamento.

As receitas líquidas da Cia. Grega estão expressas no Quadro 9.2. São: $ 5.202,00 no período "2" e $ 6.044,00 no período "3". Com base no Quadro 9.3, verifica-se que o ativo médio para os períodos "2" e "3" seria, respectivamente:

- [($ 5.174,00 – $ 178,00 – $ 269,00 – $ 128,00) + ($ 5.326,00 – $ 195,00 – $ 320,00 – $ 227,00)/2] = $ 4.591,50
- [($ 5.326,00 – $ 195,00 – $ 320,00 – $ 227,00) + ($ 6.057,00 – $ 217,00 – $ 372,00 – $ 157,00)/2] = $ 4.947,50

Dessa maneira, o giro do ativo da Cia. Grega para os dois períodos seria: receita líquida (Quadro 9.1) dividida pelo ativo médio:

- "Período 2" = $ 5.202,00/$ 4.591,50 = 1,1330
- "Período 3" = $ 6.044,00/$ 4.947,50 = 1,2218

Pelo que se pode observar, os ativos da Cia. Grega giraram 1,13 vez no período "2" e 1,22 no período "3".

9.3 MARGEM OPERACIONAL

Uma empresa pode aumentar suas vendas e não conseguir transformar esse aumento em lucro. Assim, observando apenas a linha das vendas, ter-se-á a impressão de que as coisas estão melhorando. Por outro lado, considerando apenas a linha do lucro, pode-se imaginar que a situação permanece a mesma. No entanto, quando se observa a margem operacional, verifica-se que o índice estará diminuindo, pois as vendas aumentam e os lucros não... Nesse caso, as análises horizontal e vertical poderão mostrar onde está sendo consumido o resultado gerado pelo aumento de vendas.

A margem operacional indica, portanto, o percentual das vendas convertido em lucro. Ou seja, o percentual representado pelo lucro líquido operacional (ajustado) sobre as receitas líquidas.

$$\text{Margem Operacional} = \frac{\text{Lucro Operacional Líquido}_{\text{(ajustado)}}}{\text{Receitas Líquidas}} \times 100$$

Esse indicador (também chamado de índice de **lucratividade**) é um importante sinalizador de rentabilidade da empresa. No entanto, é preciso cuidado quando se faz comparações entre empresas de diferentes setores, pois a margem é bastante influencia-da pelo giro dos produtos. Empresas com alta rotatividade de estoques, como empre-sas comerciais, tendem a apresentar margens menores que empresas com baixos giros, como geradoras de energia elétrica, refinarias de petróleos, indústrias automobilísticas etc. A análise apenas da margem, sem considerar a estrutura de capitais, pode conduzir a conclusões enviesadas.

Considerando o Resultado Líquido do Exercício (ajustado) apurado no Quadro 9.2, o cálculo da margem operacional para os três períodos seria:

- Período "1" = $ 618,25/3.092,00 × 100 = 20,00%
- Período "2" = $ 815,50/5.202,00 × 100 = 15,68%
- Período "3" = $ 896,00/6.044,00 × 100 = 14,82%

Apesar do aumento das vendas da Cia. Grega, a margem operacional vem diminuindo ao longo dos períodos analisados.

9.4 DECOMPOSIÇÃO DO ROI

Observe as três fórmulas a seguir. Você percebe alguma relação entre elas?

$$\text{Retorno sobre o Investimento} = \frac{\text{Lucro Operacional Líquido}_{(ajustado)}}{\text{Investimento}} \times 100$$

$$\text{Giro do Ativo} = \frac{\text{Receitas Líquidas}}{\text{Investimento}}$$

$$\text{Margem Operacional} = \frac{\text{Lucro Operacional Líquido}_{(ajustado)}}{\text{Receitas Líquidas}} \times 100$$

Note que a Rentabilidade do Investimento pode ser desmembrada em Giro e Margem: Receitas Líquidas/Investimento × Lucro Operacional Líquido (ajustado)/Receitas Líquidas, também conhecida como fórmula Dupont. Essa informação é importante no sentido de detalhar a composição do ROI, gerando indicadores detalhados da atividade, os quais podem ser muito úteis à gestão. Veja na Figura 9.2 a decomposição mais ampla do ROI.

Figura 9.2 Decomposição do ROI.

Utilizando os dados da Cia. Grega, a decomposição do ROI em Giro e Margem ficaria da seguinte maneira:

- Período "2" = Giro × Margem = ($ 5.202,00/$ 4.591,50) × ($ 815,50/$ 5.202,00)

    = 1,1330 × 0,1568

    = 0,1776 (ou seja, 17,76%)

- Período "3" = Giro × Margem = ($ 6.044,00/$ 4.947,50) × ($ 896,00/$ 6.044,00)

    = 1,2216 × 0,1482

    = 0,1811 (ou seja, 18,11%)

Como pode ser percebido, o ROI apurado foi exatamente o mesmo calculado anteriormente (Seção 9.1). O Quadro 9.4 sintetiza a decomposição do ROI da Cia. Grega.

Quadro 9.4 Decomposição do ROI da Cia. Grega

Índice	Fórmula	Período 1	Período 2	Período 3
Retorno sobre investimento	Lucro operacional líquido (ajustado) / Investimento		815,50 / 4.591,50 = 17,76%	896,00 / 4.947,50 = 18,11%

(continua)

(continuação)

Giro do ativo	Receitas líquidas / Investimento		$\dfrac{5.202,00}{4.591,50} = 1,1330$	$\dfrac{6.044,00}{4.947,50} = 1,2216$
Margem operacional	Lucro operacional líquido (ajustado) / Receitas líquidas	$\dfrac{618,25}{3.092,00} = 20,00\%$	$\dfrac{815,50}{5.202,00} = 15,68\%$	$\dfrac{896,00}{6.044,00} = 14,82\%$

Ao analisar este indicador, Martins, Diniz e Miranda (2020) chamam a atenção para o fato de que a variação entre certos ramos econômicos nessa composição é enorme. Eles citam o seguinte exemplo: uma geradora de energia elétrica às vezes vende o equivalente, num ano, a 50% do seu ativo, mas obtém uma margem de 30% sobre suas vendas, o que acaba dando um lucro de 15% sobre o ativo. Já um supermercado pode girar o equivalente a 5 vezes (500%) seu ativo, mas ganhar apenas 3% sobre suas vendas, o que lhe rende o mesmo lucro de 15% sobre o ativo no ano.

Veja as relações entre giro e margem operacional de diferentes setores da economia, extraídos do sítio eletrônico do Instituto Assaf, no Quadro 9.5.

Quadro 9.5 Giro e margem operacional por setor – 2024

Setor	Giro	Margem
Agropecuária e Agricultura	1,57	6,86%
Água e Saneamento	0,57	15,99%
Artefatos de Metais	1,47	6,87%
Automóveis, Motocicletas e Material Rodoviário	1,57	8,77%
Calçados	0,81	12,61%
Carnes e Derivados, Alimentos e Bebidas	1,92	7,36%
Comércio em geral	2,11	4,01%
Construção Civil e Engenharia	0,39	13,04%
Eletrodomésticos	3,00	6,91%
Energia Elétrica	0,52	20,80%
Exploração de Rodovias	0,49	36,61%
Indústria de Materiais Diversos	0,93	17,37%
Lazer, Cultura e Entretenimento	0,17	21,07%
Máquinas e Equipamentos	1,58	14,14%
Material de Transporte	0,72	2,93%
Mineração	0,82	29,97%
Papel e Celulose	0,50	38,07%
Petróleo, Gás e Biocombustíveis	1,19	21,21%

(continua)

(continuação)

Setor	Giro	Margem
Química Diversificada	1,71	20,38%
Serviços de Telecomunicações	0,54	12,50%
Serviços de Transportes	0,60	17,79%
Serviços Diversos	0,50	17,25%
Serviços Educacionais	0,39	11,72%
Serviços Médicos e Hospitalares e Medicamentos	0,84	10,78%
Siderurgia	1,02	13,83%
Tecnologia da Informação	0,72	11,45%
Varejo linhas especiais	2,76	6,28%
Vestuário, Tecidos e Acessórios	0,96	9,67%
Todos os setores	0,99	16,23%

Fonte: Instituto Assaf (2024).

9.5 RETORNO SOBRE O PATRIMÔNIO LÍQUIDO

O índice retorno sobre o Patrimônio Líquido expressa os resultados alcançados pela administração da empresa na gestão dos recursos próprios e de terceiros, em benefício dos acionistas (IUDÍCIBUS, 2017). Ou seja, verifica o retorno obtido pelos acionistas considerando a estrutura de capital utilizada pela entidade em determinado período.

$$\text{Retorno sobre o Patrimônio Líquido} = \frac{\text{Lucro Líquido}}{PL_{(inicial)}} \times 100$$

Segundo Martins, Diniz e Miranda (2020, p. 207), o retorno sobre o Patrimônio Líquido é o mais importante dos indicadores. "Porque demonstra a capacidade de a empresa remunerar o capital que foi investido pelos sócios! Só isso. Quem remunera bem esse capital, que cumpriu seu grande dever para com os que a criaram e nela [na empresa] investiram. Nesse caso não há dúvida, o relevante é mesmo o Lucro Líquido, líquido de todos os encargos relativos a capitais de terceiros. É o que sobra para os sócios."

Uma dúvida que normalmente ocorre é sobre qual PL utilizar. Inicial, médio ou final? Devido às dificuldades práticas de se apurar o PL teoricamente correto, ou seja, atribuindo aos capitais que estiveram à disposição da empresa o tempo que efetivamente foram utilizados, Martins, Diniz e Miranda (2020) sugerem o uso do PL inicial; no entanto, salientam que é preciso que se avalie cada caso e que se façam os ajustes necessários. Assaf Neto (2023) propõe uma alternativa, sugere o uso do PL final deduzido do lucro líquido, o que seria válido quando todo o lucro ainda está no PL. No entanto, é importante lembrar que os lucros podem já ter sido distribuídos, portanto não estariam no PL. Além disso, podem ter ocorrido diversas outras modificações no PL por questões distintas do lucro.

Seguindo a proposta de Martins, Diniz e Miranda (2020), com base no Quadro 9.3 verifica-se que o Patrimônio Líquido inicial para os períodos "2" e "3" eram, respectivamente:

- = $ 2.799,00
- = $ 3.121,00

Dessa maneira, o cálculo do retorno sobre o Patrimônio Líquido da Cia. Grega para os dois períodos seria (lucro líquido/PL inicial):

- Período "2" = $ 601,00/$ 2.799,00 = 0,2147 × 100 = 21,47%
- Período "3" = $ 753,00/$ 3.121,00 = 0,2413 × 100 = 24,13%

Assista ao vídeo
Índices de Retorno (ROE, ROI, Giro e Margem),
por Prof. Gilberto Miranda.

Assista ao vídeo
Índices de Retorno (ROE, ROI, Giro e Margem) - Aplicação - Cia. Grega,
por Prof. Gilberto Miranda.

9.6 ALAVANCAGEM FINANCEIRA

Os dados da Cia. Grega mostram que a empresa apurou ROI de 17,76% no período "2" e 18,11% no período "3". Já o retorno sobre o Patrimônio Líquido nos mesmos períodos foi de 21,47% e 24,13%, respectivamente. Por que o retorno obtido pelos acionistas foi maior que o retorno da empresa?

Assista ao vídeo
Dormi profissional e acordei professor - A Saga de Dona Adelaide,
por Prof. Gilberto Miranda.

A alavancagem financeira ocorre quando a empresa consegue recursos de terceiros com taxas inferiores aos resultados proporcionados pela aplicação desses recursos na entidade. Nessas circunstâncias, o diferencial de rentabilidade é incorporado aos resultados dos sócios, provocando um aumento desproporcional em sua rentabilidade. Funciona como se fosse uma verdadeira "alavanca" nos resultados dos proprietários. Mas pode ocorrer o contrário. Se a taxa de captação dos recursos de terceiros for superior àquela gerada pela aplicação dos recursos, haverá uma destruição nos resultados dos sócios, também de maneira desproporcional. É como se a alavanca fosse usada ao contrário...

Figura 9.3 Alavancando os resultados.

Assaf Neto (2010, p. 111) sintetiza o conceito de alavancagem financeira como "[...] a capacidade que os recursos de terceiros apresentam de elevar os resultados líquidos dos proprietários". Também tem sido dito que a alavancagem é como a bebida alcoólica, porque torna os bons tempos melhores e os maus, piores... pois eleva a volatilidade dos rendimentos e, consequentemente, o risco. Matarazzo (2010) apresenta a seguinte fórmula para cálculo do grau de alavancagem financeira (GAF):

$$GAF = \frac{\text{Retorno sobre PL}}{\text{Retorno sobre Investimento}}$$

Ou seja,

$$GAF = \frac{LL/PL_{(inicial)}}{\text{Lucro Operacional Líquido}_{(ajustado)}/\text{Investimento}}$$

Martins, Diniz e Miranda (2020), Assaf Neto (2023) e Iudícibus (2017) apresentam outras formas de cálculo do grau de alavancagem financeira. Utilizando as equações anteriores, propostas por Matarazzo (2010), o grau de alavancagem financeira da Cia. Grega ficaria:

- GAF período "2" = (\$ 601,00/\$ 2.799,00)/(\$ 815,50 /4.591,50) = 0,2147 /0,1776 = 1,2089
- GAF período "3" = (\$ 753,00/\$ 3.121,00)/(\$ 896,00/4.947,50) = 0,2413 /0,1811 = 1,3322

De acordo com os resultados apurados acima, verifica-se que a empresa obteve retorno sobre o Patrimônio Líquido na ordem de 21,47% no período "2" e 24,13% no período "3". Sendo que as taxas de retorno do investimento nesses mesmos períodos foram de 17,76% e 18,11%, respectivamente.

Quadro 9.6 Grau de alavancagem financeira da Cia. Grega

Índice	Fórmula	Período 1	Período 2	Período 3
Retorno sobre investimento	$\dfrac{\text{Lucro Operacional Líquido/(ajustado)}}{\text{Investimento}}$		$\dfrac{815,50}{4.591,50} = 17,76\%$	$\dfrac{896,00}{4.947,50} = 18,11\%$
Retorno sobre PL	$\dfrac{\text{Lucro Líquido}}{\text{PL (inicial)}}$		$\dfrac{601,00}{2.799,00} = 21,47\%$	$\dfrac{753,00}{3.121,00} = 24,13\%$
GAF	$\dfrac{\text{LL/PL (inicial)}}{\text{Lucro op. líquido (ajustado)/Investimento}}$		$\dfrac{0,2147}{0,1776} = 1,2099$	$\dfrac{0,2413}{0,1811} = 1,3322$

A empresa possuía passivos financeiros de \$ 1.463,00 no período "2", correspondentes a \$ 518,00 de Empréstimos de curto prazo, mais \$ 945,00 referentes a Financiamentos de longo prazo. Nesse mesmo período foram pagas despesas financeiras de \$ 330,00, ou seja, dividindo-se as despesas financeiras pela dívida, tem-se uma taxa média de 22,98%. Todavia, as despesas financeiras são dedutíveis na base de cálculo do IR, portanto, a taxa líquida de captação seria, na verdade, 14,94% no período "2" [23% – (0,35 de IR × 23%) = 14,94%].

Já no período "3" empresa possuía passivos financeiros de \$ 1.629,00, correspondentes a \$ 776,00 de Empréstimos de curto prazo, mais \$ 853,00 referentes a Financiamentos de longo prazo. Nesse mesmo período foram pagas despesas financeiras de \$ 220,00, ou seja, dividindo-se as despesas financeiras pela dívida, tem-se uma taxa média de 13,51%. Todavia, as despesas financeiras são dedutíveis na base de cálculo do IR, portanto, a taxa líquida de captação seria, na verdade, 8,78% no período "2" [13,53% – (0,35 de IR × 13,53%) = 8,78%].

Portanto, a diferença existente entre as taxas de captação (15% no período "2" e 8,8% no período "3") e as taxas de retorno do investimento (17,76% no período "2" e 18,11% no período "3") pode incrementar a taxa de retorno dos proprietários em 20,89% no período "2" e 33,22% no período "3".

- Incremento (2) = (21,47 − 17,76)/17,76 = 20,89%
- Incremento (3) = (24,13 − 18,11)/18,11= 33,22%

Como dito anteriormente, a alavancagem aumenta os retornos sobre o Patrimônio Líquido quando os lucros são maiores (ROI > taxa de captação junto a terceiros) e deprime o retorno sobre o Patrimônio Líquido quando os lucros são menores (ROI < que taxa de captação junto a terceiros). Portanto, ela deve ser usada com cautela em negócios com ganhos voláteis.

9.7 EBITDA

Com a globalização dos mercados, medidas de desempenho econômico-financeiro que possam tornar comparáveis os resultados mensurados em diferentes países se tornam extremamente desejáveis. É esse o caso da medida financeira conhecida por EBITDA, cujo nome é a sigla composta pelas iniciais dos termos *Earning Before Interest, Taxes, Depreciation/Depletion and Amortization*. Em português tem sido comumente traduzida por Lucro Antes dos Juros, Impostos sobre os Lucros, Depreciações/exaustões e Amortizações (LAJIDA). A fórmula a seguir ilustra o cálculo.

EBITDA = Resultado Líquido + Desp. Depreciação + Desp. Exaustão + Desp. Amortização + Desp. Financeiras[1] + Imposto de Renda e Contribuição Social

O cálculo é relativamente simples. Com base no Balanço Patrimonial e Demonstração de Resultados da Cia. Grega e sabendo-se que a empresa possui despesas de depreciação nos valores de $ 91,80 no período "1", $ 83,10 no período "2" e $ 86,00 no período "3", o cálculo do EBITDA ficaria:

Quadro 9.7 EBITDA da Cia. Grega

DEMONSTRAÇÃO DO RESULTADO DO EXERCÍCIO			
	Período 1	**Período 2**	**Período 3**
Receitas	3.092,00	5.202,00	6.044,00
(−) CMV	1.846,00	3.214,00	3.664,00
Lucro Bruto	**1.246,00**	**1.988,00**	**2.380,00**
(−) Despesas Operacionais	405,20	957,90	1.285,00

(continua)

---

[1] A Resolução CVM n. 156, de 23 de junho de 2022, estabelece que as despesas financeiras devem ser líquidas das receitas financeiras.

(continuação)

EBITDA	483,80	713,10	833,00
(–) Despesas de Depreciação	91,80	83,10	86,00
Resultado Operacional antes do IR	**392,00**	**630,00**	**747,00**
(–) Despesas Financeiras[2]	(32,00)	13,00	(42,00)
Resultado Operacional	**424,00**	**617,00**	**789.000**
(–) Provisão IR	17,00	16,00	36,00
Resultado Líquido	**407,00**	**601,00**	**753,00**

O EBITDA poderia ser equivalente ao conceito de fluxo de caixa operacional da empresa, medido antes do imposto de renda. No entanto, parte das receitas consideradas no EBITDA pode não ter sido recebida, assim como parte das receitas consideradas pode ainda não ter sido paga. Assim, segundo Assaf Neto (2023), o EBITDA pode ser interpretado como um indicador do potencial de geração de caixa proveniente de ativos operacionais.

Muitos autores apontam as fragilidades desse indicador. Para Matarazzo (2010, p. 257), as principais críticas à utilização do EBITDA são:

- **EBITDA** é mensurado antes do imposto de renda, enquanto o caixa disponível para pagar dividendos ou recompra de ações, depois do imposto de renda; poderia ser excluído das despesas desembolsáveis apenas o IR diferido;
- **EBITDA** não considera as receitas e despesas não operacionais, tais como ganhos ou perdas na alienação de bens do Ativo Fixo;
- **EBITDA** não mensura a necessidade de reinvestimentos em bens do Ativo Permanente;
- **EBITDA** ignora as variações do capital de giro.

Martins, Diniz e Miranda (2020) também destacam que o cálculo do indicador pode ser fortemente influenciado pelo ramo de negócio no qual atua a entidade. Além disso, desconsidera que atividades que têm necessidades diferentes de investimentos (bancos: investimento constante em tecnologia, por exemplo), apresentarão indicadores muito diferentes daqueles de empresas que fazem investimentos no imobilizado somente em longos períodos de tempo (geradoras de energia elétrica, por exemplo).

---

[2] Neste cálculo, foram consideradas as despesas financeiras líquidas das receitas, conforme recomenda a Resolução CVM n. 156, de 23 de junho de 2022. Caso as receitas financeiras sejam consideradas operacionais, pode-se calcular o "EBITDA Ajustado".

Leia a matéria
Cuidado com o EBITDA!,
por Prof. Eliseu Martins.

Em 2022, a Comissão de Valores Mobiliários (CVM) reeditou uma norma, agora como Instrução Normativa n. 156, sobre a divulgação voluntária de informações de natureza não contábil dos indicadores EBITDA e EBIT no Brasil. Devem ser observados os seguintes aspectos:

a) O cálculo do EBITDA e EBIT deve ter como base os números apresentados nas demonstrações contábeis de propósito geral previstas no Pronunciamento Técnico CPC 26 (R1) – Apresentação das Demonstrações Contábeis.

b) Não podem compor o cálculo dos indicadores valores que não constem das demonstrações contábeis, em especial da demonstração do resultado do exercício.

c) A divulgação do cálculo do EBITDA e EBIT deve ser acompanhada da conciliação dos valores constantes das demonstrações contábeis.

d) O cálculo do EBITDA e EBIT não pode excluir quaisquer itens não recorrentes, não operacionais ou de operações descontinuadas. Mas a companhia pode optar por divulgar adicionalmente o "EBITDA Ajustado", excluindo os resultados líquidos vinculados às operações descontinuadas, como especificado no Pronunciamento Técnico CPC 31 – Ativo Não Circulante Mantido para Venda e Operação Descontinuada, e ajustado por outros itens que contribuam para a informação sobre o potencial de geração bruta de caixa.

e) A divulgação dos valores do EBITDA e EBIT deve ser feita fora do conjunto completo de demonstrações contábeis.

f) A divulgação do cálculo do EBITDA e EBIT deve ser objeto de verificação por parte do auditor independente da companhia, cabendo a este verificar somente se o montante do ajuste é originado dos registros contábeis da companhia, não sendo necessária a validação do julgamento da administração quanto aos ajustes incluídos no cálculo dos indicadores.

Finalmente, para Assaf Neto (2023), o grande mérito do EBITDA talvez esteja em sua proposta de se tornar um indicador financeiro globalizado. Pois em diferentes economias a comparabilidade dos resultados é prejudicada, principalmente, pelas variações da legislação tributária e políticas de depreciação adotadas. Como o índice é apurado antes da incidência desses elementos, tem-se um valor isento desses efeitos.

Cabe salientar que o cálculo do EBITDA por meio do valor absoluto pode dificultar a comparabilidade entre empresas ou mesmo entre unidades de negócios. Assim, uma alternativa é relativizá-lo, utilizando o EBITDA sobre Vendas, que representa o percentual das Receitas Líquidas de Vendas que a empresa gerou, sendo, portanto, comparável entre empresas de diferentes portes.

9.8 *ECONOMIC VALUE ADDED* (EVA)

O EVA é uma marca registrada da empresa Stern Steward & Co. que sinaliza a capacidade da empresa de arcar com todas as suas despesas, **remunerar o capital próprio** e gerar resultados positivos. Em outras palavras, o EVA mostra o desempenho da empresa, medido pelo resultado obtido menos o custo do financiamento de capital (próprio) da empresa. Ou seja, o valor só é criado quando o retorno sobre o capital da empresa é maior que o custo desse capital.

O custo do capital próprio não é contabilizado, mas está sempre presente. Ele representa o mínimo que os sócios esperam ganhar com seu investimento; se esse mínimo não for esperado, eles simplesmente não investem no negócio. Note-se que esse custo do capital próprio está sempre associado ao risco do negócio.

Como se nota, o EVA pode refletir tanto a medida de valor de um empreendimento quanto sua *performance*. Seu cálculo pode ser realizado de acordo com as seguintes equações:

$$EVA = NOPAT - (C\% \times CT)$$

Em que:

$NOPAT$ = resultado operacional líquido depois dos impostos (*Net Operating Profit After Taxes*, retorno operacional sobre os Ativos);

$C\%$ = custo percentual do capital total (próprio e de terceiros);

CT = capital total investido.

Tendo em vista que a legislação societária brasileira já inclui o custo do capital de terceiros (despesas financeiras), Lopo *et al.* (2001, p. 246) propõem uma alteração na equação anterior para a seguinte forma:

$$EVA = LOLAI - (CCP\% \times PL)$$

Em que:

$LOLAI$ = lucro operacional líquido após os impostos;

$CCP\%$ = custo do capital próprio (em porcentagem);

PL = patrimônio líquido (inicial).

A mecânica do cálculo do EVA pode envolver dezenas de ajustes. Mas na prática apenas alguns poucos são efetivamente realizados. Iudícibus (2017) detalha ajustes nas seguintes contas:

a) Depreciação.

b) Provisões contábeis.

c) Reavaliação de Ativos.

d) Provisão para impostos diferidos.

e) Gastos com pesquisas e desenvolvimentos.

f) Amortização do *Goodwill*.

g) Participação de minoritários.

h) Gastos com reestruturação.

No cenário brasileiro, com a adoção das normas internacionais, é possível que muitos desses ajustes deixem de ser necessários.

Para Martins, Diniz e Miranda (2020, p. 203), o EVA "representa o conserto de um velho erro contábil, não considerar como despesa o custo do capital dos sócios. Essa noção é intuitiva, mas muito esquecida, principalmente quando se fazem análises gerenciais sobre resultado de um produto, de uma divisão, de uma filial etc."

Acrescenta Iudícibus (2009, p. 238) que o EVA "em relação ao fluxo de caixa descontado, é um índice mais objetivo, não tem estimativas, evitando assim julgamentos e manipulações das premissas e dos resultados, o que facilita no momento de decidir e acompanhar a remuneração dos gestores".

Considerando a fórmula proposta por Lopo *et al.* (2001, p. 246) e supondo um custo de oportunidade dos sócios de 10%, o cálculo do EVA da Cia. Grega ficaria da seguinte maneira:

- Período "1" = LOLAI – (CCP% × PL) – seguindo o mesmo raciocínio utilizado no cálculo do Retorno sobre o Investimento, não iremos calcular o EVA para esse período, pois não foi informado o PL inicial do período "1".

- Período "2" = LOLAI – (CCP% × PL)
  = \$ 601,00 – (10% × \$ 2.799,00)
  = \$ 321,10

- Período "3" = LOLAI – (CCP% × PL)
  = \$ 753,00 – (10% × \$ 3.121,00)
  = \$ 440,90

É importante mencionar que o cálculo do EVA por meio do valor absoluto também pode dificultar a comparabilidade entre empresas ou mesmo entre unidades de negócios. Assim, uma alternativa é relativizá-lo, utilizando o EVA sobre Patrimônio Líquido (inicial), também chamado de ROE Econômico (ASSAF NETO, 2023), que representa a taxa de retorno aos acionistas após a remuneração do capital próprio. Ou seja:

$$EVA = ROE - CCP$$

Interpretando os índices de rentabilidade da Cia. Grega

O Quadro 9.8 sintetiza os índices de rentabilidade da Cia. Grega calculados neste capítulo. Na sequência são efetuadas as interpretações dos referidos indicadores.

Quadro 9.8 Índices de rentabilidade da Cia. Grega

Índice	Fórmula	Período 1	Período 2	Período 3
Retorno sobre investimento	Lucro Operacional Líquido/(ajustado) / Investimento		$\frac{815,50}{4.591,50} = 17,76\%$	$\frac{896,00}{4.947,50} = 18,11\%$
Giro do ativo	Receitas Líquidas / Investimento		$\frac{5.202,00}{4.591,50} = 1,1330$	$\frac{6.044,00}{4.947,50} = 1,2216$
Margem operacional	Lucro Operacional Líquido/(ajustado) / Receitas Líquidas	$\frac{618,25}{3.092,00} = 20,00\%$	$\frac{815,50}{5.202,00} = 15,68\%$	$\frac{896,00}{6.044,00} = 14,82\%$
Retorno sobre PL	Lucro Líquido / PL (inicial)		$\frac{601,00}{2.799,00} = 21,47\%$	$\frac{753,00}{3.121,00} = 24,13\%$
GAF	LL/PL (inicial) / Lucro Op. Líquido (ajustado)/Investimento		$\frac{0,2147}{0,1776} = 1,21$	$\frac{0,2413}{0,1811} = 1,33$
EBITDA	Recurso antes dos Juros, Impostos e Depreciação	483,80	713,10	833,00
EVA	EVA = LL – (CCP% × PL)		321,10	440,90

Quando se considera o retorno do investimento (ROI) realizado na entidade, verifica-se que a Cia. Grega obteve taxas de 17,76% no período "2" e 18,11% no período "3". Analisando a decomposição desse indicador em giro e margem, constata-se que essas duas variáveis tiveram comportamentos opostos. Pois quando se analisa rentabilidade com relação a vendas, verifica-se que a Cia. Grega vem conseguindo aumentar suas receitas de forma expressiva, alcançando 95,5% de diferença entre o primeiro e o terceiro períodos. Entretanto, para conseguir esse aumento no giro, a empresa vem diminuindo o percentual de vendas que é convertido em lucro. A margem líquida, que era de 20% no período "1" caiu para 15,68% no período "2" e 14,82% no período "3", um pouco inferior à média brasileira do setor que foi de 16% no período "3".

Já o retorno sobre o Patrimônio Líquido apresentou resultados ainda maiores, 21,47% no período "2" e 24,13% no período "3", bem maiores que a média brasileira do setor, que é de 19% no período. O retorno sobre o PL foi maior que o retorno sobre o investimento porque a empresa conseguiu captar recursos de terceiros a taxas (líquidas de IR) inferiores ao ROI. Ou seja, a melhora na taxa de retorno sobre o PL se deveu, na verdade, muito mais à redução do custo dos empréstimos do que ao desempenho operacional da empresa. De qualquer modo, esse diferencial de rentabilidade foi incorporado aos resultados dos sócios, conforme atesta o grau de alavancagem financeira, que foi 1,21 no período "2" e 1,33 no período "3". Na mesma direção, o EVA apurado revela a capacidade da empresa de gerar resultados superiores ao custo de oportunidade dos sócios (10%), portanto, em uma alternativa muito interessante de investimento.

Finalmente, o EBITDA da Cia. Grega evidencia o potencial de geração de caixa proveniente de Ativos operacionais do empreendimento. Esse indicador era de $ 483,80 no período "1", passou a $ 713,10 no período "2", alcançando o valor de $ 833,00 no período "3". Essa variação foi influenciada basicamente pelo aumento no valor absoluto do resultado operacional da entidade.

E o EVA mostra que os sócios estão obtendo taxas de retorno sobre o PL maiores do que o mínimo desejado de 10%. Se tratassem esses 10% como uma espécie de "despesa de remuneração do capital próprio", mesmo assim estariam tendo um lucro econômico que, de R$ 321,10, passou para R$ 440,90 entre o segundo e o último período.

Assista ao vídeo
Alavancagem Financeira, EBITDA e EVA,
por Prof. Gilberto Miranda.

Assista ao vídeo
Alavancagem Financeira, EBITDA e EVA (Aplicação Cia. Grega),
por Prof. Gilberto Miranda.

 Exercícios

1. Sabendo-se que a Cia. Medusa possui alíquota de IR/CS de 35%, despesas de depreciação no valor de $ 4.776,60 nos três períodos em análise e custo de oportunidade dos sócios de 8%, calcule os índices de rentabilidade:

    - retorno sobre o investimento;
    - giro do ativo;
    - margem líquida;
    - retorno sobre o PL;
    - alavancagem financeira;
    - EBITDA;
    - EVA.

    Que conclusões podem ser tiradas desses resultados?

Quadro 9.9 Balanço Patrimonial da Cia. Medusa

BALANÇO PATRIMONIAL			
ITEM/PERÍODO	**1**	**2**	**3**
ATIVO			
Ativo Circulante	**1.373.475**	**1.716.360**	**1.869.895**
Caixa e equivalentes de caixa	54.123	61.242	38.314
Aplicações financeiras	296.374	439.052	521.915
Contas a receber	470.401	452.868	570.280
Estoque matéria-prima	166.816	254.775	285.762
Estoque produtos em elaboração	133.452	203.820	228.610
Estoque produtos acabados	33.363	50.955	57.152
Impostos a recuperar	207.999	240.966	159.469
Despesas antecipadas	10.947	12.682	8.393
Ativo Não Circulante	**868.675**	**1.023.396**	**1.343.693**
Ativo realizável a longo prazo	315.986	449.860	671.434
Investimentos	429.894	443.030	504.420
Imobilizado	47.766	47.766	47.766
Intangível	75.029	82.740	120.073
TOTAIS	**2.242.150**	**2.739.756**	**3.213.588**
PASSIVO			
Passivo Circulante	**828.206**	**1.215.166**	**1.164.981**
Obrigações sociais e trabalhistas	130.706	130.792	162.747
Fornecedores	211.922	255.456	366.494
Contas a pagar	295.028	259.552	409.145
Empréstimos	190.550	569.366	226.595
Passivo Não Circulante	**404.996**	**366.046**	**767.910**
Financiamentos	404.996	366.046	767.910
PATRIMÔNIO LÍQUIDO	**1.008.948**	**1.158.544**	**1.280.697**
Capital	391.423	404.261	418.061
Reservas de capital	138.285	142.979	149.613
Reservas de lucros	479.240	611.304	713.023
TOTAIS	**2.242.150**	**2.739.756**	**3.213.588**

Quadro 9.10 Demonstração de resultados da Cia. Medusa

DEMONSTRAÇÕES DOS RESULTADOS			
ITEM/PERÍODO	**1**	**2**	**3**
Receita líquida	3.576.201	4.242.057	5.136.712

(continua)

(continuação)

Custo dos produtos vendidos	(1.113.237)	(1.294.565)	(1.556.806)

Resultado Bruto	**2.462.964**	**2.947.492**	**3.579.906**

Despesas Operacionais			
Despesas com vendas	(1.259.333)	(1.496.125)	(1.704.322)
Despesas administrativas	(461.850)	(520.715)	(690.210)
Outras receitas operacionais	28.354	0	0
Outras despesas operacionais	0	(14.624)	(17.468)
Resultado da equivalência patrimonial	0	0	0

Subtotal	**(1.692.829)**	**(2.031.464)**	**(2.412.000)**

Resultado Operacional	**770.135**	**916.028**	**1.167.906**

Resultado Financeiro			
Receitas financeiras	99.017	84.176	53.639
Despesas financeiras	(121.859)	(126.050)	(103.375)

Subtotal	**(22.842)**	**(41.874)**	**(49.736)**

Resultado antes dos Tributos	**747.293**	**874.154**	**1.118.170**

Provisão para IR e CS (35%)	(229.436)	(190.230)	(374.120)

Resultado líquido	**517.857**	**683.924**	**744.050**

2. Sabendo-se que a Cia. Zeus possui alíquota de IR/CS de 35%, e despesas de depreciação no valor de $ 486.704,20 no período "1", de $ 535.660,10 no período "2" e $ 670.359,50 no período "3", e o custo de oportunidade dos investidores é de 8%, calcule os índices a seguir:

- retorno sobre o investimento;
- giro do ativo;
- margem líquida;
- retorno sobre o Patrimônio Líquido;
- alavancagem financeira;
- EBITDA;
- EVA.

Cap. 9 ■ ÍNDICES DE RENTABILIDADE **203**

Quadro 9.11 Balanço Patrimonial da Cia. Zeus

BALANÇO PATRIMONIAL			
ITEM/PERÍODO	1	2	3
ATIVO			
Ativo Circulante	**5.549.018**	**8.399.748**	**14.716.365**
Caixa e equivalentes de caixa	257.455	230.327	3.817.994
Aplicações financeiras	1.366.061	2.111.600	608.002
Contas a receber	1.876.928	2.475.373	4.047.234
Estoques	1.570.863	2.827.463	4.823.768
Impostos a recuperar	468.157	739.885	1.390.980
Despesas antecipadas	9.554	15.100	28.387
Ativo Não Circulante	**8.169.583**	**10.174.305**	**15.216.383**
Ativo realizável a longo prazo	2.046.694	2.403.704	3.398.483
Investimentos	92.724	194.227	232.540
Imobilizado	4.867.042	5.356.601	6.703.595
Intangível	1.163.123	2.219.773	4.881.765
TOTAIS	**13.718.601**	**18.574.053**	**29.932.748**
PASSIVO			
Passivo Circulante	**3.628.789**	**6.066.230**	**13.216.564**
Obrigações sociais e trabalhistas	334.337	741.860	949.452
Fornecedores	2.409.501	4.004.395	5.306.349
Duplicatas descontadas	110.234	313.672	353.894
Empréstimos	774.717	1.006.303	6.606.869
Passivo Não Circulante	**4.635.591**	**5.883.603**	**9.532.080**
Financiamentos	4.635.591	5.883.603	9.532.080
PATRIMÔNIO LÍQUIDO	**5.454.221**	**6.624.220**	**7.184.104**
Capital	4.450.725	5.374.751	5.579.259
Reservas de capital	709.031	647.232	463.148
Reservas de lucros	294.465	602.237	1.141.697
TOTAIS	**13.718.601**	**18.574.053**	**29.932.748**

Quadro 9.12 Demonstração de resultados da Cia. Zeus

DEMONSTRAÇÃO DOS RESULTADOS			
ITEM/PERÍODO	1	2	3
Receita líquida	18.033.110	23.192.758	32.091.674
Custo dos produtos vendidos	(13.279.497)	(17.493.806)	(24.241.476)

(continua)

(continuação)

Resultado Bruto	4.753.613	5.698.952	7.850.198
Despesas Operacionais Despesas com vendas Despesas administrativas Outras receitas operacionais Outras despesas operacionais Resultado da equivalência patrimonial	(2.879.289) (574.023) (615.657) 2.922	(3.532.481) (679.581) 24.731 (562.504) 5.412	(4.904.572) (912.676) 89.818 (555.973) 34.499
Subtotal	(4.066.047)	(4.744.423)	(6.248.904)
Resultado Operacional	687.566	954.529	1.601.294
Resultado Financeiro Receitas financeiras Despesas financeiras	 291.509 (608.297)	 250.030 (504.505)	 331.698 (1.154.699)
Subtotal	(316.788)	(254.475)	(823.001)
Resultado antes dos Tributos	370.778	700.054	778.293
Provisão para IR e CS (35%)	(111.006)	(94.015)	(86.558)
Resultado líquido	259.772	606.039	691.735

Testes de concursos, exames e processos seletivos

1. **Contador Transpetro (Cesgranrio)** – Dados extraídos da contabilidade de uma empresa:

Itens	R$
Lucro operacional antes de encargos financeiros	125.000,00
Encargos financeiros (14% × R$ 250.000,00)	35.000,00
Total dos ativos	500.000,00
Patrimônio Líquido	250.000,00

Considerando-se exclusivamente as informações anteriores, a alavancagem financeira da empresa, no período, foi:

(A) 1,18.
(B) 1,22.

Cap. 9 ■ ÍNDICES DE RENTABILIDADE **205**

(C) 1,33.

(D) 1,44.

(E) 1,56.

2. **Contador Petrobras (Cesgranrio)** – No estudo da alavancagem financeira, a fórmula para se calcular o ROA (Retorno sobre o Ativo Total) divide o lucro antes dos encargos financeiros sobre o ativo total. Tal fato ocorre porque, no conceito de administração financeira, o lucro antes dos encargos financeiros representa a(o):

(A) geração bruta de caixa obtida pela diferença entre as receitas geradas pelas operações e as despesas operacionais e não operacionais.

(B) geração de recursos oriundos das operações que não transitam em resultado.

(C) valor gerado pela empresa no período, quer seja operacional, quer seja de outra fonte.

(D) valor efetivo que os ativos conseguem gerar, independentemente da forma como são financiados.

(E) lucro antes dos juros, da depreciação, da amortização e do imposto de renda, isto é, O EBITDA.

3. **Contador Petrobras (Cesgranrio)** – Os dados a seguir foram extraídos da contabilidade da Cia. Lântida S/A.

Anos	2X09	2X10
Custo de Oportunidade	8%	10%
Lucro Líquido	1.500.000,00	2.500.000,00
Ativo Operacional	8.500.000,00	9.800.000,00
Patrimônio Líquido	10.000.000,00	12.000.000,00

Considerando o indicador EVA (*Economic Value Added*) ou VEA (Valor Econômico Agregado), o resultado do EVA, em 2X09 e 2X10, respectivamente, foi, em reais, de

(A) 920.000,00 e 1.450.000,00.

(B) 800.000,00 e 1.200.000,00.

(C) 700.000,00 e 1.300.000,00.

(D) 680.000,00 e 980.000,00.

(E) 120.000,00 e 250.000,00.

4. **Profissional Júnior Administração Petrobras (Cesgranrio)** – Na análise de demonstrações financeiras, cálculos como o do EBIT (LAJI ou LAJIR em português), do EBITDA (LAJIDA em português) e do NOPAT (LOLAI em português) são realizados

com o intuito de conhecer, de forma mais aprofundada, a situação econômico-financeira de uma empresa.

Dessa forma, o EBITDA poderá ser:

(A) impactado pelos impostos sobre vendas.

(B) impactado pelas despesas de juros.

(C) impactado pela amortização.

(D) menor que o NOPAT.

(E) menor que o EBIT.

5. **Contador Petrobras (Cesgranrio)** – A Cia. Planaltina S/A apresentou as seguintes demonstrações contábeis em 31/12/20X9:

BALANÇO PATRIMONIAL		DRE	
ATIVO (R$)		CONTAS	VALORES (R$)
Ativo Circulante	3.000.000	Receita Líquida	15.000.000
Ativo Não Circulante	3.000.000	CPV	(9.000.000)
TOTAL DO ATIVO	6.000.000	Lucro Bruto	6.000.000
PASSIVO (R$)		Desp. de Vendas	(1.500.000)
Passivo Circulante	1.500.000	Desp. Administrativas	(2.500.000)
Patrimônio Líquido	4.500.000	Desp. Financeiras	(300.000)
TOTAL DO PASSIVO	6.000.000	Lucro Operacional	1.700.000
		Prov. p/IR (35%)	(595.000)
		Lucro Líquido	1.105.000

Sabendo-se que a empresa utiliza a alavancagem financeira como ferramenta de avaliação do desempenho operacional e desconsiderando-se qualquer efeito inflacionário na avaliação, o Grau de Alavancagem Financeira (GAF) da empresa no exercício foi de

(A) 1,55.

(B) 1,49.

(C) 1,38.

(D) 1,13.

(E) 1,10.

6. Contador FUB (CESPE)

- Vendas líquidas ....R$ 10.000,00
- Custos e despesas operacionais...R$ 9.000,00
- Ativos operacionais médios..R$ 5.000,00

Criado pela empresa DuPont para avaliar o desempenho de sua gerência, o retorno sobre investimentos (ROI) é um indicador que sintetiza diversas dimensões financeiras da empresa. Considerando os dados acima, relativos a determinada empresa, julgue os próximos itens, acerca dessa metodologia em verdadeiros (V) ou falsos (F).

( ) Segundo o modelo elaborado pela DuPont, variações nas vendas, nos ativos operacionais e na relação entre as fontes de recursos podem afetar o ROI.

( ) O ativo operacional médio pode ser calculado usando-se o saldo dos ativos de início e fim de período.

( ) A margem operacional da empresa em questão é de 20%.

( ) Na situação da referida empresa, o giro é igual a dois.

( ) O retorno sobre investimentos pode ser calculado pela divisão do lucro operacional líquido pelo ativo operacional médio, ou pelo produto do giro do estoque pela margem operacional.

7. Exame de Suficiência (CFC) – Relacione o Indicador Econômico-financeiro descrito a seguir com exemplos de indicadores na segunda coluna:

(1) Indicadores de Capacidade de Pagamento

(2) Indicadores de Atividade

(3) Indicadores de Rentabilidade

( ) Liquidez Corrente, Liquidez Seca, Liquidez Imediata, Liquidez Geral, e Endividamento.

( ) Prazo Médio de Recebimento, Prazo Médio de Pagamento, Giro de Estoques, Giro do Ativo Total.

( ) Margem Operacional sobre Vendas, Margem Líquida sobre Vendas, Rentabilidade do Ativo Total e Rentabilidade do Patrimônio Líquido.

8. Exame de Suficiência (CFC) – Uma sociedade empresária apresentou os seguintes indicadores nos últimos três exercícios:

Indicador	2X09	2X10	2X11
Quociente de Endividamento	1,0	2,0	3,0
Rentabilidade sobre o Patrimônio Líquido	18%	21%	24%
Rentabilidade sobre o Ativo	15%	15%	15%
Margem Líquida	10%	6%	5%

A partir da análise dos indicadores, é CORRETO afirmar que:

(A) a elevação do endividamento ao longo dos anos tem reduzido a rentabilidade proporcionada aos proprietários.
(B) a taxa de retorno sobre o Ativo tem se mantido em 15% apesar da queda na margem líquida, porque a empresa tem aumentado o giro do ativo.
(C) do ponto de vista dos proprietários, a empresa está a cada dia menos lucrativa e menos arriscada.
(D) o custo médio do capital de terceiros é superior a 15% a.a., uma vez que a rentabilidade do Patrimônio Líquido supera a rentabilidade sobre o Ativo.

9. **Analista Contábil Inmetro (CESPE)** – Entre as críticas que se faz ao ROI está a de poder desestimular investimentos que estejam abaixo do ROI habitual, mas acima do custo de capital da empresa. Para contornar esse problema, foi desenvolvido o conceito de lucro residual, do qual deriva o:

(A) *balanced scorecard* (BSC).
(B) *economic value added* (EVA).
(C) *activity-based costing* ou custeio ABC.
(D) custo-padrão.
(E) *target costing* ou custo meta.

10. **Profissional básico Contabilidade BNDES (Cesgranrio)** – Em determinada empresa mineradora, o Lucro Antes de Juros, Impostos, Depreciação e Amortização (LAJIDA) aumentou 18% de um exercício para o seguinte.

O melhor desempenho do LAJIDA pode ter sido causado por diversos fatores, entre eles um(a):

(A) aumento da alavancagem financeira da empresa.
(B) aumento da dívida com os fornecedores.
(C) redução do custo de transporte do produto.
(D) redução de imposto de renda sobre o lucro da empresa.
(E) redução dos juros pagos pela empresa.

 ## Atividade sugerida ao professor

1) Para introduzir os índices de rentabilidade, sugere-se ao professor que inicie a aula problematizando a questão. Pergunte aos alunos "como o acionista deve medir o retorno de um investimento?" Após uma rápida discussão, apresente os índices deste capítulo sem aprofundar e peça aos alunos que escolham aquele que eles julgam que seja o melhor.

Posteriormente, divida a sala em grupos, reunindo os que escolheram o mesmo índice. Em seguida, inicie o debate. Cada grupo deverá justificar por que acha que o seu indicador é o melhor e quais as fragilidades dos demais.

Assista ao vídeo
Qual a melhor medida de rentabilidade de uma empresa?
por Prof. Alexandre Assaf Neto.

10
GERAÇÃO DE VALOR

A Estrutura Conceitual para Relatório Financeiro CPC 00 (R2) estabelece investidores, credores por empréstimos e outros credores, existentes e potenciais, como principais usuários da informação contábil para a tomada de decisões referentes à oferta de recursos à entidade. Devido à relevância desses grupos, notadamente o primeiro, diversas métricas baseadas no mercado têm sido utilizadas. Neste capítulo nos deteremos mais especificamente na apresentação dos principais índices baseados em ações, na gestão baseada em valor e na mensuração do valor da empresa.

A geração de valor é um princípio fundamental que reflete a habilidade de uma empresa em oferecer retornos aos seus proprietários de capital. Esse valor é derivado da capacidade estratégica da administração em aumentar não apenas os lucros, mas também as vendas e o fluxo de caixa livre. O impacto positivo dessas práticas resulta em um crescimento nos dividendos e ganhos de capital para os acionistas ou sócios, contribuindo para a solidez financeira da empresa.

Para maximizar o valor para o investidor, a gestão da empresa pode adotar três estratégias para impulsionar a rentabilidade. Primeiro, o crescimento das receitas desempenha papel crucial, representando a expansão dos negócios e a conquista de novos mercados. Essa estratégia não apenas impulsiona a capacidade de geração de valor, mas também fortalece a posição competitiva da empresa.

Em segundo lugar, o aumento da margem operacional destaca-se como uma estratégia para otimizar a eficiência dos processos internos, contribuindo para uma rentabilidade mais sólida. Reduções de custos, melhorias na produtividade e aprimoramentos na gestão de recursos são elementos-chave para aumentar essa margem, consolidando a capacidade da empresa de gerar valor de forma consistente.

Por fim, o aumento da eficiência do capital é vital, garantindo que os recursos financeiros sejam utilizados de maneira eficaz para gerar o máximo de retornos. Isso envolve uma gestão criteriosa de investimentos, alocação eficiente de recursos e monitoramento constante do desempenho financeiro.

Cabe destacar que a escolha das melhores maneiras de gerar valor para uma empresa depende de fatores específicos, como o setor em que a empresa atua, sua estratégia de negócios e as condições do mercado. No entanto, é importante que a gestão esteja sempre atenta a oportunidades de gerar valor para seus sócios, adaptando estratégias conforme necessário para otimizar resultados e promover crescimento sustentável. Esse enfoque proativo e adaptável é essencial em um ambiente empresarial dinâmico e em constante evolução.

E é fundamental entender que o mais relevante é a capacidade da empresa de manter rentabilidade para os investidores no longo prazo. O mercado acionário, muitas vezes, preocupa-se demasiadamente com os resultados de curtíssimo prazo, um viés que pode prejudicar a empresa ao longo do tempo. O fundamental é a manutenção da capacidade da empresa de bem remunerar seus investidores e gerar empregos ao longo do máximo de tempo possível.

10.1 ÍNDICES BASEADOS EM AÇÕES

Nesta seção, apresentamos alguns índices bastante conhecidos no mercado, baseados nos preços das ações e suas relações com informações contábeis.

10.1.1 Lucro por Ação (LPA)

O Lucro por Ação (*Earnings per Share*) desempenha papel importante na avaliação do desempenho financeiro de uma empresa, fornecendo informações valiosas para investidores, analistas e gestores, contribuindo para decisões sobre investimentos e estratégias de negócios.

O LPA representa a parcela do lucro de determinado período que corresponde a cada uma das ações em circulação. Para o cálculo do indicador, divide-se o lucro líquido pela quantidade total de ações em circulação.

$$\text{Lucro por Ação} = \frac{\text{Resultado Líquido}}{\text{Quantidade de ações em circulação}}$$

É importante salientar que o LAP "mede o ganho potencial (e não o efetivo, entendido como financeiramente realizado) de cada ação, dado que o lucro do exercício não é normalmente distribuído" (ASSAF NETO, 2015, p. 91).

Pode ser necessário fazer-se um refinamento quando numa sociedade existem acionistas ou sócios que têm participação diferenciada no lucro, como é o caso de companhias com ações ordinárias e preferenciais, às vezes até diferentes preferenciais, ou mesmo distribuição diferenciada do lucro numa sociedade limitada.

10.1.2 Preço sobre Lucro (P/L)

O indicador Preço sobre Lucro (P/L) (*Price to Earnings*) é uma métrica financeira que compara o preço de uma ação ao lucro por ação (LPA) da empresa. O cálculo básico do P/L é obtido dividindo o preço atual da ação pelo lucro por ação.

$$\text{Preço sobre Lucro} = \frac{\text{Valor de Mercado da Ação}}{\text{Lucro por Ação (LPA)}}$$

Esse indicador é uma medida representativa do prazo de retorno do investimento acionário, uma espécie de *payback*. No entanto, há que se considerar que essa medida se refere a um momento específico, pois alterações no valor da ação, bem como variações do LPA, poderão alterar essa medida. Ou seja, é crucial considerar o contexto e usar o P/L em conjunto com outras métricas para obter uma compreensão abrangente da saúde financeira e do potencial de investimento de uma empresa.

Note que se invertermos os termos, dividindo LPA pelo valor de mercado da ação, obteremos a taxa de Rentabilidade da Ação (*Earnings Yield*). Do mesmo modo que o preço sobre o lucro, aqui também estamos trabalhando com uma medida contábil (LPA) e uma de mercado (valor de mercado das ações), o que torna o indicador suscetível às limitações contábeis e às oscilações do mercado.

10.1.3 Valor de Mercado sobre PL

O indicador valor de mercado sobre patrimônio líquido, mais conhecido como *Market to Book* (MTB), compara o valor de mercado de uma empresa ao seu valor contábil. Esse indicador é calculado dividindo-se o preço de mercado da empresa pelo seu patrimônio líquido.

$$\text{Valor de Mercado sobre PL} = \frac{\text{Valor de Mercado}}{\text{Patrimônio Líquido}}$$

Quando o valor de mercado sobre o PL é superior a 1, indica que o mercado está disposto a pagar mais pelo patrimônio líquido da empresa do que está registrado em seus livros contábeis. Isso pode sugerir que os investidores têm expectativas otimistas com relação ao desempenho futuro da empresa. Já indicadores inferiores a 1 sugerem que o mercado está avaliando a empresa a um preço inferior ao seu valor contábil. Isso pode sinalizar que a empresa está subvalorizada, embora seja importante entender as razões por trás dessa subvalorização, ou pode indicar baixa rentabilidade.

Esse indicador, ao comparar medidas de mercado com medidas contábeis, está sujeita a limitações; os ativos não monetários de longa duração, como os imobilizados e os intangíveis, estão pelo valor de aquisição diminuído das depreciações e amortizações cabíveis, e não pelo que valem. Esse valor de aquisição não está sequer corrigido pela inflação. Assim, empresas com imobilizados ou intangíveis adquiridos há muito tempo carregam defasagem inflacionária significativa. Por outro lado, outra empresa com grandes propriedades para investimento pode estar com esses ativos mensurados a valor justo, o que quebra a comparabilidade com outras companhias. Isso tudo pode limitar a capacidade informativa do indicador. Ou seja, é uma ferramenta útil, mas deve ser interpretada com consideração das características específicas do setor e das práticas contábeis da empresa.

10.1.4 Dividendos por Ação (DPA)

O indicador Dividendos por Ação (ou lucro distribuído por cota) indica quanto a empresa está pagando em dividendos por cada ação em circulação. Essa métrica é calculada dividindo-se o total de dividendos distribuídos pela empresa pelo número total de ações (ou cotas) durante determinado período.

$$\text{Dividendos por Ação} = \frac{\text{Dividendos}}{\text{Quantidade de ações}}$$

O DPA é uma medida do retorno financeiro que os sócios recebem na forma de dividendos (nas S/As) ou distribuição de resultados (demais sociedades). Representa a parcela dos lucros que a empresa opta por distribuir aos investidores em vez de reinvestir no negócio.

O DPA é uma medida importante que fornece informações sobre a política de distribuição de resultados da entidade e seu compromisso com o retorno para com os sócios. Investidores, especialmente aqueles interessados em renda regular, como aposentados, podem usar o DPA como parte de sua análise ao avaliar a atratividade de um investimento.

10.1.5 Rendimentos de Dividendos ou de Lucros Distribuídos

O indicador Rendimentos de Dividendos, mais conhecido como *Dividend Yield*, expressa a relação entre os dividendos pagos por uma empresa e o preço atual de suas ações no caso de uma companhia (sociedade por ações). Essa medida é frequentemente usada por investidores para avaliar o retorno proporcionado pelos dividendos com relação ao preço das ações.

$$\text{Rendimento de Dividendos} = \frac{\text{Dividendo por ação}}{\text{Cotação da ação}}$$

Esse indicador é importante para investidores que buscam avaliar o retorno proporcionado pelos dividendos com relação ao preço das ações. No entanto, assim como com qualquer métrica isolada, é crucial considerar o contexto e analisar outras informações relevantes ao tomar decisões de investimento. Cabe salientar que variações nesse indicador podem ocorrer, tanto em virtude da alteração nos dividendos distribuídos quanto nas cotações das ações.

10.1.6 Dividendo Distribuído

O Dividendo Distribuído, ou *Dividend Payout*, ou lucro distribuído nas não S/As, expressa a proporção dos lucros de uma empresa que é distribuída aos investidores. Essa métrica é uma porcentagem calculada dividindo-se o total de dividendos pagos pela empresa pelo lucro líquido.

$$\text{Dividendo Distribuído} = \frac{\text{Dividendos do Período}}{\text{Lucro Líquido}}$$

O dividendo distribuído é uma métrica importante que fornece pistas sobre como uma empresa lida com seus lucros no que concerne à distribuição de dividendos. Investidores, gestores e analistas financeiros utilizam essa métrica para entender a política de dividendos da empresa e avaliar seu comprometimento em recompensar os investidores.

Note que ao diminuir de 1 o percentual de dividendos distribuídos, obtemos a taxa de reinvestimento (Taxa de Reinvestimento = 1 – dividendo distribuído). Ou seja, encontramos o percentual do lucro que foi retido na empresa. A taxa de reinvestimento é uma métrica importante que fornece informações sobre como a empresa está utilizando seus lucros para sustentar o crescimento e gerar valor de longo prazo. Investidores, analistas e gestores podem usar essa métrica como parte de sua análise para avaliar as estratégias de investimento da empresa.

10.1.7 Geração de Valor ao Acionista ou Sócio (GVA)

Martins, Diniz e Miranda (2020) entendem que a geração de valor ao acionista ou sócio (GVA) seja, do ponto de vista do investidor, um indicador quase perfeito, pois ele considera as distribuições de lucro ocorridas durante um determinado período e também a valorização do investimento ao longo desse mesmo período.

$$\text{GVA} = \text{Dividendos} + (\text{Valor de mercado do PL}_{\text{Final}} - \text{PL}_{\text{Inicial}})$$

Ou seja, a GVA significa o que um sócio teve de aumento de riqueza pelo que aumentou o valor da sua empresa mais o dividendo recebido.

Dividindo-se o valor do índice GVA pelo valor de mercado do Patrimônio Líquido, tem-se uma taxa de rentabilidade muito mais próxima da realidade econômica da entidade.

Embora pareça simples o cálculo da GVA, pois apenas soma dividendos com variação no valor da empresa, existe uma ampla literatura que trata das abordagens de cálculo do valor da empresa, notadamente da abordagem do valor como instrumento de gestão. Por se tratar de um indicador quase perfeito, vale a pena adentrar mais profundamente no que seja a gestão baseada em valor, bem como o cálculo do valor. Por isso, dedicaremos este capítulo à análise desse indicador.

10.2 GESTÃO BASEADA EM VALOR (GBV)

A abordagem do valor surge do encontro de duas correntes distintas de pensamento e atividades organizacionais: finanças corporativas e estratégias corporativas. Copeland, Koller e Murrin (2000, p. xix) se pronunciam a esse respeito nos seguintes termos:

> Finanças corporativas não são mais domínio exclusivo dos financistas. A estratégia corporativa não é mais um reino isolado, governado pelos CEOs. O elo entre estratégia e finanças tornou-se muito próximo e claro. [...] Essa nova realidade impõe um desafio aos administradores de empresas: a necessidade de administrar o valor.

Pelo exposto, pode-se inferir que a abordagem do valor se torna instrumento dos gestores internos das organizações, funcionando como uma ferramenta que liga as decisões estratégicas às ações operacionais.

Copeland, Koller e Murrin (2000 p. 30) salientam a necessidade de dois componentes estarem presentes na empresa para que ela possa se tornar plenamente voltada à criação de valor. O primeiro consiste em determinar o valor intrínseco da companhia. O segundo se constitui na institucionalização de sistemas de gestão voltados à criação de valor, que consiste em estabelecer prioridades baseadas na criação de valor. Isso significa "fazer com que o planejamento, a mensuração de desempenho e os sistemas de remuneração sejam orientados para a geração de valor ao acionista; e comunicar-se com os investidores em termos de criação de valor" (COPELAND; KOLLER; MURRIN, 2000, p. 30).

Assim, os autores definem a administração baseada em valor como a "combinação de uma cultura voltada para a criação de valor e dos processos e sistemas administrativos necessários para traduzir essa cultura em ação" (COPELAND; KOLLER; MURRIN, 2000 p. 90). Em outras palavras, a geração de valor passa ser a meta de longo prazo da companhia. Ou, ainda, o objetivo final é a maximização do valor da empresa. O tópico a seguir trata esse aspecto de forma detalhada.

10.2.1 Maximização do valor como meta financeira

De acordo com a GBV, o valor é definido como a melhor métrica de desempenho, pois é o único indicador que exige informações completas e de longo prazo. Nesse sentido, Copeland, Koller e Murrin (2000, p. 26) declaram que:

> Todos os outros se beneficiam quando os acionistas (ou seus agentes) usam informações completas e a autoridade no processo decisório para maximizar o valor de sua participação. O alinhamento de informações e incentivos dos acionistas é o que faz desta forma de organização (a corporação moderna) o melhor mecanismo competitivo. Os acionistas maximizam o valor das outras participações em uma tentativa de maximizar seu próprio valor.

Considerando tal entendimento, infere-se que os acionistas ou sócios, ao buscarem formas de aumentar o seu valor (que é residual), aumentam, por consequência, todos os demais valores. Na existência de divergências de interesses, Rappaport (2001, p. 24) coloca: "A lição é clara: quando defrontada com um conflito entre o valor do cliente e o valor para o acionista, a gestão deve resolver em favor dos acionistas e da viabilidade de longo prazo do negócio". De outra maneira, o não atendimento aos interesses dos acionistas compromete a continuidade do empreendimento. A Gestão Baseada em Valor pode ser entendida, portanto, como a priorização máxima dos interesses econômicos dos acionistas quando ocorrem conflitos entre estes e os demais agentes que interagem com a empresa (SILVA, 2001, p. 56).

10.2.2 O papel do administrador na Gestão Baseada em Valor

Na abordagem da Gestão Baseada em Valor, os gestores internos das empresas assumem um novo papel, suas ações e atitudes passam a ser orientadas tendo como objetivo o desejo dos acionistas ou sócios, que é a maximização do valor do empreendimento. Nessa linha de raciocínio, Copeland, Koller e Murrin (2000, p. 26) esclarecem:

> Tornar-se um administrador de valor [...] é um processo que exige uma perspectiva diferente daquela adotada por muitos administradores. Seu objetivo principal passa a ser o retorno em termos de fluxo de caixa a longo prazo, e não o crescimento trimestral no lucro por ação. Além disso, requer uma visão fria das atividades da empresa que perceba os negócios pelo que eles realmente são – investimentos em capacidade produtiva que podem ou não gerar retornos acima do seu custo de oportunidade. A perspectiva do administrador de valor caracteriza-se pela capacidade de analisar uma empresa como alguém que está fora dela e pela disposição para agir sobre as oportunidades de criar valor.

Com base nessa análise, evidencia-se que o gestor deve observar a empresa na ótica do acionista ou sócio, pois, procedendo assim, ele irá gerir os recursos de modo a garantir um retorno superior ao custo de capital do investidor, e quando isso não for possível, os recursos deverão ser devolvidos para que sejam aplicados em melhores oportunidades. As palavras de Silva (2001, p. 57) proporcionam um bom entendimento desse conceito: "Então, a melhor forma de compreender e implementar a Gestão Baseada em Valor consiste em colocar-se no lugar do próprio acionista ou sócio, que, considerando o nível de risco, busca a melhor remuneração para os seus investimentos".

10.2.3 *Value drivers*

Os *value drivers* (direcionadores de valor) funcionam como "indicadores menores" da Gestão Baseada em Valor. Levando-se em consideração que o objetivo da abordagem é maximizar o valor da organização, os *value drivers* possibilitam a identificação de áreas-chave a serem trabalhadas para provocar acréscimos no valor. De acordo com Copeland, Koller e Murrin (2000, p. 96):

Uma parte importante da VBM [*Value Based Management* – Gestão Baseada em Valor] é o profundo conhecimento das variáveis que vão exercer impacto sobre o valor da empresa. Elas são chamadas *value drivers*. Existem dois motivos pelos quais esse conhecimento é essencial. Primeiro, a organização não pode atuar diretamente sobre o valor. Ela tem de atuar sobre aquilo que pode influenciar, como satisfação de cliente, custos, investimentos etc. Segundo, é através destes *value drivers* que a administração aprende a conhecer o resto da organização e estabelece um diálogo sobre o que ela espera ser cumprido.

Portanto, a empresa não pode agir diretamente sobre o valor para maximizá-lo; os direcionadores são aspectos críticos, em geral, em áreas específicas da empresa, que, se corretamente trabalhados, provocam aumentos no valor. Copeland, Koller e Murrin (2000, p. 96) definem os *value drivers* e destacam os pré-requisitos para seu gerenciamento:

Os *value drivers* são qualquer variável que influencia o valor de uma empresa. Para que sejam gerenciados com eficácia, dois pré-requisitos se fazem necessários. Primeiro, os *value drivers* que provocam maior impacto precisam ser claramente identificados. Segundo, a responsabilidade pelo cumprimento de metas relacionadas a estes *value drivers* precisa ser atribuída àqueles que efetivamente os controlam.

Dessa maneira, por meio dos *value drivers* é possível alinhar as ações que ocorrem no curto prazo com a meta financeira de longo prazo da empresa, a maximização do seu valor.

Nesse sentido, Rappaport (2001) propõe a divisão em macro e microdirecionadores. Segundo o autor, o valor da empresa depende de sete direcionadores financeiros: crescimento em vendas, margem de lucro operacional, investimento incremental em ativos fixos, investimento incremental em capital de giro, alíquota de imposto de renda base caixa, custo de capital e duração do crescimento do valor. De acordo com o autor, embora os *drivers* sejam críticos na determinação do valor do negócio, eles são muito amplos para terem utilidade em muitas decisões operacionais. Para serem úteis, os gestores devem estabelecer microdirecionadores de valor que influenciam estes sete macrodirecionadores. "Isolar esses microdirecionadores de valor possibilita à gestão concentrar-se nas operações da unidade de negócios que têm impactos mais significativos sobre o valor e naqueles mais facilmente controlados pelos gestores" (RAPPAPORT, 2001, p. 196).

Na Figura 10.1, é apresentado um exemplo da ligação entre micro e macrodirecionadores propostos por Rappaport (2001).

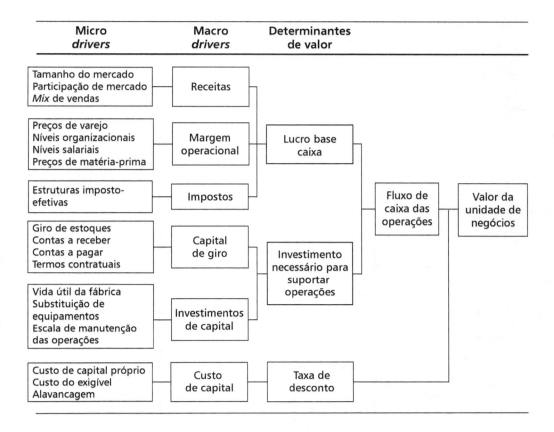

Fonte: Rappaport (2001, p. 196).

Figura 10.1 Direcionadores de valor: micro e macro.

Em suma, a argumentação de Rappaport (2001) demonstra como os direcionadores de valor refletem as decisões operacionais (crescimento em vendas, margem de lucro operacional e alíquota de imposto de renda); as decisões de investimento (investimento incremental em ativos fixos e investimento incremental em capital de giro); e as decisões de financiamento (custo de capital). Assim, pode-se concluir que eles, além serem instrumentos de cálculo do valor, "são também os instrumentos capazes de orientar a gestão no sentido da geração de valor para o acionista" (REIS, 2002, p. 44).

Copeland, Koller e Murrin (2000) propõem outra classificação de *value drivers*, que consiste em três níveis:

a) **Nível genérico**: as margens operacionais e o capital investido são combinados para calcular o ROIC – Retorno sobre capital investido.

b) **Nível da unidade de negócios**: as variáveis como *mix* de clientes são particularmente relevantes.

c) **Níveis operacionais:** em que se faz a necessária vinculação dos *value drivers* às ações e decisões específicas dos gerentes de linha.

A Figura 10.2 ilustra essa abordagem.

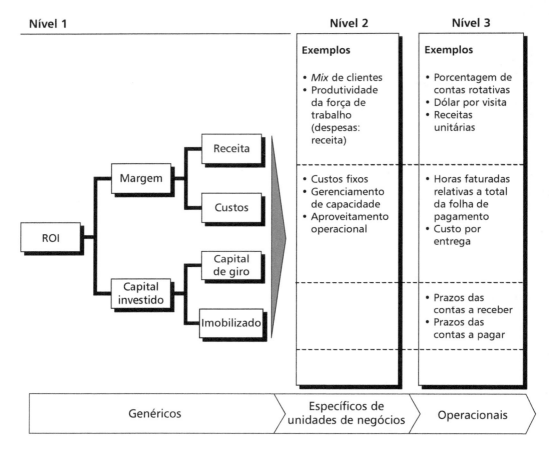

Fonte: Copeland, Koller e Murrin (2000, p. 97).

Figura 10.2 Níveis de identificação de *value drivers*.

Os *value drivers* genéricos (nível 1) são semelhantes aos macro *drivers* propostos por Rappaport (2001) e podem ser utilizados por qualquer empreendimento sem levar em consideração o porte, os processos e as unidades de negócios.

Já os *value drivers* específicos (nível 2) estão relacionados com as unidades de negócios da empresa. E os *value drivers* operacionais (nível 3) estão vinculados às ações e decisões específicas dos gerentes de linha. Copeland, Koller e Murrin (2000) prescrevem que os *value drivers* operacionais, embora representem apenas uma parte pequena de toda a cadeia produtiva, têm impacto significativo sobre o valor, são mensuráveis mensalmente e estão sob o controle do gerente de linha.

Copeland, Koller e Murrin (2000) também recomendam a análise de cenários para que se possa compreender qual a correlação entre os *value drivers*, pois "os cenários representam o impacto de diferentes conjuntos e suposições mutuamente consistentes sobre o valor de uma empresa ou unidade de negócios". Com isso, os cenários auxiliam a administração a compreender a relação entre estratégia e valor.

Sintetizando, os direcionadores propostos por Rappaport (2001) e por Copeland, Koller e Murrin (2000) auxiliam a gestão, na medida em que vinculam ações gerenciais a seus efeitos sobre o valor da empresa, visando à monitoração do valor gerado ou destruído.

A seguir serão desenvolvidas análises concernentes aos mecanismos de avaliação de estratégias propostos pela Gestão Baseada em Valor.

10.2.4 Avaliação de estratégias

No processo de desenvolvimento de estratégias é preciso ter como base a maximização de valor, inclusive nas métricas usadas para avaliar as estratégias (COPELAND; KOLLER; MURRIN, 2000). Na mesma direção, Rappaport (2001, p. 80) destaca a necessidade de separar a atividade de formulação de estratégias de valoração das estratégias de negócio. Segundo o autor:

> A formulação de estratégias tipicamente envolve a análise da atratividade do setor e a posição da empresa com relação a seus competidores. Em contraste, a avaliação ou cálculo do valor de estratégias envolve uma estimativa do valor adicionado para o acionista (SVA) por estratégias alternativas. O planejamento bem-sucedido exige análise sólida tanto para a formulação de estratégias de negócio quanto para o cálculo de valor dessas estratégias.

De acordo com o autor, a escolha de uma estratégia envolve seu processo de formulação e a sua mensuração. À Gestão Baseada em Valor interessa o valor gerado pela escolha estratégica.

Rappaport (2001) menciona que a posição competitiva da firma em determinado setor e as fontes de vantagem competitiva traduzem-se em fatores essenciais no processo de formulação de estratégias. Quanto à escolha das estratégicas, a empresa poderá optar pela liderança em custos, onde a chave para se alcançar bons resultados está no controle eficiente de custos ou na opção pela estratégia de diferenciação. Nesse caso, o foco crítico situa-se na habilidade da empresa em manter um prêmio sobre o preço. Considerando que haja uma variabilidade na atratividade entre os setores, deve-se estabelecer uma análise das potencialidades da firma ao atuar em cada setor.

Posteriormente, "a dinâmica competitiva desenvolvida no processo de formulação estratégica deve ser traduzida em direcionadores de valor financeiros antes que uma estratégia possa ser testada em relação ao seu potencial de criação de valor" (RAPPAPORT, 2001, p. 87).

Por intermédio dos direcionadores, será possível avaliar as estratégias sob o crivo do valor, monitorar o desempenho da organização e identificar pontos-chave na geração de valor.

O cálculo do valor das estratégias compreende a construção de cenários e, a partir dos direcionadores de valor identificados nesse contexto, pode-se inferir o cálculo do valor da empresa. A respeito desse aspecto, Rappaport (2001, p. 100) faz as seguintes considerações:

> Para cada estratégia, o processo de avaliação envolve o estabelecimento de pressupostos ou previsões razoáveis [à elaboração] e então avaliar os resultados, incluindo o impacto sobre o valor de possíveis variações em relação ao cenário "mais provável".

A análise dessa citação sugere que os cenários projetados (os mais prováveis) constituem a base sobre a qual são traçadas as estratégias, que então são mensuradas. Finalmente, a melhor estratégia será a que proporcionar maior valor.

A relação entre valor e formulação de estratégia é sintetizada de forma clara por Rappaport: "Em resumo, o processo de formulação de estratégias identifica estratégias que podem criar valor, enquanto o valor para o acionista é o padrão pelo qual as estratégias ótimas são escolhidas" (RAPPAPORT, 2001, p. 95). Portanto, o cálculo do valor da estratégia, em termos de resultados esperados para o acionista ou sócio, torna-se um referencial para a escolha das melhores estratégias.

Aspecto essencial na abordagem da gestão baseada em valor é a mensuração do valor da firma, que será tratado a seguir.

10.3 MENSURANDO O VALOR DA EMPRESA[1]

O valor de uma empresa está intimamente ligado à sua capacidade de gerar riqueza para os seus proprietários. Portanto, para se chegar ao valor de um empreendimento, torna-se necessário conhecer os benefícios líquidos que se espera produzir no presente e no futuro. Se não houver futuro, pressuposto da descontinuidade, o valor da empresa assume os preços de venda de seus ativos menos os gastos com sua venda e menos os passivos. Havendo futuro, pressuposto da continuidade, o valor da empresa é estabelecido em função dos benefícios futuros (LOPO *et al.*, 2001).

Isso sugere que o valor da empresa deve ser monitorado continuamente, pois a todo instante surgem novas informações sobre a empresa e sobre o mercado, as quais exercem impactos sobre o valor. Dessa maneira, existindo um momento em que o valor da organização em funcionamento for menor que o valor de liquidação, na perspectiva dos acionistas (investidores), esta deve ser liquidada.

Existem, na atualidade, várias metodologias de cálculo do valor de empresas. Frezatti (1998) propõe a seguinte classificação:

---

[1] Esta seção é uma adaptação do texto publicado originalmente em: MIRANDA, G. J.; REIS, E. A. dos; LEMES, S. Valor de Empresas: uma abordagem do fluxo de caixa descontado. *Contabilidade Vista & Revista*, Belo Horizonte, v. 17, n. 3, p. 45-65, jul./set., 2006.

1. A abordagem do **Fluxo de Caixa Descontado** considera que o valor depende dos benefícios futuros que o empreendimento irá produzir, descontados a valor presente pela taxa de custo de oportunidade. Essa metodologia trabalha também com o conceito de perpetuidade (valor residual) e ajustes pela inclusão de eventuais valores não operacionais.

2. A abordagem do **Resultado Econômico Residual** objetiva encontrar o resultado operacional, líquido do imposto de renda, mas não afetado pelo custo de financiamento das operações. Segundo Frezatti (1998, p. 58), essa abordagem "permite a análise distinta da operação, financiamento e gestão do investimento da organização". De acordo com o autor, Stewart é, no momento, o estudioso de maior destaque, tendo introduzido o conceito "Resultado Econômico Residual" sob o nome de EVA *(Economic Value Added)*, já apresentado anteriormente.

3. Como **outras metodologias**, Frezatti (1998) classifica a abordagem dos múltiplos, a qual se baseia no relacionamento entre variáveis, por exemplo, o índice preço/lucro, uma espécie de *payback*, que permite identificar pontos de entrada e saída do mercado.

Lopo *et al.* (2001) também propõem uma classificação dos modelos de avaliação:

1. **Técnicas comparativas de mercado**: buscam aferir o valor da organização por meio de comparação com empresas similares no mercado. São exemplos: modelo baseado no P/L de ações similares; modelo de capitalização de lucros; modelo dos múltiplos do faturamento e modelo dos múltiplos de fluxo de caixa.

2. **Técnicas baseadas em ativos e passivos contábeis ajustados**: visam alcançar o valor do empreendimento por meio da conversão dos itens evidenciados nas demonstrações contábeis. O modelo de avaliação patrimonial pelo mercado é citado como exemplo.

3. **Técnicas baseadas no desconto de fluxos futuros de benefícios (geralmente, caixa)**: baseiam-se na potencialidade de geração de riqueza do empreendimento. São exemplos: modelo do valor presente dos dividendos; modelo baseado no EVA e modelo dos fluxos de caixa descontados.

Além dos modelos acima elencados, os autores apresentam também a avaliação contábil, que consiste na apuração do Patrimônio Líquido pela diferença entre os ativos contábeis menos os passivos exigíveis contábeis. Embora tenha a simplicidade do cálculo a seu favor, essa metodologia tem sido alvo de fortes críticas devido à divergência existente entre o valor apurado e o valor de mercado.

A fim de estabelecer um modelo de avaliação global da empresa, é necessário definir sob qual perspectiva a empresa será avaliada, pois, teoricamente, o ideal seria projetar toda a vida da empresa. Nesta ótica, Martins (2001, p. 12) preconiza:

> [...] no longo prazo, todos [os modelos de avaliação] são nada mais nada menos do que distribuições temporais diferentes do mesmíssimo fluxo físico de caixa. Assim, no longo prazo, são todos convergentes para um único valor de lucro, com dois

único fatores a produzir resultados diferentes: a consideração ou não dos efeitos da **inflação** e a consideração ou não do **custo de oportunidade do capital próprio** (MARTINS, 2001, p. 12).

Pelo exposto, se fosse possível visualizar toda a vida do empreendimento, qualquer modelo de avaliação proporcionaria resultados equivalentes, pois, ao final, todos os eventos se converteriam em caixa. Todavia, no campo pragmático, tais previsões não são exequíveis com a confiabilidade necessária.

Como não se pode alcançar toda a vida do empreendimento, faz-se necessário definir uma técnica que melhor retrate o valor global da empresa. Nesse sentido, "o fluxo de caixa é tido como aquele que melhor revela a efetiva capacidade de geração de riqueza de determinado empreendimento" (LOPO *et al.*, 2001, p. 275), em função de sua melhor capacidade de indicar o potencial de geração de riquezas e também de evidenciar a eficiência relativa do negócio objeto de avaliação, pois "propõe-se a retratar o potencial econômico dos itens patrimoniais de determinado empreendimento, inclusive o *goodwill*" (LOPO *et al.*, 2001, p. 275). Em virtude desses aspectos, essa metodologia é a que mais tem sido utilizada na prática, portanto, merece ser analisada detalhadamente.

10.3.1 Mensurando o valor global – Um exemplo

Os conceitos atinentes à abordagem do fluxo de caixa na mensuração do valor serão apresentados e ilustrados por meio de um exemplo proposto por Rappaport (2001).[2] A empresa, cujo valor global será mensurado, denomina-se, neste estudo, "Cia. Exemplo". A seguir, reproduziremos os dados iniciais da Cia. Exemplo utilizados no cálculo do valor da empresa:

Quadro 10.1 Dados iniciais – Cia. Exemplo

Dados	Valor
Vendas líquidas no período anterior ($ – em milhões)	100
Taxa de crescimento em vendas (%)	10,5
Margem de lucro operacional (% sobre vendas)	8
Investimento adicional em ativos permanentes (% sobre vendas)	24
Investimento adicional em capital de giro (% sobre vendas)	18,9
Alíquota de imposto de renda base caixa (%)	35
Imposto de Renda sobre valor residual (%)	0
Custo de capital (%)	10
Títulos negociáveis e investimentos ($ – em milhões)	3
Valor de mercado da dívida e outras obrigações ($ – em milhões)	10

Fonte: adaptado de Rappaport (2001, p. 68).

---

[2] Este exemplo encontra-se resolvido, de modo completo, em Rappaport (2001). Apresenta-se, neste estudo, uma solução parcial e gradativa ao longo da exposição dos conceitos.

O ponto de partida é a projeção dos fluxos de caixa das operações. O Quadro 10.1 apresenta as informações necessárias à projeção de fluxos de caixas futuros da Cia. Exemplo. A partir da estimativa desses fluxos de caixa, os mesmos devem ser descontados ao seu valor atual pelo custo de capital.

10.3.2   O fluxo de caixa das operações

De acordo com Rappaport (2001), para o cálculo do valor com base no fluxo de caixa das operações, devem ser deduzidas as despesas das saídas operacionais, sendo que o resultado é utilizado para calcular o valor do empreendimento, ou seja, pagar os títulos de dívida e os investidores. A fórmula proposta pelo autor é a seguinte:

Fluxo de Caixa = entradas de caixa – saídas de caixa = [(Vendas no ano anterior) × (1 + Taxa de crescimento em vendas) × (Margem de lucro operacional) × (1 – Alíquota de imposto de renda base caixa)] – (Investimento adicional em ativos permanentes e capital de giro)

O fluxo de caixa elaborado a partir da fórmula acima apresentada, relativo aos cinco períodos em análise, está evidenciado no Quadro 10.2.

Quadro 10.2   Fluxo de caixa das operações – em UMC[3] (milhões)

Itens/Períodos	1	2	3	4	5	Totais
Entrada de caixa						
Vendas	110,50	122,10	134,92	149,09	164,74	681,36
Lucro operacional	8,84	9,77	10,79	11,93	13,18	54,51
IR base caixa	(3,09)	(3,42)	(3,78)	(4,17)	(4,61)	(19,08)
Lucro oper. após impostos	5,75	6,35	7,02	7,75	8,57	35,43
Saídas de caixa						
Investimento adicional em ativo permanente	2,52	2,78	3,08	3,40	3,76	15,54
Investimento adicional em capital de giro	1,98	2,19	2,42	2,68	2,96	12,24
Investimento total	4,50	4,98	5,50	6,08	6,72	27,78
Fluxo de caixa das operações	1,24	1,37	1,52	1,68	1,85	7,66

Fonte: adaptado de Rappaport (2001, p. 69).

---

[3] O objetivo do uso da Unidade Monetária Constante (UMC) é isolar os efeitos inflacionários.

Com o intuito de facilitar o entendimento do Quadro 10.2, são apresentados os cálculos utilizados na projeção do período 1. Para os demais períodos, a lógica empregada é exatamente a mesma.

- **Entradas de caixa:**
  - Vendas: o valor de vendas é obtido aplicando-se o percentual de crescimento sobre as vendas do período anterior [($ 100 × 10,5%) + $ 100] = $ 110,50.
  - Lucro operacional: produto das vendas pela margem de lucro ($ 110,50 × 8% = $ 8,84); trata-se do índice de lucro operacional antes de impostos e juros com relação às vendas.
  - Imposto de Renda: incide sobre o caixa operacional. É assumido que será pago dentro do próprio exercício ou considerado uma exigibilidade ($ 8,84 × 35% = $ 3,09).
  - Lucro operacional após os impostos: representa o fluxo de caixa antes de novos investimentos ($ 8,84 – $ 3,09 = $ 5,75).

- **Saídas de caixa:**
  - Investimento adicional em ativos permanentes: refere-se ao "desembolso de capital, além da despesa de depreciação" (RAPPAPORT, 2001, p. 53) e é calculado sobre o aumento de vendas ($ 8,84 × 24% = $ 2,52).
  - Investimento adicional em capital de giro: "representa o investimento líquido em contas a receber, estoque, contas a pagar e diferidos que são necessários para suportar o crescimento de vendas" (RAPPAPORT, 2001, p. 54); e é calculado também sobre o aumento de vendas ($ 8,84 × 18,9% = $ 1,98).
  - O investimento total é o somatório dos itens anteriores ($ 2,52 + $ 1,98 = $ 4,50).

- **Fluxo de caixa das operações:**
  - É a diferença entre as entradas e saídas ($ 5,75 – $ 4,50 = $ 1,24). Este número é relativo a cada período e deve ser apresentado a valor presente pela taxa de custo de capital.

Após o levantamento dos fluxos líquidos de caixa das operações, o segundo passo é a determinação do custo de capital da empresa.

10.3.3 O custo do capital

Rappaport (2001, p. 55) sugere que a "taxa apropriada para descontar a série de fluxos de caixa de uma empresa é a média ponderada dos custos da dívida e capital próprio [CMPC – Custo Médio Ponderado do Capital]". A aplicação do CMPC está ligada à avaliação de empresas como um todo, pois representa a média de todos os projetos desenvolvidos pela empresa. O custo da dívida (capitais de terceiros) é facilmente obtido, pois se encontra explícito nos diversos contratos da firma com terceiros. Já o custo do capital próprio representa o custo de oportunidade dos acionistas ou sócios, isto é, a melhor alternativa desprezada pelos sócios ao investirem na empresa. Nas palavras de Martins e Assaf Neto (1986, p. 482):

> [...] o custo do capital próprio de uma empresa é definido pelo retorno requerido por seus acionistas ao investirem seus recursos no empreendimento. Ao levantar recursos no mercado acionário, ou mesmo ao reter parte de seus lucros, a empresa deverá aplicá-los em projetos (ativos) rentáveis, de modo que o retorno produzido possa remunerar seus acionistas em nível equivalente às suas expectativas. Dessa forma, a remuneração mínima exigida pelos acionistas constitui-se, em última análise, no custo de capital próprio da empresa.

Para a estimativa do custo médio ponderado de capital, Martins e Assaf Neto (1986, p. 499) apresentam a seguinte expressão geral:[4]

$$CMPC = \sum_{j=1}^{n} K_j \times X_j$$

Em que:

$CMPC$ = custo médio ponderado de capital;

K_j = custo específico de cada fonte de capital calculado após os tributos que incidem sobre o lucro;

X_j = participação relativa de cada fonte de capital no financiamento total.

Considerando a composição do capital da Cia. Exemplo, como descrito no Quadro 10.3, pode-se calcular o CMPC da empresa.

Quadro 10.3 Custo de oportunidade do capital

Composição	Peso	Custo %	Custo ponderado %
Capital de terceiros ou dívida (pós-impostos)	0,30	5,2	1,6
Capital próprio	0,70	12	8,4
CMPC	1,00	–	10,0

Fonte: adaptado de Rappaport (2001, p. 56).

---

[4] Copeland, Koller e Murrin (2000, p. 220-244) tratam de forma detalhada a estimativa da taxa, bem como custo da dívida e capital próprio.

Aplicando a fórmula do CMPC, verifica-se que o custo ponderado do capital de terceiros é 1,6% (0,30 × 5,2%), e o custo ponderado do capital próprio é 8,4% (0,70 × 12%), logo, o custo médio ponderado de capital é 10% (1,6% + 8,4%). Esse é o fator a ser utilizado para o desconto a valor presente dos fluxos de caixa. O valor presente do fluxo de caixa das operações, para o período 1 é $ 1,13 ($ 1,24/1,10). O Quadro 10.4 apresenta os demais períodos.

Quadro 10.4 Valor presente dos fluxos de caixa – em UMC (milhões)

Itens/Períodos	1	2	3	4	5	Totais
Fluxo de caixa das operações	1,24	1,37	1,52	1,68	1,85	7,66
Valor presente dos fluxos de caixa	1,13	1,13	1,14	1,14	1,15	5,69
Valor presente acumulado	1,13	2,26	3,40	4,55	5,69	5,69

Fonte: adaptado de Rappaport (2001, p. 69).

A próxima etapa constitui-se na discussão relativa ao prazo adequado para a realização das projeções de caixa.

10.3.4 O prazo de projeção

Copeland, Koller e Murrin (2000) prescrevem que o valor da empresa é representado pelo valor presente do fluxo de caixa durante o período de projeção explícita, mais o valor presente do fluxo de caixa depois do período de projeção explícita (valor residual), como ilustrado na Figura 10.3.

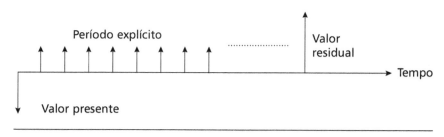

Figura 10.3 Período de projeção do fluxo de caixa.

O primeiro termo da equação é constituído pelas projeções explícitas e detalhadas. Lopo et al. (2001) estabelecem que essas projeções cobrem períodos em que os fluxos de caixa podem ser projetados com relativa confiança de realização. São dependentes da natureza do negócio e do grau de previsibilidade das variáveis mais importantes para o seu desempenho. Segundo esses autores, os principais aspectos a serem considerados na definição do período de projeção são: preço dos produtos; volume de vendas; custos de matérias-primas; despesas operacionais e variáveis macroeconômicas (câmbio, juros etc.). Na prática, ainda segundo esses autores, a maioria das avaliações compreende períodos que vão de 5 a 10 anos, de acordo com as variáveis apresentadas.

Para Reis (2002, p. 33), considerando que os empreendimentos atuais existem sob o pressuposto da continuidade, o prazo das projeções deveria tender ao infinito. Consequentemente, as projeções explícitas também deveriam cobrir toda a vida da empresa. Todavia, esse detalhamento desencadearia em muito trabalho e pouca confiabilidade. Assim, o segundo termo da equação (valor residual) é obtido de uma forma mais simples, por meio do cálculo da perpetuidade após o período explícito. Nas palavras de Copeland, Koller e Murrin (2000, p. 249):

> O uso de premissas simplificadoras sobre o desempenho da empresa durante esse período – por exemplo, supondo-se uma taxa de crescimento constante – permite que se estime o valor da perpetuidade através do uso de uma de diversas fórmulas disponíveis. A fórmula do valor da perpetuidade elimina a necessidade de preverem-se em detalhes os fluxos de caixa de uma empresa por um período excessivamente longo.

Essa citação destaca o uso das premissas simplificadoras reduzindo o trabalho no cálculo do valor após o período de projeções, mas é necessário frisar que essa opção não diminui sua importância, pois o valor residual, geralmente, constitui a maior parcela do valor da empresa (RAPPAPORT, 2001). A principal simplificação é a suposição de que a empresa obterá em média o custo do capital próprio (REIS, 2002), ou seja, a empresa investirá, em média, em estratégias cujo valor presente é zero (RAPPAPORT, 2001).

Rappaport (2001) define que o valor presente de qualquer perpetuidade é o valor do fluxo de caixa anual previsto dividido pela taxa de retorno. Para o cálculo do valor residual, divide-se o fluxo de caixa operacional antes de novos investimentos pelo custo de capital. Nessas condições, a fórmula apresentada pelo autor é a seguinte:

$$\text{Valor residual da perpetuidade} = \text{Fluxo de caixa}_{t+1}/\text{Custo de Capital}$$

Na Cia. Exemplo, para o período 1, o valor da perpetuidade é \$ 57,46 (\$ 5,746/10%). Este resultado deve ser trazido a valor presente, ou seja, \$ 52,24 (\$ 57,46/1,10), conforme demonstra o Quadro 10.5.

Quadro 10.5 Valor residual – em UMC (milhões)

Itens/Períodos	1	2	3	4	5	Totais
Fluxo de caixa das operações	**5,75**	**6,35**	**7,02**	**7,75**	**8,57**	**35,43**
Valor residual	57,46	63,49	70,16	77,53	85,67	85,67
Valor presente do valor residual	52,24	52,47	52,71	52,95	53,19	53,19

Fonte: adaptado de Rappaport (2001, p. 69).

10.3.5 Valor da empresa

De posse das informações apresentadas, é possível calcular o valor da empresa, somando-se os dois termos da equação trazidos a valor presente pelo custo de oportunidade (CPMC). O Quadro 10.6 demonstra o valor ao final do quinto período.

Quadro 10.6 Valor da empresa – em UMC (milhões)

Itens/Períodos	1	2	3	4	5	Totais
Valor presente dos fluxos de caixa	1,13	1,13	1,14	1,14	1,15	5,69
Valor presente do valor residual	52,24	52,47	52,71	52,95	53,19	53,19
Títulos negociáveis e investimentos						3,00
Valor da empresa						**61,89**

Fonte: adaptado de Rappaport (2001, p. 69).

Rappaport (2001, p. 56) afirma que "os fluxos de caixa descontados ao custo de capital representam o valor da empresa [$ 61,89 no exemplo acima] e então a dívida é deduzida para obter o valor para o acionista". Desse modo, tem-se como valor para o acionista (ou sócio) $ 51,89 ($ 61,89 – $ 10,00). Esse aspecto exige uma análise mais detalhada, visto que, ao se deduzir o valor da dívida (passivos), obtém-se o valor do Patrimônio Líquido (recursos próprios). Isso significa que o capital de terceiros foi excluído do cálculo do valor. Nessa situação, o CMPC não teria uma aplicação adequada no cálculo do valor, pois este (CMPC) é composto de recursos próprios e também de recursos de terceiros. Assim, a taxa de desconto a ser utilizada para cálculo do valor aos acionistas ou sócios deveria ser de 12% (custo de oportunidade dos acionistas) e não 10% (CMPC). O Quadro 10.7 apresenta a apuração do valor para o acionista ou sócio desta forma:

Quadro 10.7 Valor para o acionista – em UMC (milhões)

Itens/Períodos	1	2	3	4	5	Totais
Fluxo de caixa das operações	**1,24**	**1,37**	**1,52**	**1,68**	**1,85**	**7,66**
Valor presente dos fluxos de caixa	1,11	1,09	1,08	1,06	1,05	5,40
Valor presente acumulado	1,11	2,20	3,28	4,35	5,40	5,40
Valor residual	47,88	52,91	58,47	64,61	71,39	71,39
Valor presente do valor residual	42,75	42,18	41,62	41,06	40,51	40,51
VP acumulado + valor residual	43,86	44,38	44,90	45,40	45,90	45,90
Títulos negociáveis e investimentos						3,00
(–) Valor de mercado da dívida						10,00
Valor para o acionista ou sócio						**38,90**

Fonte: adaptado de Rappaport (2001, p. 69).

A metodologia do cálculo é exatamente a mesma utilizada no valor da empresa. A única diferença é a utilização da taxa de custo de oportunidade dos acionistas (ou sócios) (12%) em vez do CMPC (10%). Pode-se verificar uma diferença relevante de $ 12,99 ($ 51,89 – $ 38,90), ou seja, 25%. Essa diferença é denominada, por Martins e Martins (2003), Ganho da Dívida.

Há muitos outros aspectos, alguns deles, inclusive, não muito bem tratados na literatura, sobre o CMPC e a avaliação de empresas, que vão além do pretendido neste livro. Para mais detalhes, consulte-se a obra *Análise Avançada das Demonstrações Contábeis*, destes mesmos autores.

 ## Atividade sugerida ao professor

Ao final de um semestre, é comum que os alunos estejam cansados. Nessas situações, o professor deve lançar mão de atividades mais dinâmicas para estimular maior envolvimento da classe. Nesse sentido, uma dinâmica muito interessante e fácil de ser utilizada é a denominada "Batata Quente".

Sugere-se que o professor distribua demonstrações contábeis de uma empresa real ou hipotética e peça aos alunos para fazer a análise econômico-financeira em casa. Poderá ser feita em duplas ou em grupos maiores. Posteriormente, em sala de aula, o professor leva uma caixinha com várias questões sobre o desempenho da entidade em análise (questões sugeridas abaixo). Os alunos devem fazer um círculo. A caixinha irá sendo passada de mão em mão, enquanto uma música é tocada. Quando o professor para a música, quem estiver com a caixinha em mãos deverá retirar uma pergunta e responder.

Após a resposta, os demais colegas deverão comentar e completar as respostas. Sendo que o professor deve fazer o fechamento de cada questão. Dessa maneira, tem-se uma revisão com a participação de todos e muito divertida!

- Caracterize a empresa no setor em que está inserida (**introdução**).
- Como está a evolução dos **indicadores de liquidez** ao longo dos três períodos?
- Pode-se perceber alguma alteração em sua **política de estocagem**?
- Em termos de **liquidez**, como a empresa está com relação ao setor (calçados) no qual está inserida?
- Justifique as discrepâncias (em termos de **liquidez**) ocorridas ao longo do tempo na própria empresa e em relação ao setor.
- Como está a evolução dos indicadores de **estrutura patrimonial** ao longo dos três períodos?
- O **endividamento** está mais concentrado no curto ou no longo prazo?
- A empresa está fazendo **novos investimentos**?
- A empresa está **imobilizando recursos**?
- Em termos de **estrutura patrimonial**, como a empresa está com relação ao setor no qual está inserida?

- Justifique as discrepâncias ocorridas nos índices de **estrutura patrimonial**, ao longo do tempo (na própria empresa) e com relação ao setor.
- Como está a evolução dos **prazos médios** ao longo dos três períodos?
- Os **ciclos operacional e de caixa** da empresa são maiores ou menores que a média do setor no qual está inserida?
- Qual a relação entre o **ciclo de caixa** e a **necessidade de capital de giro** nos períodos analisados?
- Justifique as discrepâncias ocorridas nos **indicadores do ciclo operacional**, ao longo do tempo e com relação ao setor.
- As **vendas** estão crescendo? O crescimento é compatível com o setor?
- O **lucro** está aumentando? O crescimento é compatível com o setor?
- O **retorno do investimento** é compatível com o setor?
- O que dizem os índices de rentabilidade da empresa?
- Os índices de rentabilidade são maiores ou menores que a média do setor?
- Em termos de **rentabilidade**, justifique as discrepâncias ocorridas ao longo do tempo e com relação ao setor (busque as causas nas análises horizontal e vertical e notas explicativas).
- Você investiria seu dinheiro em ações dessa empresa? Justifique sua resposta.
- Você emprestaria dinheiro para essa empresa? Justifique sua resposta.

11
RELATÓRIO DE ANÁLISE

Este capítulo se propõe a fazer uma aplicação dos conceitos, técnica e metodologia desenvolvidos no processo de análise das demonstrações contábeis. A título de revisão, lembre-se do acróstico O.E.I. (Observação, Exame e Interpretação). Na observação, você explora visualmente as demonstrações, destacando os aspectos que chamam mais a atenção. Não se esqueça de ler e entender o Relatório dos auditores, caso contrário, você pode fazer suas análises com fundamento numa realidade não existente ou não confiável. Na fase de exame, você vai buscar sentido lógico nas observações realizadas na fase anterior, e isso pode ser feito mediante as análises horizontal e vertical e cálculos dos índices. Por fim, vem o processo de interpretação, o qual visa a abstrair as conclusões a partir das análises desenvolvidas nas outras fases.

Cumpridas essas fases, você tem condições de entender as demonstrações contábeis e tirar suas conclusões acerca da posição financeira, operacional e econômica da empresa. A posição financeira da empresa é feita a partir da análise de liquidez, da administração de capital de giro e da estrutura patrimonial. A posição operacional é visualizada nos índices de atividade da empresa (prazos médios). Já a análise econômica é estruturada com base na avaliação do retorno de investimento de uma empresa, concentrando-se nas fontes e nos níveis de lucros desta, e envolve a identificação e mensuração dos vários indicadores de rentabilidade.

Vale salientar que a análise das demonstrações não se restringe à feitura e interpretação de índices, ela vai bem além disso. Você tem que conhecer, sem esgotar o assunto, os seguintes aspectos:

a) a empresa, o que ela faz, a estrutura, os societários;

b) o relatório dos auditores;

c) o ramo de atividade em que a empresa atua;

d) os fundamentos contábeis do "modelo do negócio" (modelo contábil);

e) as notas explicativas (não se esqueça de observar);

f) a legislação que regula a atividade explorada;

g) a política econômica do período analisado;

h) os clientes da empresa;

i) os fornecedores;

j) os concorrentes;

k) o planejamento estratégico voltado à análise financeira.

O relatório a ser escrito acerca das demonstrações contábeis da empresa deve explicitar sua posição financeira, econômica e operacional, com vista a avaliar seu desempenho passado, presente e futuro. A visão do passado e do presente é latente nos demonstrativos contábeis, bastando atentar para a metodologia descrita. Já a prescrição futura requer uma visão mais acurada das demonstrações, das projeções do ambiente que envolve a empresa e de uma metodologia de previsão apropriada.

A esse respeito, o uso de parâmetros para comparações é muito importante, pois situa o tomador de decisões. Podem-se citar séries históricas, médias/modas setoriais, comparativos com concorrentes diretos, entre outras possibilidades. Em geral, tais informações podem ser obtidas em publicações como: As 1000 maiores empresas do Valor Econômico, as 500 maiores empresas publicadas pela Revista Exame, a análise financeira realizada pelo Instituto Assaf das companhias abertas brasileiras.

Várias questões podem ajudar a direcionar a análise das demonstrações nesse sentido. Um conjunto de questões pode direcionar o posicionamento numa perspectiva de futuro. Por exemplo, a empresa possui recursos necessários para ter sucesso e crescer? Tem capacidade de investimento para implementação de novos projetos? Quais são as perspectivas de rentabilidade? No futuro, a empresa tem uma tendência de lucro ou prejuízo? Um segundo conjunto envolvendo questões pode ser feito a partir de uma avaliação histórica da empresa e sua capacidade de cumprir o desempenho esperado. Por exemplo, quão forte é a posição financeira da empresa? Quão lucrativa é a empresa? Os resultados atendem às previsões dos analistas? Isso inclui uma análise de por que a empresa pode ter ficado aquém das expectativas (ou além).

Os índices e as análises vertical e horizontal proporcionam uma boa visão da empresa e ajudam a entender as relações entre as contas. Agora vejamos a estrutura do relatório, afinal temos que formalizar nossa posição e opinião acerca da empresa a partir das demonstrações contábeis e seus aspectos subjacentes.

11.1 ESTRUTURA DO RELATÓRIO

As informações obtidas nos relatórios precisam ser de fácil compreensão e redigidas de tal forma que o usuário possa entendê-las. Esta é uma das razões pelas quais os relatórios são divididos em seções claramente rotuladas com títulos e subtítulos. A informação técnica que desordena o corpo do relatório deve ser incluída em apêndice. Essas considerações são importantes para os analistas, como também para os estudantes de contabilidade e finanças que escrevem um relatório para um cliente que pode ou não ser fictício. A estrutura de um relatório, o propósito e o conteúdo de cada seção são mostrados a seguir.

ELEMENTOS PRÉ-TEXTUAIS – Capa – Sumário	Nome da empresa, do analista, data, local, lista de seções numeradas no relatório.
RESUMO EXECUTIVO	Visão geral dos métodos de análise dos achados da análise e recomendações.
INTRODUÇÃO	Apresentação do conteúdo que a análise compreenderá.
DESENVOLVIMENTO	Descrição dos achados da análise sobre as perspectivas financeiras, econômicas e operacionais.
CONCLUSÃO	Apresentação das conclusões do relatório e também das recomendações.
APÊNDICES	Informações detalhadas que suportam a análise realizada (quadros, tabelas etc.).

11.1.1 Sumário

Em um relatório de várias páginas faz-se necessária a inclusão de um índice, pois ajuda o leitor a localizar informações rapidamente. O sumário também deve fornecer ao leitor uma visão geral esquemática da estrutura e do conteúdo do relatório. Deve incluir todos os títulos e subtítulos das seções, numerados e redigidos conforme aparecem no relatório, e com respectivos números de página e uma lista de tabelas ou figuras.

11.1.2 Resumo executivo

O resumo executivo fornece um resumo breve, mas contemplando todo o relatório acerca dos achados construídos sobre os aspectos financeiros, econômicos e operacionais. A partir dele o usuário deve ser capaz de ler em uma página e ter uma compreensão geral do negócio e da saúde financeira da empresa. O resumo executivo fornece ao leitor uma visão geral das informações de maior destaque no relatório: o escopo e o problema de fundo, o(s) método(s) de análise, as conclusões importantes e as recomendações. Geralmente possui cerca de duzentas ou trezentas palavras.

11.1.3 Introdução

A introdução apresenta os termos de referência do relatório e descreve a sua estrutura. Os "Termos de referência" dizem respeito aos parâmetros (o quê, onde e quando) e aos objetivos do relatório, e também se faz uma descrição da empresa, destacando o ramo de atividade, os aspectos operacionais e os modelos contábeis. Embora haja alguma semelhança com o conteúdo do resumo executivo e com a introdução, o objetivo do resumo executivo é fornecer um resumo das descobertas de cada seção do relatório. Já o objetivo da introdução é descrever a abrangência do relatório. A introdução também pode incluir algumas informações básicas, por exemplo, por que o relatório foi encomendado.

11.1.4 Desenvolvimento

Esta seção do relatório descreve as análises realizadas especificando os grupos de índices, comparação com empresas do mesmo seguimento e meta das empresas. Verifica-se também o comportamento da empresa a partir de uma análise longitudinal (no tempo). Aqui também são feitas as análises vertical e horizontal das demonstrações contábeis.

Neste livro, enfocamos os índices mais comumente aplicados a empresas dos segmentos industriais, comerciais e de serviços. No entanto, modelos de negócios distintos, como bancos, seguradoras, empresas de energia e telefonia, podem exigir grupos de indicadores específicos para análises adequadas. A esse respeito, são apresentadas algumas considerações relevantes em Martins, Diniz e Miranda (2020).

Os grupos de índices podem ser analisados na perspectiva de se responder aos seguintes questionamentos:

I. Indicadores de liquidez:

- Como está a evolução dos indicadores ao longo dos períodos?
- Pode-se perceber alguma alteração em sua política de estocagem?
- Como a empresa está com relação ao setor no qual está inserida?
- **Sugestão:** Justifique as discrepâncias ocorridas ao longo do tempo na própria empresa e com relação ao setor (busque as causas nas análises horizontal e vertical e nas notas explicativas. Se não encontrar, pode-se recorrer ao setor de Relação com Investidores (RI), normalmente disponível no *site* da empresa, a notícias em jornais e revistas, bem como a consultas à própria empresa).

II. Indicadores de estrutura patrimonial:

- Como está a evolução dos indicadores ao longo dos períodos?
- O endividamento está mais concentrado no curto ou no longo prazo?
- A empresa está fazendo novos investimentos?
- Está imobilizando recursos?
- Como a empresa está com relação ao setor no qual está inserida?
- **Sugestão:** Justifique as discrepâncias ocorridas ao longo do tempo na própria empresa e com relação ao setor (busque as causas nas análises horizontal e vertical e nas notas explicativas. Se não encontrar, pode-se recorrer ao setor de Relação com Investidores (RI), normalmente disponível no *site* da empresa, a notícias em jornais e revistas, bem como a consultas à própria empresa).

III. Indicadores do ciclo operacional:

- Como está a evolução dos indicadores ao longo dos períodos?
- O ciclo operacional e de caixa da empresa é maior ou menor que a média do setor no qual está inserida?

- Qual a relação entre o ciclo de caixa e a Necessidade de Capital de Giro nos períodos analisados?
- **Sugestão:** Justifique as discrepâncias ocorridas ao longo do tempo na própria empresa e com relação ao setor (busque as causas nas análises horizontal e vertical e nas notas explicativas. Se não encontrar, pode-se recorrer ao setor de Relação com Investidores (RI), normalmente disponível no *site* da empresa, a notícias em jornais e revistas, bem como a consultas à própria empresa).

IV. Indicadores de Rentabilidade:

- As vendas estão crescendo?
- O lucro está aumentando?
- E o retorno do investimento? Vem predominantemente do giro ou da margem?
- Houve ganhos com alavancagem financeira?
- A empresa remunera os acionistas acima do custo de oportunidade?
- O que mais dizem os índices de rentabilidade da empresa?
- Os índices são melhores ou piores que a média do setor?
- **Sugestão:** Justifique as discrepâncias ocorridas ao longo do tempo na própria empresa e com relação ao setor (busque as causas nas análises horizontal e vertical e nas notas explicativas. Se não encontrar, pode-se recorrer ao setor de Relação com Investidores (RI), normalmente disponível no sítio eletrônico da empresa, a notícias em jornais e revistas, bem como a consultas à própria empresa).

11.1.5 Conclusão

A conclusão de um relatório detalha os achados relevantes da análise, propondo a inclusão de recomendações. As recomendações podem ser escritas em prosa, ou apresentadas como informações "com marcadores". No primeiro extrato, no Resumo Executivo, as recomendações são destacadas brevemente, enquanto aqui, na conclusão, as recomendações são apresentadas mais detalhadamente. Isso pode ser muito útil para a gestão da empresa ou para decisões de quem utilizará o relatório.

Assim, com base nos dados descritos no desenvolvimento apresentado, sugere-se que o relatório seja descrito destacando a realidade econômico-financeira da entidade. Pense como se fosse responder às seguintes perguntas:

- Eu investiria meu dinheiro em ações desta empresa?
- Eu emprestaria dinheiro para esta empresa?
- Eu venderia para esta empresa?

11.1.6 Apêndices

Nesta seção são apresentadas informações detalhadas que suportam a análise realizada (quadros, tabelas etc.).

11.2 ESTUDO DE CASO

A seguir é apresentado o relatório da Cia. Grega. São consolidadas as diversas análises realizadas nos capítulos anteriores. Desse modo, os usuários da informação poderão ter uma percepção mais completa da realidade da companhia.

RELATÓRIO DE ANÁLISE DAS DEMONSTRAÇÕES CONTÁBEIS

CIA. GREGA

Analistas:

- Eliseu Martins
- Josedilton Diniz
- Gilberto Miranda

São Paulo

03/20X4

SUMÁRIO

RESUMO EXECUTIVO, 7

INTRODUÇÃO, 8

ANÁLISE DAS DEMONSTRAÇÕES CONTÁBEIS, 9

Análise de liquidez, 9

Análise da estrutura patrimonial (solvência), 11

Análise dos indicadores de atividade, 13

Análise de rentabilidade, 14

CONCLUSÃO, 16

ANEXO, 18

    Balanço Patrimonial, 18

    Demonstração dos resultados, 20

RESUMO EXECUTIVO

Trata o presente relatório da análise das demonstrações contábeis da Cia. Grega referente aos exercícios financeiros de 20X1 a 20X3. A análise foi desenvolvida com as informações de divulgação obrigatória e as publicadas pelo mercado, não se tendo acesso às informações internas da companhia.

Desse modo, o objetivo deste relatório é analisar a Cia. Grega sobre as perspectivas, financeira, solvência e rentabilidade, com vista a subsidiar os tomadores de decisões operacionais e estratégicas da Cia. Grega.

A metodologia de análise constitui-se de uma leitura dos demonstrativos contábeis e suas notas explicativas, tentando encontrar fatos, eventos e contas contábeis que mais se destacavam. Em seguida, foram feitas as análises horizontal e vertical do Balanço Patrimonial e da Demonstração dos Resultados do Exercício. Para sintetizar as informações contábeis, calculou-se os índices de liquidez, o capital de giro, os índices de atividades (prazos médios), os índices de estrutura patrimonial e os índices de rentabilidade.

A companhia apresenta boa liquidez, suplantando as suas concorrentes, ou seja, seu principal indicador de liquidez corrente alcançou 2,85, contra 2,65 das concorrentes, fato que se confirma pela análise do capital de giro e pelos prazos médios de pagamento e recebimento. O ciclo operacional diminuiu de 196 para 166 dias, já o prazo de pagamento aos fornecedores também foi reduzido de aproximadamente 63 para 33 dias, fato que manteve o ciclo de caixa da empresa em 133.

Examinada a composição da dívida da Cia. Grega verifica-se que a dívida vem sendo transferida do longo para o curto prazo, chegando a 64% no período "3", porém, como não se verificou problemas de liquidez, tal fato não é preocupante.

Quando se trata da rentabilidade, a empresa está em uma posição melhor quando comparada com seus concorrentes. O retorno sobre Patrimônio Líquido alcançou uma rentabilidade de 24,13%. Foi maior que o Retorno do Investimento (ROI), que foi de 18,11%, relevando uma alavancagem financeira de 1,33.

De modo geral, a empresa se encontra sólida em seus principais fundamentos financeiros, operacionais e econômicos. São necessárias políticas capazes de manter a quantidade e a qualidade do capital de giro, da rentabilidade e da estabilidade financeira.

INTRODUÇÃO

Este relatório analisa as informações acerca da liquidez, da estrutura patrimonial, do capital de giro, dos prazos de atividade e da rentabilidade da Cia. Grega. As fontes de informações dispostas neste relatório estão nas demonstrações contábeis referentes aos exercícios financeiros de 20X1 a 20X3, os quais foram auditados pela Troia Auditoria, que apresentou um relatório de auditoria limpo.

A Cia. Grega é uma indústria que atua no ramo de calçados sintéticos desde 1980, possui 1.100 funcionários e está situada no estado de São Paulo, na cidade de Birigui. Em anos anteriores os índices de liquidez, de rentabilidade e de solvência da empresa vêm acompanhando a média do setor no qual está inserida.

A indústria de calçados constitui um importante segmento econômico do país, ocupando uma posição relevante na balança comercial. O Brasil é o terceiro produtor mundial, com resultados de exportação acima de um bilhão de dólares por ano. Nos últimos anos, a valorização da moeda brasileira e a concorrência de países asiáticos somados à crise internacional vêm prejudicando os resultados brasileiros no mercado internacional, embora a indústria continue crescendo.

No estado de São Paulo, onde se localiza a Cia. Grega, existem três regiões que se destacam na produção de calçados: a) o polo coureiro-calçadista de Franca – que é o maior produtor de calçados do estado, especialmente calçados de couro masculino; b) a cidade de Birigui, especializada na produção de calçados infantis, notadamente calçados sintéticos, como é o caso da Cia. Grega; c) a cidade de Jaú, especializada na produção de calçados femininos de couro.

Verifica-se que a Região Nordeste tem destaque como a grande produtora de calçados no Brasil, com 58,2% da produção nacional. Entre os principais estados produtores de calçados desta região, destacam-se o Ceará e a Paraíba, os quais concentram 85% da produção de calçados do Nordeste. A segunda região mais importante no Brasil é a Região Sul, a qual representa 22,6% da produção nacional. A diferença entre os desempenhos das Regiões Nordeste e Sul está na recuperação mais consistente da produção de calçados de couro voltada às exportações.

O presente relatório foi elaborado na perspectiva do usuário externo que não dispõe de todas as informações necessárias a uma análise mais acurada. As fontes de informações são aquelas divulgadas em obediência aos preceitos legais da legislação societária.

ANÁLISE DAS DEMONSTRAÇÕES CONTÁBEIS

Análise de liquidez

A liquidez representa a situação financeira da empresa, comparando os recursos disponíveis e aptos a fazer frente aos compromissos financeiros assumidos pela companhia. Em outras palavras, a liquidez refere-se à capacidade da empresa de cumprir suas obrigações financeiras de curto prazo. Em um tom interrogativo, pode a empresa converter rapidamente seus ativos em dinheiro sem perda de valor, se necessário, para cumprir suas obrigações de curto prazo?

Os índices de liquidez favoráveis são fundamentais para a empresa e seus credores na medida em que são capazes de fornecer um fluxo de caixa estável e previsível. Eles também são preditores-chave da capacidade de uma empresa para fazer pagamentos tempestivos aos credores e continuar a cumprir as obrigações para com os credores diante de um evento imprevisto.

O Gráfico 11.1(a) apresenta resultados para os índices selecionados que são amplamente utilizados na análise de liquidez da maioria das empresas.

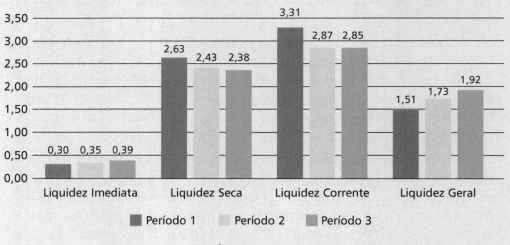

Gráfico 11.1(a)   Índices de Liquidez da Cia. Grega.

Os índices de liquidez imediata e liquidez geral da Cia. Grega vêm aumentando ao longo dos três períodos analisados. Ou seja, a análise do índice de liquidez imediata revela que a empresa vem fortalecendo sua capacidade de liquidar dívidas de curtíssimo prazo. Já o índice de liquidez geral mostra que a empresa também está se fortalecendo em termos de liquidez de longo prazo.

Por outro lado, quando comparado às empresas do setor calçadista, pode-se constatar que os indicadores da Cia. Grega são maiores.

A liquidez corrente é o indicador mais utilizado na análise de capacidade de pagamento das empresas e pelo que se pode observar a cada R$ 1,00 de dívida de curto prazo que a empresa tem, no período "3", R$ 2,85 para honrar seus compromissos, fato esse que se revela como positivo, pois não se verifica num horizonte de curto prazo problemas com pagamento, a se manter essa estrutura financeira. Para testar a liquidez mais rigorosamente, retiramos os estoques como fonte de pagamento, mas mesmo assim a empresa mantém uma boa capacidade de pagamento, ou seja, o nível de estoques da empresa tem pouca influência na sua liquidez.

Destaque-se por oportuno que fazendo uma análise no horizonte temporal em foco, verifica-se uma pequena queda nos índices de liquidez seca e liquidez corrente, porém sem muita expressividade. Essa queda se justifica em função do aumento ocorrido no passivo circulante de 48,3% entre os períodos "1" e "3", notadamente na conta empréstimos (72,1%), contra um aumento de apenas 27,8% no ativo circulante no mesmo período.

Quando se compara, no período "3", a Cia. Grega, com as empresas do setor de calçados, nas quais os índices de liquidez seca e corrente atingiram o montante de 2,25 e 2,65, respectivamente. Não obstante a esse decréscimo, a empresa ainda mantém índices superiores ao do setor no qual está inserida, ou seja, 2,38 de liquidez seca e 2,85 de liquidez corrente para o período "3", como se verifica no Gráfico 11.1(b).

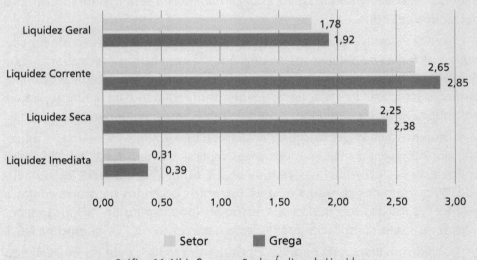

Gráfico 11.1(b) Comparação dos Índices de Liquidez.

O exame da liquidez da Cia. Grega pode ser complementado analisando o capital de giro da empresa. Este aspecto torna-se importante à medida que um dos desafios da empresa é estabilizar os seus compromissos sem comprometer a sua rentabilidade. Assim, a análise procedida se deu a partir de três instrumentos fundamentais: Capital Circulante Líquido (CCL), Necessidade de Capital de Giro (NCG) e Saldo em Tesouraria (ST).

ÍNDICE	FÓRMULA	PERÍODO 1	PERÍODO 2	PERÍODO 3
CCL	AC − PC	2.370,00	2.355,00	2.819,00
NCG	= ACO − PCO	1.755,00	1.672,00	1.850,00
ST	= ACF − PCF	615,00	683,00	969,00

O Capital Circulante Líquido (CCL) da Cia. Grega foi positivo demonstrando que o ativo circulante suplantou o passivo circulante, ou seja, no período "3" o ativo circulante foi 2,85 maior do que o passivo circulante, revelando que 35% (PC/AC) do ativo circulante foi financiado pelo passivo circulante e 65% advém de fontes de recursos do passivo não circulante ou do patrimônio líquido.

Esse comportamento, guardando as devidas proporções, se deu em todos os períodos analisados, revelando que os recursos de curto prazo (ativo circulante) são suficientes para fazer frente aos compromissos de curto prazo (passivo circulante) da entidade. Além disso, o CCL melhorou significativamente no período "3", demonstrando que a situação financeira está melhorando com o passar dos períodos.

A NCG é positiva e crescente entre os períodos "2" e "3". Como pode ser percebido, as fontes de passivo operacional não crescem na mesma proporção que os ativos operacionais, tornando necessária a busca de fontes onerosas de financiamento para fazer frente às necessidades de investimento na operação. Houve uma queda na NCG no período "2", mas voltou a crescer no período "3".

Uma possível explicação para essa NCG foi o volume de vendas a prazo, que por representar mais de duas vezes o passivo operacional, fato explícito nos acréscimos ocorridos nas vendas, 68,2% no período "2" e 95,5% no período "3", tiveram por consequência os aumentos ocorridos no grupo contas a receber (12,4% nos três períodos) e estoques (pouco mais de 7% nos três períodos), os quais contribuíram tanto para o aumento no CCL quanto na NCG.

O saldo em tesouraria também é positivo em todos os períodos, revelando que os ativos financeiros de curto prazo são suficientes para liquidar os passivos financeiros de curto prazo. Ou seja, em termos de capital de giro, pode-se dizer que a empresa é sólida.

A análise da liquidez da empresa pode ser complementada observados os prazos dos ciclos operacional e de caixa. Observa-se que no segundo período, o ciclo operacional foi de 196 dias e o ciclo de caixa alcançou 133 dias, evidenciando que a empresa financiava aproximadamente 3,5 meses do seu ciclo operacional, fato que se seguiu no segundo período, quando o ciclo de caixa ficou em 126 dias.

Assim, é de se destacar que a empresa para financiar esse déficit temporal tem usado recursos financeiros de terceiros, como também tem feito uso dos seus ativos financeiros, já que eles têm o montante maior do que os financiamentos obtidos, revelando que a empresa estava com recursos financeiros ociosos, fato esse que não compromete o pagamento de suas obrigações e, consequentemente, não indica motivo de preocupação.

Análise da estrutura patrimonial

A análise da estrutura patrimonial é crucial para entender as relações entre as fontes de financiamento próprio e de terceiros e com isso avaliar a dependência da entidade com relação aos recursos de externos. De modo suplementar, essas relações fornecem informações acerca da capacidade de uma empresa cumprir suas obrigações financeiras de longo prazo.

Para avaliar a estrutura de financiamento e risco de crédito de longo prazo da Cia. Grega, foram analisados os seguintes índices: i) endividamento; ii) composição do endividamento; iii) imobilização do PL; iv) imobilização dos recursos não correntes. O Gráfico 11.2, demonstra a estrutura patrimonial da Cia. Grega.

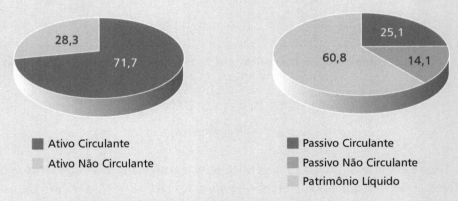

Gráfico 11.2 Estrutura Patrimonial da Cia. Grega no Período "3".

Examinando o Gráfico 11.2, constata-se que cerca de 72% dos ativos estão concentrados no ativo circulante, que as contas a receber representam cerca de 27%, os estoques totalizam 19% e as aplicações financeiras aproximadamente 10% no último período. Já o ativo não circulante representa 28% do total dos ativos, sendo que 14% estão no subgrupo imobilizado. Já quando se trata dos passivos e patrimônio líquido a maior representatividade é do capital próprio, representando aproximadamente 61% do seu total, enquanto os passivos circulantes e não circulantes correspondem, respectivamente, a 25% e 14%.

A análise dessa estrutura de capital revela os seguintes aspectos:

- a empresa apresenta um volume acentuado de ativos financeiros (cerca de 30% dos ativos);
- os ativos se concentram mais no circulante;
- as dívidas da companhia se concentram mais no curto prazo;
- o capital próprio é superior ao capital de terceiros.

Fazendo análise mediante os índices de estrutura patrimonial, vai se chegar às mesmas conclusões. No Gráfico 11.3 são apresentados esses indicadores.

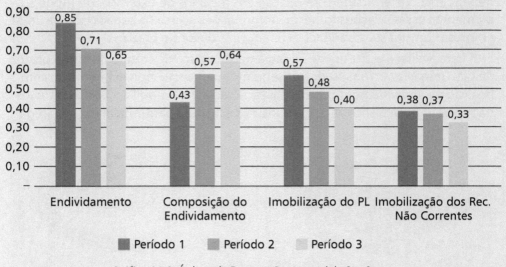

Gráfico 11.3 Índices de Estrutura Patrimonial da Cia. Grega.

Ao se analisar o Gráfico 11.3, verifica-se que o nível de endividamento vem caindo ao longo dos anos. Percebe-se que, no período "1", a dívida da Cia. Grega representava 85% do patrimônio líquido. Nos períodos "2" e "3", o nível de endividamento caiu, alcançando, no período "3", o patamar de 65% do PL. Examinando os índices de imobilização do patrimônio líquido, observa-se que há um comportamento de queda ao longo dos anos de modo semelhante ao nível de endividamento. Da mesma maneira, o nível de imobilização de recursos não correntes, que representava 38% no período "1", vem caindo ao longo do tempo, ficando em 33% no período "3".

Observa-se também que os valores da dívida e dos ativos não correntes não sofreram variações expressivas, por outro lado, as quedas nesses indicadores se deram pelo fato de que o PL teve um acréscimo de 31% em razão da incorporação dos resultados, em forma de reservas de lucro, alcançados pela Cia. Grega.

Examinando a composição da dívida da Cia. Grega, verifica-se que no período "1", apenas 43% da dívida era de curto prazo, mas ao longo do tempo, a dívida vem sendo transferida do longo para o curto prazo, chegando a 64% no período "3". Como houve aumento no Passivo Circulante de 48,3% e redução do Passivo Não Circulante de 36,8%, verifica-se a transferência de dívidas de longo prazo para curto prazo.

Apesar de no período "3" existir uma concentração de 64% das dívidas no curto prazo, como também ser desconhecido o custo dessa, verifica-se uma aproximação do vencimento das dívidas que eram de longo prazo, ou seja, começa a apertar um pouco a folga financeira da empresa. De qualquer modo, aparentemente nada que preocupe. Assim, os níveis de endividamento não suscitam preocupações no que tange à capacidade da Cia. Grega a atender a sua dívida e permanecer solvente a longo prazo.

Análise dos indicadores de atividade

A análise dos índices de atividade revela o comportamento do fluxo dos recursos necessários para execução das operações da empresa e suas necessidades de financiamento. Assim, por meio dos prazos médios, pode-se analisar o ciclo operacional e de caixa da entidade, essenciais para determinação da estratégia empresarial, tanto comercial quanto financeira.

Passando à análise da Cia. Grega, observa-se que ela vem reduzindo os prazos do seu ciclo operacional, porquanto conforme o Gráfico 11.4, o prazo médio de estocagem foi reduzido em cerca de 50%. Observando sensitivamente o Gráfico 11.4, constata-se que os prazos de vendas foram os que sofreram redução tímida, posto que o ganho foi de apenas 5 dias.

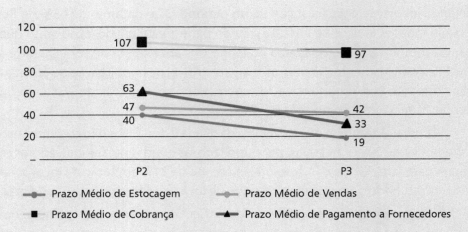

Gráfico 11.4 Prazo das atividades da Cia. Grega.

Não obstante a essas reduções no ciclo operacional, o prazo médio de pagamento a fornecedores também se reduziu quase à metade entre os períodos "2" e "3", o que permite inferir que esses passivos operacionais possuem vencimentos cada vez menores, demandando desembolsos mais rápidos por parte da Cia. Grega. Em função da diminuição do ciclo operacional e redução no PMPF, o ciclo de caixa que era de 133 dias no período "2" foi mantido em 133 dias no período "3", se equiparando à média nacional, que é de 134 dias.

Note que, no segundo período, como o ciclo operacional era de 196 dias, mas o de Caixa era de 133 dias, a empresa precisava financiar este prazo. No terceiro, o diferencial se manteve praticamente o mesmo, pouco mais de três meses, apesar das grandes mudanças nos diversos prazos.

Em suma, a empresa está conseguindo reduções nos prazos de estocagem e de vendas de cobranças, resultando na redução do ciclo operacional. Embora os prazos médios dos fornecedores também tenham sido reduzidos pela metade, o ciclo de caixa se manteve praticamente o mesmo do período anterior. Observa-se também que o aumento das vendas foi muito significativo (16%), e ao que consta foram predominantemente vendas à vista, dado que as contas a receber ficaram estáveis. Por outro lado, os PMPF tiveram redução expressiva, o que manteve o ciclo de caixa, mas provocou um crescimento na NCG, porém sem comprometer a liquidez da empresa como dito anteriormente.

Análise de rentabilidade

A análise de rentabilidade é a avaliação do retorno dos investimentos da empresa. Esses índices mostram o desempenho econômico da empresa, sendo eles divididos em três tipos: margens, giro e retornos. Os índices que expressam as margens representam a capacidade de a empresa converter as vendas em lucros nas diversas formas de mensuração. Por sua vez, os índices de giro evidenciam como se comportam as vendas e os investimentos. Já os índices que demonstram os retornos são representados pela capacidade de a empresa gerar retornos para os investidores.

A margem operacional revela quanto das vendas a empresa pode transformar em lucro operacional. No caso da Cia. Grega, apesar do aumento contínuo das vendas, 95% no período analisado, a margem vem sofrendo quedas ao longo do período analisado, conforme se pode ver no Gráfico 11.5. Uma das explicações pode se verificar nos itens que compõem a DRE, lá está evidente que a empresa apesar de ter vendido mais, também comprou mais caro.

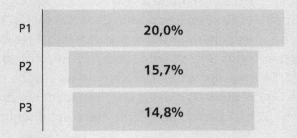

Gráfico 11.5 Margem operacional da Cia. Grega.

Analisando o giro do ativo é possível identificar quanto a empresa vendeu para cada unidade monetária investida. No caso em tela, a Cia. Grega girou pouco mais de uma vez, ou seja, no período "2" para cada R$ 1,00 investido, a Cia. vendeu R$ 1,13. Já no período "3" o índice aumentou para 1,22, em função principalmente do acréscimo das vendas no período.

Quando se considera o retorno do investimento (ROI) da entidade, verifica-se que a Cia. Grega obteve taxas de 17,76% no período "2" e 18,11% no período "3". Analisando a decomposição desse indicador em giro e margem, constata-se que essas duas variáveis tiveram comportamentos opostos. Pois quando se analisa rentabilidade com relação a vendas, verifica-se que a Cia.

Grega vem aumentando suas receitas de forma expressiva, alcançando 95,5% de diferença entre o primeiro e o terceiro períodos. Entretanto, para conseguir esse aumento no giro, a empresa vem diminuindo o percentual de vendas que é convertido em lucro. A margem líquida era de 20% no período "1" e caiu para 15,68% no período "2" e 14,82% no período "3", um pouco inferior à média brasileira do setor, que foi de 16% no período "3".

Já o retorno sobre o Patrimônio Líquido apresentou resultados ainda maiores, 21,47% no período "2" e 24,13% no período "3", bem maiores que a média brasileira do setor, que é de 19% no período. O retorno sobre o PL foi maior que o retorno sobre o investimento porque a empresa conseguiu captar recursos de terceiros a taxas (líquidas de IR) inferiores ao ROI. Isso implica dizer que a melhora na taxa de retorno sobre o PL se deveu, na verdade, muito mais à redução do custo dos empréstimos do que ao desempenho operacional da empresa. De qualquer modo, esse diferencial de rentabilidade foi incorporado aos resultados dos sócios, conforme atesta o grau de alavancagem financeira, que foi 1,21 no período "2" e 1,33 no período "3".

Na mesma direção, o EVA apurado revela a capacidade da empresa de gerar resultados superiores ao custo de oportunidade dos sócios (10%), portanto, em uma alternativa muito interessante de investimento. Esse EVA mostra que os sócios estão obtendo taxas de retorno sobre o PL maiores do que o mínimo desejado de 10%. Se tratassem esses 10% como uma espécie de "despesa de remuneração do capital próprio", mesmo assim estariam tendo um lucro econômico que, de R$ 321,10, passou para R$ 440,90 entre o segundo e o último período.

Finalmente, o EBITDA da Cia. Grega evidencia o potencial de geração de caixa proveniente de ativos operacionais do empreendimento. Esse indicador era de R$ 483,80 no período "1", passou a R$ 713,10 no período "2", alcançando o valor de R$ 833,00 no período "3". Essa variação foi influenciada basicamente pelo aumento no valor absoluto do resultado operacional da entidade.

CONCLUSÃO

Após a análise procedida nas demonstrações contábeis da Cia. Grega é possível destacar alguns pontos relevantes, sejam eles positivos ou aspectos que requerem atenção da gestão, bem como pontos que a empresa deve manter em sua política de gestão, acerca da sua posição financeira, operacional e econômica.

A Cia. Grega apresenta boa liquidez, inclusive acima da média do setor calçadista. Não se vislumbra no curto prazo problemas com pagamentos de seus credores. O capital de giro melhorou significativamente, validando uma situação financeira favorável.

O endividamento e a imobilização de itens não correntes vêm caindo ao longo dos anos. As dívidas vêm se concentrando no curto prazo, porém como não se constatou problemas de liquidez, esse fato não se torna preocupante.

A empresa tem se esforçado para reduzir os prazos do ciclo operacional, por outro lado, os prazos médios de pagamento aos fornecedores também têm diminuído, fato esse que não foi suficiente para uma redução significante no ciclo de caixa da empresa.

A rentabilidade da empresa está em uma posição superior aos seus concorrentes. O retorno sobre patrimônio líquido foi maior que os retornos dos investimentos (ROI), relevando uma alavancagem financeira. O EBITDA vem mostrando valores crescentes na potencialidade de geração de caixa a partir das vendas da companhia.

A empresa tem perspectivas de se manter forte nas áreas de liquidez, solvência e rentabilidade, ou estabilidade se continuar em seu caminho atual. Os investidores devem ficar atentos com o comportamento das taxas de retorno nos períodos que se seguem.

Já os gestores devem observar as áreas da composição de endividamento, de modo a administrar as dívidas de curto prazo. Faz-se necessário implementar políticas capazes de manter a quantidade e a qualidade do capital de giro, rentabilidade e estabilidade financeira. A administração deve abordar essas áreas simultaneamente se a empresa vencer o seu recente histórico:

- melhorar os prazos médios de cobrança de contas a receber;
- ganhar prazo com seus fornecedores;
- melhorar o giro dos ativos.

Deve-se lembrar que esta análise é limitada, posto que ela foi feita na perspectiva de quem está fora da empresa. Uma maior profundidade da compreensão e avaliação só pode ocorrer com a utilização de outros recursos, como comparações com as previsões do orçamento e as políticas estratégicas da empresa. Somente após esse processo pode ocorrer uma apreciação mais acurada da situação atual e futura da empresa.

ANEXOS

BALANÇO PATRIMONIAL

ITEM/PERÍODO	1	AV	AH	2	AV	AH	3	AV	AH
ATIVO									
Ativo Circulante	**3.396,00**	**65,6**	**100,0**	**3.615,00**	**67,9**	**106,4**	**4.341,00**	**71,7**	**127,8**
Caixa e equivalentes de caixa	303,00	5,9	100,0	436,00	8,2	143,9	588,00	9,7	194,1
Aplicações Financeiras	763,00	14,7	100,0	765,00	14,4	100,3	1.157,00	19,1	151,6
Contas a Receber	1.445,00	27,9	100,0	1.603,00	30,1	110,9	1.624,00	26,8	112,4
Estoque Matéria-prima	200,00	3,9	100,0	180,00	3,4	90,0	210,00	3,5	105,0
Estoque Produtos em Elaboração	12,00	0,2	100,0	14,00	0,3	116,7	13,00	0,2	108,3
Estoque Produtos Acabados	480,00	9,3	100,0	350,00	6,6	72,9	490,00	8,1	102,1
Impostos a Recuperar	190,00	3,7	100,0	260,00	4,9	136,8	253,00	4,2	133,2
Despesas Antecipadas	3,00	0,1	100,0	7,00	0,1	233,3	6,00	0,1	200,0
Ativo Não Circulante	**1.778,00**	**34,4**	**100,0**	**1.711,00**	**32,1**	**96,2**	**1.716,00**	**28,3**	**96,5**
Ativo Realizável a Longo Prazo	187,00	3,6	100,0	210,00	3,9	112,3	226,00	3,7	120,9
Investimentos	156,00	3,0	100,0	118,00	2,2	75,6	106,00	1,8	67,9
Imobilizado	918,00	17,7	100,0	831,00	15,6	90,5	860,00	14,2	93,7
Intangível	517,00	10,0	100,0	552,00	10,4	106,8	524,00	8,7	101,4
T O T A I S	**5.174,00**	**100,0**	**100,0**	**5.326,00**	**100,0**	**102,9**	**6.057,00**	**100,0**	**117,1**

(continua)

BALANÇO PATRIMONIAL

PASSIVO									
Passivo Circulante	**1.026,00**	**19,8**	**100,0**	**1.260,00**	**23,7**	**122,8**	**1.522,00**	**25,1**	**148,3**
Obrigações Sociais e Trabalhistas	178,00	3,4	100,0	195,00	3,7	109,6	217,00	3,6	121,9
Fornecedores	269,00	5,2	100,0	320,00	6,0	119,0	372,00	6,1	138,3
Contas a Pagar	128,00	2,5	100,0	227,00	4,3	177,3	157,00	2,6	122,7
Empréstimos	451,00	8,7	100,0	518,00	9,7	114,9	776,00	12,8	172,1
Passivo Não Circulante	**1.349,00**	**26,1**	**100,0**	**945,00**	**17,7**	**70,1**	**853,00**	**14,1**	**63,2**
Financiamentos	1.349,00	26,1	100,0	945,00	17,7	70,1	853,00	14,1	63,2
PATRIMÔNIO LÍQUIDO	**2.799,00**	**54,1**	**100,0**	**3.121,00**	**58,6**	**111,5**	**3.682,00**	**60,8**	**131,5**
Capital	1.740,00	33,6	100,0	1.884,00	35,4	108,3	1.943,00	32,1	111,7
Reservas de Capital	271,00	5,2	100,0	250,00	4,7	92,3	251,00	4,1	92,6
Reservas de Lucros	788,00	15,2	100,0	987,00	18,5	125,3	1.488,00	24,6	188,8
T O T A I S	**5.174,00**	**100,0**	**100,0**	**5.326,00**	**100,0**	**102,9**	**6.057,00**	**100,0**	**117,1**

DEMONSTRAÇÃO DOS RESULTADOS

ITEM/PERÍODO	1	AV	AH	2	AV	AH	3	AV	AH
Receita Líquida	3.092,00	100,0	100	5.202,00	100,0	168,2	6.044,00	100,0	195,5
Custo dos Produtos Vendidos	1.846,00	59,7	100	3.214,00	61,8	174,1	3.664,00	60,6	198,5
Resultado Bruto	1.246,00	40,3	100	1.988,00	38,2	159,6	2.380,00	39,4	191,0
Despesas Operacionais									
Despesas com Vendas	651,00	21,1	100	1.172,00	22,5	180,0	1.306,00	21,6	200,6
Despesas Administrativas	198,00	6,4	100	319,00	6,1	161,1	336,00	5,6	169,7
Outras Receitas Operacionais	15,00	0,5	100	209,00	4,0	1393,3	73,00	1,2	486,7
Outras Despesas Operacionais	24,00	0,8	100	60,00	1,2	250,0	59,00	1,0	245,8
Resultado da Equivalência Patrimonial	4,00	0,1	100	(16,00)	(0,3)	(–400,0)	(5,00)	(0,1)	(–125,0)
Subtotal	854,00	27,6	100	1.358,00	26,1	159,0	1.633,00	27,0	191,2
Resultado Operacional	392,00	12,7	100	630,00	12,1	160,7	747,00	12,4	190,6
Resultado Financeiro									
Receitas Financeiras	357,00	11,5	100	317,00	6,1	88,8	262,00	4,3	73,4
Despesas Financeiras	325,00	10,5	100	330,00	6,3	101,5	220,00	3,6	67,7
Subtotal	32,00	1,0	100	(13,00)	(0,2)	(–40,6)	42,00	0,7	131,3
Resultado antes dos Tributos	424,00	13,7	100	617,00	11,9	145,5	789,00	13,1	186,1
Provisão para IR e CS (35%)	17,00	0,5	100	16,00	0,3	94,1	36,00	0,6	211,8
Resultado Líquido	407,00	13,2	100	601,00	11,6	147,7	753,00	12,5	185,0

Atividade sugerida ao professor: construindo o relatório de análise

Após analisar os principais indicadores, é muito importante a construção de um relatório de análise da situação econômico-financeira. Seguem mais algumas possibilidades:

1. Pode-se pedir aos alunos que façam relatórios das Cias. Medusa e Zeus contemplando todas as fases anteriores, seguindo os moldes delineados anteriormente.
2. A seguir, apresentamos a estrutura de um estudo dirigido completo para análise das demonstrações contábeis com a forma de relatório. Sugere-se a elaboração com dados de alguma empresa listada na B3 (comércio ou indústria).

INSTRUÇÕES

Este estudo dirigido foi construído a partir do método de análise das demonstrações contábeis proposto no livro. Pretende-se alcançar três propósitos principais com esta abordagem, quais sejam:

1. apresentar o passo a passo de aplicação das principais técnicas de análise da situação econômico-financeira de um empreendimento, cujo enfoque pretende alcançar diferentes propósitos: análise para investimento, concessão de crédito, vendas etc.;
2. estabelecer uma ligação entre o que é visto em termos teóricos sobre o conteúdo e a prática das organizações, por meio da análise dos dados de uma empresa com publicação de suas demonstrações na Bolsa de Valores (B3) e toda a complexidade inerente ao mundo empírico;
3. construir o relatório da análise da situação econômico-financeira à medida que as informações forem sendo produzidas por meio da aplicação das técnicas. Ou seja, o trabalho finaliza tendo o **relatório técnico** das análises efetuadas como produto.

A seguir, são apresentados os passos a serem seguidos para a realização desta atividade:

1. O espaço para a construção da Introdução está dividido em três partes. Inicialmente, os discentes devem apresentar a empresa e o setor no qual ela está inserida. Busquem informações sobre sua história, seus projetos, tendências etc. Tente conhecer o negócio e a empresa que será analisada.
2. Acessem a página da empresa no *site* da B3, levantem o Balanço Patrimonial e a DRE do último período e completem as informações dos Anexos I e II.
3. Nos Anexos I e II, façam as análises horizontal e vertical (calcule os índices restantes) e destaquem as contas que mais chamam a atenção.

4. Calculem os índices de liquidez da empresa, verifiquem se existem parâmetros setoriais e façam uma pequena conclusão sobre sua liquidez, considerando a evolução dos índices e os parâmetros setoriais.

5. Calculem os índices de capital de giro da empresa, classifiquem sua gestão de acordo com a tipologia do Modelo Fleuriet e façam uma pequena conclusão sobre a gestão do capital de giro.

6. Calculem os prazos médios de vendas (PMV), os prazos médios de cobrança (PMC), os prazos médios de pagamento a fornecedores (PMPF),[1] os ciclos operacional e de caixa. Depois, verifiquem se existem parâmetros setoriais e façam uma pequena conclusão sobre o ciclo de caixa da empresa, considerando a evolução dos índices e os parâmetros setoriais (consultem as demonstrações anteriores ao primeiro ano para calcular as respectivas médias).

7. Calculem os índices de estrutura patrimonial da empresa, verifiquem se existem parâmetros setoriais e elaborem uma pequena conclusão sobre seus indicadores de estrutura patrimonial, considerando sua evolução e os parâmetros setoriais.

8. Calculem os índices de margem operacional, de giro do ativo, de retorno do investimento, de retorno sobre o PL e de grau de alavancagem financeira da empresa, confrontem com os parâmetros setoriais e produzam uma análise dos três períodos (considerem a alíquota de IR/CS de 35%).

9. Calculem o EVA e o EBITDA[2] (indicadores relativos) da empresa, confrontem com os parâmetros setoriais e façam uma análise dos três períodos (considere o custo de oportunidade do setor).

10. Considerando os resultados dos itens anteriores, elaborem uma conclusão sobre a situação econômico-financeira da entidade fundamentada em seus achados. Abordem os seguintes tópicos: liquidez, endividamento, estrutura de capital, capital de giro, prazos médios e rentabilidade.

11. Construam o resumo executivo: apresentem brevemente a empresa, a metodologia utilizada, uma síntese das informações financeiras e de rentabilidade e a conclusão geral.

12. Elaborem o início da Introdução, apresentando o relatório.

---

1 Para calcular o valor das compras, consulte a DVA (custo de produtos, mercadorias e serviços vendidos).

2 Consulte o valor das despesas de depreciação na DFC.

RELATÓRIO DE ANÁLISE DAS DEMONSTRAÇÕES CONTÁBEIS

CIA.: _____

Analistas:

1) _____
2) _____
3) _____
4) _____

_____ [   ]

____/____/____

SUMÁRIO

RESUMO EXECUTIVO 4

INTRODUÇÃO 4

ANÁLISE DAS DEMONSTRAÇÕES CONTÁBEIS 5

    Análise de liquidez. 6

    Análise de capital de giro 8

    Análise dos índices de atividade 8

    Análise da estrutura patrimonial 9

    Análise da rentabilidade 10

CONCLUSÃO 12

RESUMO EXECUTIVO[3]

---
[3] Apresentar o objetivo do relatório, o método de análise utilizado, as principais conclusões e recomendações.

INTRODUÇÃO[4]

Este relatório analisa... _____

_____

_____

_____

_____

_____

_____

_____

A empresa... _____

_____

_____

_____

_____

_____

O setor... _____

_____

_____

_____

_____

_____

_____

---

[4] Apresentar a estrutura do relatório, a empresa (pontos fortes e fracos) e o setor no qual ela está inserida (notadamente ameaças e oportunidades).

ANÁLISE DAS DEMONSTRAÇÕES CONTÁBEIS

Análise de liquidez

A liquidez representa a situação financeira da empresa, comparando os recursos disponíveis e aptos a fazer frente aos compromissos financeiros assumidos pela companhia. No Quadro 11.1 estão apresentados os índices de liquidez do período em análise.

Quadro 11.1 Índices de liquidez

ÍNDICES	PERÍODO 1	PERÍODO 2	PERÍODO 3	SETOR
Liquidez imediata				
Liquidez seca				
Liquidez corrente				
Liquidez geral				

Análise do capital de giro

O exame da liquidez da Cia. pode ser complementado analisando o capital de giro da empresa. Este aspecto torna-se importante à medida que um dos desafios da empresa é estabilizar os seus compromissos sem comprometer a sua rentabilidade. Assim, a análise procedida se deu a partir de três instrumentos fundamentais: Capital Circulante Líquido (CCL), Necessidade de Capital de Giro (NCG) e Saldo em Tesouraria (ST).

Quadro 11.2 Índices de análise do capital de giro

ÍNDICES	PERÍODO 1	PERÍODO 2	PERÍODO 3
CCL			
NCG			
ST			
Classificação			

Análise dos índices de atividade

A análise dos indicadores de atividade revela o comportamento do fluxo dos recursos necessários para execução das operações da empresa e suas necessidades de financiamento. Assim, por meio dos prazos médios, pode-se analisar o ciclo operacional e de caixa da entidade, essenciais para determinação da estratégia empresarial, tanto comercial quanto financeira.

No Quadro 11.3 são apresentados os seguintes índices: o prazo médio de estocagem (PME), o prazo médio de fabricação (PMF), o prazo médio de vendas (PMV), o prazo médio de cobrança (PMC), o prazo médio de pagamento a fornecedores (PMPF), o ciclo operacional e o ciclo de caixa.

Quadro 11.3 Índices de atividade

ÍNDICES	PERÍODO 1	PERÍODO 2	PERÍODO 3	SETOR
PME				
PMF				
PMV				
PMC				
PMPF				
Ciclo Operacional				
Ciclo de Caixa				

_____

_____

_____

_____

_____

_____

_____

_____

_____

_____

Análise da estrutura patrimonial

A análise da estrutura patrimonial é crucial para entender as relações entre as fontes de financiamento próprio e de terceiros e, com isso, avaliar a dependência da entidade com relação aos recursos de externos. De modo suplementar, essas relações fornecem informações acerca da capacidade de uma empresa cumprir suas obrigações financeiras de longo prazo.

Para avaliar a estrutura de financiamento e risco de crédito de longo prazo foram analisados os índices apresentados no Quadro 11.4.

Quadro 11.4 Índices de estrutura patrimonial

ÍNDICES	PERÍODO 1	PERÍODO 2	PERÍODO 3	SETOR
Endividamento				
Composição do Endividamento				
Imobilização do PL				
Imobilização recursos não correntes				

Análise da rentabilidade

A análise de rentabilidade é a avaliação do retorno dos investimentos na empresa. Esses índices mostram o desempenho econômico da empresa, sendo eles divididos em três tipos: margens, giro e retornos. Os índices que mostram as margens representam a capacidade da empresa de converter as vendas em lucros nas diversas formas de mensuração. Por sua vez, os índices de giro evidenciam como as vendas e os investimentos se comportam. Já os índices que ressaltam os retornos são representados pela capacidade da empresa de gerar retornos para os investidores.

No Quadro 11.5 são apresentados os índices de margem, giro e os índices de retorno do negócio, retorno do capital investido e grau de alavancagem financeira.

Quadro 11.5 Índices de rentabilidade I

ÍNDICES	PERÍODO 1	PERÍODO 2	PERÍODO 3	SETOR
Margem operacional				
Giro				
ROI				
ROE				
GAF				

___

___

___

___

___

___

___

___

___

___

___

No Quadro 11.6 são apresentados os índices EVA e EBITDA.[5] Esses índices mostram, respectivamente, a capacidade de remunerar o capital próprio acima do custo de oportunidade e o potencial do empreendimento de gerar fluxos de caixa.

Quadro 11.6 Índices de rentabilidade II

ÍNDICES	PERÍODO 1	PERÍODO 2	PERÍODO 3	SETOR
EVA				
EBITDA				

---

[5] Considerar os índices relativos EVA/PL e EBITDA/Vendas.

CONCLUSÃO[6]

---

[6] Detalha os achados relevantes da análise, propondo conclusões sobre a situação econômico-financeira da entidade e recomendações.

ANEXO I – Balanço Patrimonial

ITEM/PERÍODO	Ano 1	AV	AH	Ano 2	AV	AH	Ano 3	AV	AH
ATIVO									
Ativo Circulante									
Caixa e Equivalentes de Caixa									
Aplicações Financeiras									
Contas a Receber									
Estoques									
Impostos a Recuperar									
Despesas Antecipadas									
Outros Ativos Circulantes									
Ativo Não Circulante									
Ativo Realizável a Longo Prazo									
Investimentos									
Imobilizado									
Intangível									
T O T A I S									
PASSIVO									
Passivo Circulante									
Obrigações Sociais e Trabalhistas									
Fornecedores									
Obrigações Fiscais									
Empréstimos									
Outras Obrigações									
Provisões									
Passivo Não Circulante									
Empréstimos e Financiamentos									
Outras Obrigações									
Provisões									
PATRIMÔNIO LÍQUIDO									
Capital Social									
Reservas de Capital									
Reservas de Lucros									
Ajustes de Conversão									
TOTAIS									

ANEXO II – Demonstração dos Resultados

ITEM/PERÍODO	Ano 1	AV	AH	Ano 2	AV	AH	Ano 3	AV	AH
Receita Líquida									
Custo dos Produtos Vendidos									
Resultado Bruto									
Despesas Operacionais									
Despesas com Vendas									
Despesas Administrativas									
Outras Receitas Operacionais									
Outras Despesas Operacionais									
Subtotal									
Resultado Operacional									
Resultado Financeiro									
Receitas Financeiras									
Despesas Financeiras									
Subtotal									
Resultado antes dos Tributos									
Provisão para IR e CS (35%)									
Resultado Líquido									

GABARITO DOS TESTES DE CONCURSOS, EXAMES E PROCESSOS SELETIVOS

Capítulo 2, Seção 2.2.2

1) A
2) A
3) E
4) D
5) C
6) B
7) A
8) D

Capítulo 2, Seção 2.3.3

1) E
2) C
3) C
4) B
5) C

6) E
7) A
8) A
9) B
10) C
11) D
12) B

Capítulo 2, Seção 2.4

1) C
2) A
3) D
4) B
5) D
6) B
7) C

Capítulo 2, Seção 2.5

1) D
2) D
3) A

Capítulo 2, Seção 2.6

1) C
2) E
3) C
4) A
5) C
6) D

Capítulo 2, Seção 2.7

1) C
2) E
3) D

4) A

5) B

6) C

7) C

8) D

Capítulo 2, Seção 2.8

1) A

2) B

3) E

4) B

5) C

6) B

Capítulo 2, Seção 2.9

1) D

2) B

3) A

4) D

5) E

6) A

Capítulo 4

1) A

2) A

3) A

4) C

5) D

Capítulo 5

1) E

2) A

3) B; C; E

4) D

5) B

6) A

7) A

Capítulo 6

1) D

2) E; E; B; D; E; A

3) B

4) A

5) D

Capítulo 7

1) C

2) B

3) B

4) A

5) B

Capítulo 8

1) B

2) B

3) B

4) A

5) A

Capítulo 9

1) D

2) D

3) C

4) A

5) D

6) F; V; F; V; V

7) 1; 2; 3

8) B

9) B

10) C

REFERÊNCIAS

ASSAF NETO, A. **Estrutura e análise de balanços**: um enfoque econômico-financeiro. 11. ed. São Paulo: Atlas, 2015.

ASSAF NETO, A. **Estrutura e análise de balanços**: um enfoque econômico-financeiro. 13. ed. São Paulo: Atlas, 2023.

BORINELLI, M. L.; PIMENTEL, R. C. **Curso de contabilidade para gestores, analistas e outros profissionais**. São Paulo: Atlas, 2010.

BRAGA, R. Análise avançada do capital de giro. **Caderno de Estudos FIPECAFI**, n. 3, set. 1991.

COMITÊ DE PRONUNCIAMENTOS CONTÁBEIS. 2023. **OCPC 07 (R1)** – Evidenciação na divulgação dos relatórios contábil-financeiros de propósito geral. Disponível em: https://s3.sa-east-1.amazonaws.com/static.cpc.aatb.com.br/Documentos/623_OCPC_07R1.pdf. Acesso em: 19 abr. 2024.

COPELAND, T. E.; KOLLER, T.; MURRIN, J. **Avaliação de empresas – valuation**: calculando e gerenciando o valor das empresas. São Paulo: Makron Books, 2000.

DAMODARAN, A. **Avaliação de investimentos**. Rio de Janeiro: Qualitymark, 1997.

FREZATTI, F. Valor da empresa: avaliação de ativos pela abordagem do resultado econômico residual. **Cadernos de Estudos FIPECAFI**, n. 19, p. 57-69, set./dez. 1998.

GOPAL, C. R. **Accounting for managers**. New Age International, 2009.

GRAMLING, A. A., RITTENBERG, L. E.; JOHNSTONE, K. M. **Auditing**. Tradução de Antônio Zoratto Sanvicente. São Paulo: Cengage Learning, 2012.

IUDÍCIBUS, S. **Análise de balanços**. 11. ed. São Paulo: Atlas, 2017.

LEAL, E. A.; MIRANDA, G. J.; CASA NOVA, S. P. C. **Revolucionando a sala de aula**: como envolver os estudantes com técnicas de metodologias ativas de aprendizagem. São Paulo: Atlas, 2017.

LOPO, A. *et al.* Avaliação de empresas. *In*: MARTINS, E. **Avaliação de empresas**: da mensuração contábil à econômica, São Paulo: Atlas, 2001. Cap. 5, p. 263-308.

MARION, J. C. **Análise das demonstrações contábeis**: contabilidade empresarial. 8. ed. São Paulo: Atlas, 2019.

MARQUES, J. A. V. C.; BRAGA, R. Análise dinâmica do capital de giro: o modelo Fleuriet. **Revista de Administração de Empresas**, v. 35, n. 3, p. 49-63, maio/jun. 1995.

MARTINS, E. (Org.) **Avaliação de empresas**: da mensuração contábil à econômica. São Paulo: Atlas, 2001.

MARTINS, E. Avaliação de empresas: da mensuração contábil à econômica, **Cadernos de Estudos FIPECAFI**, v. 13, n. 24, p. 28-37, jul./dez. 2000.

MARTINS, E.; ASSAF NETO, A. **Administração financeira**: as finanças das empresas sob condições inflacionárias. São Paulo: Atlas, 1986.

MARTINS, E.; DINIZ, J.; MIRANDA, G. **Análise avançada de demonstrações contábeis**: uma abordagem crítica. 3. ed. São Paulo: Atlas, 2020.

MARTINS, E.; MARTINS, V. A. *WACC*: uma falha conceitual na avaliação da firma? **Anais do Terceiro Encontro Brasileiro de Finanças**, São Paulo, 2003.

MATARAZZO, D. C. **Análise financeira de balanços**: abordagem gerencial. 7. ed. São Paulo: Atlas, 2010.

RAPPAPORT, A. **Gerando valor para o acionista**: um guia para administradores e investidores. São Paulo: Atlas, 2001.

REIS, E. A. **Valor da empresa e resultado econômico em ambientes de múltiplos ativos intangíveis**: uma abordagem de Gestão Econômica. 2002. Tese (Doutorado em Contabilidade) – Faculdade de Economia, Administração e Contabilidade, Universidade de São Paulo, São Paulo, 2002.

SANTOS, A. **Demonstração do valor adicionado**: como elaborar e analisar a DVA. São Paulo: Atlas, 2007.

SANTOS, A.; IUDÍCIBUS, S.; MARTINS, E.; GELBCKE, E. R. **Manual de contabilidade societária**. 4. ed. São Paulo: Atlas, 2022.

SILVA, P. R. **Contribuição para o entendimento dos indicadores de valor baseados no mercado**: uma proposta alternativa para o Market Value Added (MVA®). 2001. Tese (Doutorado em Contabilidade) – Faculdade de Economia, Administração e Contabilidade, Universidade de São Paulo, São Paulo, 2001.

SIMONSEN, M. H. **Macroeconomia**. Rio de Janeiro: APEC, 1975.

STEWART, G. B. **The quest for value**: a guide for senior managers. New York: Harper Business, 1999.

ÍNDICE ALFABÉTICO

A

Abatimentos, 34

Ações ou cotas em tesouraria, 27

Administração do capital de giro, 143

Administrador de valor, 217

Ajustes de avaliação patrimonial, 26

Alavancagem financeira, 191, 192

Análise(s)

  da estrutura

    de capital, 128

    patrimonial, 245, 264

  da rentabilidade, 265

  das demonstrações contábeis, 5, 6

  de liquidez, 242, 261

  de rentabilidade, 249

  do capital de giro, 262

  dos indicadores de atividade, 247

  dos índices de atividade, 263

  externa, 78

  financeira, 77

  horizontal, 78, 91

    conjugada com a vertical, 78

  interna, 78

  vertical, 78, 97, 101

    e horizontal feitas conjuntamente, 101

Analista das demonstrações contábeis, 3

Apêndices, 237

Atividades

  de financiamento, 49

  de investimento, 49

  operacionais, 48

Ativo(s)

  circulante, 22, 50, 145

  circulante financeiro, 145

  circulante operacional, 145

  especiais, 23

  não circulante, 23

operacional, 146

realizável a longo prazo, 23

Avaliação

de estratégias, 221

do Retorno sobre o Patrimônio Líquido (ROE), 130

B

Balanço Patrimonial, 21

Bases de dados, 89

Big data, 89

C

Cálculo

da análise

horizontal, 91

vertical, 98

do valor das estratégias, 222

Capacidade de verificação, 16

Capital

circulante líquido, 144, 147

de giro, 143

de terceiros, 127

próprio, 127

social, 26

Características qualitativas

da informação contábil-financeira útil, 12

de melhoria, 12, 15

fundamentais, 12, 13

Cenário

ambiental, 74, 87

econômico, 74, 87

legal, 74, 87

político, 74, 87

social, 74, 87

tecnologia, 74, 87

Ciclo

de caixa, 161

operacional, 159, 160

Clientes, 4

CMPC (Custo Médio Ponderado do Capital), 226

Comissão de Valores Mobiliários (CVM), 196

Comparabilidade, 15, 16

Comparação

com a própria empresa, 82

com outras empresas, 82

de índices entre e dentro da empresa, 82

histórica, 81

Composição do endividamento, 132

Compreensibilidade, 17

Conclusão, 237

Conhecimento do modelo contábil, 6

Conhecimento do negócio, 6

Conservadorismo, 15

Contabilidade, 1, 10

Contas a receber, 23

CPC

00 (R2), 9, 15

09, 58

16, 23

23, 16

26, 39, 42, 67, 196

31, 196

46, 14

ÍNDICE ALFABÉTICO 277

Credores, 2, 4
   por empréstimos, 4
Custo
   de oportunidade do capital próprio, 224
   do capital, 226
      próprio, 227
   médio ponderado de capital, 227

D

Data-base, 92
Decomposição do ROI, 187
Demonstração(ões)
   contábeis, 9
   das Mutações do Patrimônio Líquido (DMPL), 42, 43
   do Resultado Abrangente (DRA), 39, 40
   do Resultado do Exercício (DRE), 32, 34
   do Valor Adicionado (DVA), 9, 58
   dos Fluxos de Caixa (DFC), 48, 49
Desenvolvimento, 236
Despesas, 23, 32
   administrativas, 35
   antecipadas, 23
   de vendas, 35
   financeiras, 35, 183
   operacionais, 35
Direcionadores de valor, 217
Disponível (caixa e equivalentes de caixa), 23
Dívida ou capital de terceiro, 127
Dividendo(s)
   distribuído, 215
   por ação (DPA), 214

E

EBITDA, 194, 195
Economic Value Added (EVA), 197
Empregados, 4
Endividamento, 131
   composição do, 132
Entradas de caixa, 226
Equilíbrio financeiro, 144
Estoques, 23
Estratégias de negócio, 221
Estrutura
   conceitual, 10, 11
      para relatório financeiro CPC 00 (R2), 211
   de capital, 128
   do relatório, 234
Estudo de caso, 238
Exame, 72, 76

F

Ferramentas de colaboração *on-line*, 89
Fisco, 2
Fluxo de caixa
   das operações, 225, 226
   descontado, 223
Fornecedores, 4

G

Geração de valor, 211, 215
   ao acionista ou sócio (GVA), 215
Gestão baseada em valor, 216, 217, 218, 221

Giro do ativo, 185, 187

Governo, 4

Grupos de índice, 81

I

Imobilização
   de recursos não correntes, 133
   do patrimônio líquido, 132

Imobilizado, 24

Impostos incidentes, 34

Indicadores
   de estrutura patrimonial, 236
   de liquidez, 236
   de rentabilidade, 237
   do ciclo operacional, 236

Índice(s), 79
   baseados em ações, 212
   de atividade, 159
   de Capital Circulante Líquido (CCL), 143
   de estrutura patrimonial, 127, 136
   de imobilização
      de recursos não correntes, 134
      do patrimônio líquido, 132
   de liquidez, 113, 114, 119
      corrente, 115
      geral, 117
      imediata, 116
      seca, 116
   de rentabilidade, 179, 199

Inflação, 224

Intangível, 24

Interpretação, 72, 80

Investidores, 2, 4

Investimentos, 23, 183

L

Lei das Sociedades por Ações às
   Companhias Abertas, 9

Liquidez
   corrente, 115
   geral, 117
   imediata, 116
   seca, 116

Lucratividade, 186

Lucro(s)
   Antes dos Juros, Impostos sobre os
   Lucros, Depreciações/exaustões e
   Amortizações (LAJIDA), 194
   bruto, 34
   líquido
      do exercício, 35
      por ação (LPA), 35, 212
   operacional, 35
   ou prejuízos acumulados, 27

M

Margem operacional, 186, 187

Market to Book (MTB), 213

Materialidade, 13

Maximização do valor como meta
   financeira, 216

Mensurando o valor
   da empresa, 222
   global, 224

Método de análise das demonstrações contábeis, 71

Modelo contábil, 86

Movimentações

que diminuem o patrimônio líquido, 42

que elevam o patrimônio líquido, 42

que não afetam o patrimônio líquido, 42

N

Necessidade de Capital de Giro (NCG), 143, 145, 146, 147

Nível(is) de identificação de *value drivers*, 220

da unidade de negócios, 219

genérico, 219

operacionais, 220

Notas explicativas, 66, 67

Números-índices, 91

O

O.E.I. (observação, exame e interpretação), 233

Observação, 72, 73, 83

Outras receitas e despesas operacionais, 35

P

Passivo, 24, 25, 26, 50, 146

circulante, 25, 50, 146

financeiro, 146

operacional, 146

não circulante, 26

operacional, 146

Patrimônio líquido, 26, 127

Prazo

de projeção, 228

médio, 161, 169

de cobrança (PMC), 163, 168

de estocagem (PME), 162, 168

de fabricação (PMF), 162, 168

de pagamento a fornecedores (PMPF), 164, 168

de vendas (PMV), 163, 168

Preço sobre lucro (P/L), 213

Premissas simplificadoras, 229

Público, 4

Q

Qualidade de informações, 6

Quantidade de informações, 6

R

Receita(s), 32, 33, 35, 183

financeiras, 35, 183

líquida, 34

Regime de competência, 11, 12

Registro das operações, 3

Relatório de análise, 233

Relevância, 13

Rendimentos de dividendos ou de lucros distribuídos, 214

Rentabilidade do ativo, 180

Representação fidedigna, 13, 14

Reservas

de capital, 26

de lucros, 26, 27

   a realizar, 27

   para expansão, 27

estatutárias, 27

legal, 26

para contingências, 27

Resultado

   econômico residual, 223

   líquido antes das participações e contribuições, 35

Retorno sobre o

   investimento, 180, 187

   patrimônio líquido (ROE), 130, 190

Return on Investment (ROI), 180, 187

S

Saídas de caixa, 226

Saldo em tesouraria, 146, 147

Sazonalidade, 81

Sindicados, 4

Sistemas

   de *business intelligence* (BI), 88

   de contabilidade eletrônica, 88

Sítios eletrônicos de órgãos reguladores, 89

Situações especiais, 24

Softwares de análise

   de risco, 88

   financeira, 88

T

Taxa de Rentabilidade da Ação (*earnings yield*), 213

Tecnologias que suportam o processo de análise, 88

Tempestividade, 17

Teorema de Modigliani-Miller, 128

U

Um único índice, 81

Usuários das demonstrações contábeis, 5

V

Valor, 13, 58, 213, 216, 222, 229, 230

Value drivers, 217, 218, 219

   genéricos, 220

   específicos, 220

   operacionais, 220

Variação com números-índices, 92

VBM (*value based management*), 218

Vendas canceladas e devoluções, 34